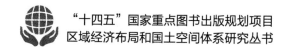

"十四五"国家重点图书出版规划项目

区域经济布局和国土空间体系研究丛书

21世纪海上丝绸之路

核心区协调发展研究

黄茂兴 等◎著

经济管理出版社

ECONOMY & MANAGEMENT PUBLISHING HOUSE

图书在版编目（CIP）数据

21世纪海上丝绸之路核心区协调发展研究/黄茂兴等著.—北京：经济管理出版社，
2023.11

ISBN 978-7-5096-9468-8

Ⅰ.①2⋯　Ⅱ.①黄⋯　Ⅲ.①海上运输—丝绸之路—研究—中国—21世纪　Ⅳ.①K203

中国国家版本馆CIP数据核字（2023）第217924号

组稿编辑：申桂萍
责任编辑：范美琴　赵亚荣
责任印制：许　艳
责任校对：陈　颖

出版发行：经济管理出版社
　　　　　（北京市海淀区北蜂窝8号中雅大厦A座11层　100038）
网　　　址：www. E-mp. com. cn
电　　　话：（010）51915602
印　　　刷：唐山昊达印刷有限公司
经　　　销：新华书店
开　　　本：720mm×1000mm/16
印　　　张：14.25
字　　　数：272千字
版　　　次：2023年11月第1版　　2023年11月第1次印刷
书　　　号：ISBN 978-7-5096-9468-8
定　　　价：98.00元

前　言

2013 年 10 月，习近平主席着眼于人类前途命运、中国及世界发展大势，创造性地提出共建"21 世纪海上丝绸之路"重大倡议，倡导"海丝"沿线国家共同打造互利共赢的"利益共同体"和共同发展繁荣的"命运共同体"，携手应对人类面临的各种风险挑战，实现互利共赢、共同发展。在经济全球化深入发展、全球价值链分工深刻调整的背景下，这一重大倡议契合了"海丝"沿线国家和地区发展需要，顺应了区域协调发展的时代潮流，得到了国际社会的高度关注和"海丝"沿线国家的积极响应。

2017 年 5 月 14 日，习近平主席在"一带一路"国际合作高峰论坛圆桌峰会上的开幕致辞中强调，"'一带一路'源自中国，但属于世界。'一带一路'建设跨越不同地域、不同发展阶段、不同文明，是一个开放包容的合作平台，是各方共同打造的全球公共产品"。在各方的共同努力下，历经十年的发展，共建"21世纪海上丝绸之路"倡议从理念转化为行动，从愿景转变为现实，已成为深受欢迎的国际公共产品和国际合作平台。十年来，共建 21 世纪海上丝绸之路始终秉持"共商、共建、共享"原则，致力于维护开放型世界经济，深化文明交流互鉴，推进"海丝"沿线国家开展宽领域、深层次、高水平的区域合作，为区域经济发展与民生改善注入强大动力。十年来，21 世纪海上丝绸之路的"朋友圈"不断扩大，合作伙伴越来越多，合作质量越来越高，已累计有 150 多个国家、30多个国际组织签署了合作文件，充分表明共建"21 世纪海上丝绸之路"倡议顺应经济全球化的历史潮流和全球治理体系变革的时代要求，彰显了人类社会的共同理想和美好追求。十年来，共建"21 世纪海上丝绸之路"倡议已成功搭建起国际社会广泛参与的国际合作平台，成功构建出人类命运共同体的实践平台，在促进全球经济复苏、深化全球治理体系改革中发挥了重要作用。

协调发展是共建"21 世纪海上丝绸之路"倡议的内在要求。发展不平衡是当今世界最大的不平衡，推动区域协调发展是缩小区域发展差距的必然选择，这关乎世界各国的民生福祉，顺应世界各国人民过上更好日子的强烈愿望。2017年，习近平主席在"一带一路"国际合作高峰论坛开幕式上发表的主旨演讲中强调，"推进'一带一路'建设，要聚焦发展这个根本性问题，释放各国发展潜力，实现经济大融合、发展大联动、成果大共享"。在推进共建21世纪海上丝绸之路的过程中，我国同各个国家和地区的合作伙伴始终从发展的视角看问题，将协调发展理念贯穿于21世纪海上丝绸之路核心区建设的方方面面，并在共建21世纪海上丝绸之路的实践中，致力于强化"海丝"核心区的发展合作，为欠发达地区营造更多的发展机遇和空间，努力缩小区域发展差距，帮助欠发达地区的人民群众提高生活水平，扎实推动"海丝"核心区的协调发展。世界银行的相关报告显示，得益于共建"一带一路"倡议，参与其中的"海丝"沿线国家对外贸易规模平均增加了4.1%，吸引外资水平平均提高了5%，低收入国家GDP平均增加了3.4%，2012~2021年新兴与发展中经济体GDP占全球份额提高了3.6个百分点。世界银行还对"一带一路"倡议的经济效益进行预测，指出至2030年共建"一带一路"倡议平均每年将为全球经济贡献1.6万亿美元的收益；2015~2030年，共建"一带一路"倡议将帮助760万人摆脱绝对贫困，将帮助3200万人摆脱中度贫困。实践已经证明并将继续证明，21世纪海上丝绸之路建设不是中国一家的独奏，而是"海丝"沿线国家的合唱，它为世界各国开辟了合作新路，努力解决人类社会发展面临的共同问题，是惠及世界的中国方案，不仅助推"中国梦"的实现，还将助力"海丝"核心区实现协调发展，为世界繁荣发展贡献中国智慧。

2015年，经国务院授权，国家发展改革委、外交部、商务部联合发布《推动共建丝绸之路经济带和21世纪海上丝绸之路的愿景与行动》，明确提出支持福建建设21世纪海上丝绸之路核心区。福建地处我国东南沿海地区，地理位置优越，海洋经济基础良好，是海上丝绸之路的重要起点，也是海外侨胞和港澳台同胞的主要祖籍地，具有历史辉煌且独特深厚的"海丝"文化底蕴，在建设21世纪海上丝绸之路核心区中具有十分重要的地位和作用。共建"21世纪海上丝绸之路"倡议与建设21世纪海上丝绸之路核心区为福建提供了重大发展机遇，有利于进一步发挥福建比较优势，提升开放型经济发展水平；有利于进一步深化闽台交流合作，促进两岸共同繁荣发展；有利于强化我国与"海丝"沿线国家的区域合作，促进"海丝"沿线国家协调发展。在十年的实践探索中，福建依托共建21世纪海上丝绸之路所提供的国际合作平台，进一步发挥"海丝"文化积淀、港口口岸、侨力资源、民营经济等综合优势，实行更为主动的开放战略，以政策沟通、设施联通、贸易畅通、资金融通、民心相通为主要内容，大力推进与"海丝"沿线国家的务实合作，不断拓展合作的广度和深度，在推进21世纪海上丝绸之路核心区协调发展中发挥了重要作用。

从谋篇布局的"大写意"到精耕细作的"工笔画"，共建"21世纪海上丝绸之路"倡议在2023年迎来了十周年。在这十年的建设历程中，共建"21世纪海上丝绸之路"始终保持着强大的生命力，在推动"海丝"核心区互联互通上取得了举世瞩目的成效，为推进"海丝"核心区协调发展做出了重要贡献。未来，共建21世纪海上丝绸之路也必将持续为世界繁荣发展提供新机遇。

秉承"推动21世纪海上丝绸之路建设行稳致远，迈向更加美好未来的愿景"的使命担当，我和我指导的研究生们一道求索，以"21世纪海上丝绸之路核心区协调发展研究"为题，在借鉴国内外前期研究成果的基础上，深入探索共建"21世纪海上丝绸之路"倡议下"海丝"核心区协调发展的理论基础，系统回顾十年来"海丝"核心区的建设历程与发展成效，并结合福建省在推进"海丝"核心区协调发展中的实践探索情况，提出有助于加快福建省促进"海丝"核心区协调发展的政策建议。历经近一年的时间，我们完成了这部著作。当然，受到知识能力和资料有限等主客观因素的制约，本书在一些方面的认识和研究仍不够深入和全面，有待进一步深入研究。

本书旨在抛砖引玉，希望能尽我们的绵薄之力为深化认识和加快推进21世纪海上丝绸之路核心区协调发展提供智力支持和决策参考。我们由衷希望本书所作出的理论思索和实践探索能够对有关部门的科学决策和学界同仁的科学研究有所借鉴。如然，足以慰藉我们付出的辛劳。

黄茂兴

2023 年 7 月

目　录

第一章　21世纪海上丝绸之路核心区协调发展的背景和意义

一、海上丝绸之路的历史演变

（一）古代海上丝绸之路的兴起

中华民族背山靠海，海上丝绸之路作为中国古代与外国进行贸易和文化交往的海上通道，其发展过程大致分为以下几个历史阶段：创于先秦，形成于秦汉，兴于隋唐，在宋元明达到顶峰，由盛转衰于明中叶和清代。

1. 开创时期：新石器时期—先秦

中国原始航海活动始于新石器时期。新石器时期的龙山文化和河姆渡文化是具有典型海洋特征的原始文化。浙江萧山跨湖桥新石器时代遗址出土的独木舟、浙江余姚河姆渡遗址出土的船桨和宁波地区古稻田遗址出土的独木舟都说明早在新石器时期，我国东南沿海已经开始了与海洋的"交往"。

先秦时期，凭借濒临南海和太平洋、海岸线长及海岛众多的优势，岭南地区的沿海先民开始穿梭于南海之上，从事海上渔业生产，甚至可以远航到南太平洋沿岸及岛屿，而其航海活动也间接影响到了印度洋沿岸及其岛屿。那时候中国沿海地区已有海上交通和捕捞等活动，只是囿于造船技术和航海知识的限制，船只只能在近海活动，贸易活动规模小、次数少，经常性国际贸易活动的出现尚需时日。船只来往也无固定航线，后来船走得多了，越走越远，便有了航路。这个过程就是海上丝绸之路前期的航路探索。

2. 形成时期：秦汉

汉代典籍《汉书·地理志》中明确记载的海上交通路线，实为早期的海上丝绸之路。汉朝中期，汉武帝平定南越后大力拓展海外交通，派使者出使南洋和印度。这一举动开辟了第一条从中国南方沿海直接通往印度洋地区的远洋航线，最远到达现在印度半岛的东海岸及斯里兰卡。南海航路正式开辟，由此开启了中国与南海诸国的贸易。汉朝皇室和民间私商一并进行海上贸易活动。中国主要进口香料、玻璃、犀角等，其中以香料最多；而中国主要出口黄金和杂缯（即各种丝绸），其中以丝绸为主。

海上丝绸之路的兴起得益于汉王朝的勃兴，汉代是中国历史上国力强盛、声名远扬的时期。在海路打通之前，罗马人想要获得中国的丝绸，中国人想要获得罗马人的玻璃、水晶、珊瑚、毛织品。尽管汉王朝与罗马帝国之间关山阻隔、荒漠辽阔、水路迢遥，但东汉的国际交往在不断扩展，罗马方面也一直在为通向中国不停探索。通过丝绸与玻璃的贸易、茶叶和葡萄的交换，商品与市场的力量使汉朝文明和罗马文明的交流从无到有，从探索到联系紧密。东汉末年，交趾逐渐成为中国对外贸易的重要港口。据《汉书·地理志》记载，在"处近海"的交趾、日南（今越南），"中国往商贾者多取富焉"。

3. 持续发展时期：隋唐

隋唐时期，中国在经历了将近300年的大分裂后，又出现了大统一局面，社会经济发展空前繁荣。主要贸易品丝绸的生产质量和数量都上升到一个新的高度，民间丝织业在这时也悄然兴起。此外，另一主要出口商品——陶瓷的制作工艺也有了很大进步。隋唐时期的造船业也远胜以往。唐朝初期，海上航行的船只以外国船为主。唐朝中叶以后，我国自行建造的海船开始出现在航线上。据记述鉴真东渡事迹的《唐大和上东真传》记载：鉴真最后东渡成功，也是利用了在国内打造的船只。6世纪末，隋统一中国，隋祚虽短，但国家重视海外贸易与友好交往。7世纪初，唐继隋兴。唐朝时期，广州还开辟了通往日本和朝鲜半岛的航线。唐代中外文化交流频繁，乘船西行的朝圣者不绝于途，多为中国僧人，也有少数高丽、新罗、日本僧人。

（二）海上丝绸之路的繁荣与衰落

1. 繁荣鼎盛时期：宋元时代

唐朝灭亡后，中国四分五裂，一片动荡，契丹、女真等民族也加入逐鹿中原的混战中。在辽阔的中亚内陆地区，众多民族纷纷登上历史舞台，各色各样的政权像走马灯似的频繁更替。延绵不断的战乱阻断了陆上丝绸之路，因此，海上丝绸之路愈加重要，成为连接东西方的主要通道。

（1）两宋时期。两宋时期，中国处于局部的统一。宋朝建立之初，部分少数民族政权辽、夏、金逐渐壮大，与宋朝形成分庭抗礼的局面。少数民族以游牧打猎为生，善骑射且弓马娴熟，垂涎北方土地。而宋朝却顺势实施妥协退让的文化政策，逐渐将其经济重心转移至南方。这时，南方的人口和耕地占到宋朝人口、领土的三分之二，南方的赋税收入也是宋朝财政的主要来源，为了保证财税收入，宋朝采取了比较开放的政策，鼓励发展海外贸易。春秋战国时期确立的小农经济因地理环境、自然灾害等原因逐渐势弱，国家手段的制衡和海上丝绸之路的兴盛推动了宋朝经济格局的变迁。宋代时期，南方彻底成为经济中心。

为方便贸易交流、减少冲突，宋朝制定了一系列措施来管理海外贸易。其中的市舶司掌"诸国物货航舶而至者"，就是专门负责管理海外贸易的政府机构，此时其职能主要有三项：管理商舶，外舶入境时，市舶司负责检查船舶上所运载的货物；征收关税，宋朝政府同时对中国海舶和海外商船征收关税；收买舶货和招徕外商，部分皇家御用的商品，如象牙、乳香，市舶司会直接采购。宋朝皇帝还非常重视科学技术发明，如宋代罗盘的发明使得海船航程能到达西亚国家，中国商船的远航能力大为加强。北宋市舶司的设立使得其对外贸易蓬勃发展。此外，北宋还积极派遣使节出海到外国联系贸易事宜，不断修改、完善市舶管理条例。北宋末年，朝廷甚至赋予泉州市舶司可以以国家的名义招揽外商的权力。

再到南宋，只剩下半壁江山，朝廷偏安一隅，迫于财政压力的南宋政权更加重视海外贸易，设置奖惩制度。朝廷大力奖励"招诱舶货"的船长和积极来宋贸易的外商，对于做得极好的，甚至"补官有差"；对做得不好的官员予以惩处。此外，加上自北宋以来积累的强大外贸实力和源源不断的财富，南宋仍然延续了百余年。

（2）元代。1271年，忽必烈建立元朝。元朝幅员广及欧亚，与其他地区的蒙古汗国均存在着密切联系，所以东西方间的陆上交通空前发达，但海上丝绸之路依然畅通无阻，元朝海上丝绸之路比唐朝更为繁荣。元朝有意识地通过文化、技术和商品的交流来开拓市场，当时中国的造船技术及航海技术在世界上处于领先水平。中国人对南海海域"西洋"和"东洋"的划分，既反映了地理知识的一大进步，也说明了货易地域的细化与广袤。这时中国人的船只已经频繁出入印度洋，最远到达非洲东海岸。这一时期海上丝绸之路不仅直接影响了沿线地区，还影响到更远的区域。例如，南海航路经过印度洋西部沿海，其影响力通过埃及等地辐射到地中海地区。

元朝政府对海外贸易实行开放、鼓励政策，在泉州、杭州设市舶都转运司，在庆元（今宁波）、上海、澉浦、温州和广东等地设市舶司，统一对商船、商品、征税事务与中外商人使者进行管理，元朝的市舶法比宋代更为严格，中央政府在管理海外贸易方面经验更为丰富。元朝政府禁止金银铜钱、铁货、销金绞罗、米粮军器等商品出口，禁止出口货物的名单后来也有所增加。市舶司的设立使得海外贸易趋于制度化。

元代，泉州、福州和广州成为世界著名的商港，是海上丝绸之路的重要出发点。中国的丝绸、瓷器等商品，向东运销朝鲜、日本，向南运销东南亚、南亚，向西运销西亚乃至欧洲、非洲。这些地区的布匹和香料、沉香、檀香等香货，珠宝、象牙、犀角等宝物以及珍贵药材也运销泉州等海港。在宋元时期，海上丝绸之路运往西方的主要大宗商品，由原来的丝绸变为瓷器，于是"海上丝绸之路"又多了"海上陶瓷之路"的称呼。宋代瓷器品种繁多，民间出现不少专门烧造瓷器供外销出口的窑场。

2. 由盛转衰时期：明清

1368年，朱元璋建立明朝，禁止民间商人出海贸易。明代永乐帝为打击中间走私商人，宣国威于海外，派遣郑和及舰队七下西洋，访问了37个国家和地区，足迹远至非洲的肯尼亚。郑和下西洋是世界航海史上的壮举，比哥伦布、达·伽马的航行早半个多世纪，船队规模和船只数目都远超后者。明朝中后期隆庆年间，中非航线与西班牙人的太平洋航路接通，由福建漳州月港途经菲律宾马尼拉港，再东行到达墨西哥西海岸的阿卡普尔科。漳州月港是明朝时期海上丝绸之路的新型国际商港，繁盛时期拥有18条航线，通往东南亚与西亚、拉美、欧洲等47个国家与地区，开创了"太平洋海上丝绸之路"的黄金时期。这样，开始于汉代的海上丝绸之路，经唐、宋、元的发展，至明代达到高峰。

郑和下西洋在外交方面影响非同凡响，但在国内经济上劳民伤财。明成祖去世后，明政府很快将建造船只所用的技术资料烧毁，严禁建造可出海的大帆船，中国帆船也迅速从印度洋退出了。明朝海禁使得民商海外贸易被逼成走私，政府试图通过掌握某些港口来控制、瓦解，但几经张弛却使得私商兴起做大，市舶司难以兼顾外贸和海关的双重职能，形同虚设。

15世纪，随着资本主义的孕育生长，西方世界掀起了"地理大发现"浪潮。1492年，葡萄牙人达·伽马绕过非洲南端的好望角，自西向东进入亚洲，窃取了澳门。西班牙人哥伦布从大西洋绕过南美洲，开辟了自东向西进入亚洲的新航线。1521年，麦哲伦船队横渡太平洋到达菲律宾群岛。欧洲人迅速掌握了海上丝绸之路的主导权，速度快、规模大。16世纪，西班牙人和葡萄牙人建立起了各自的全球殖民帝国，而清政府还在延续明代的禁海政策。乾隆以后，开始实行全面的"闭关锁国"政策，起初有四口通商，后来只有广州是中国海上丝绸之路对外开放的通商港口，此时，西方殖民者几乎垄断了海上丝绸之路。1800年以后，清政府日益腐败没落，而西方列强伴随工业革命兴起，加上在海上丝绸之路的优势转变，鸦片战争爆发，中国海权丧失。海上丝绸之路一蹶不振，衰退没落。

（三）21世纪海上丝绸之路的复兴

1. 21世纪海上丝绸之路开启了建设海洋强国的新篇章

我国是一个海洋大国，海上丝绸之路反映了我国古代的航海历史、航海技术和海洋文化。历史昭示我们，向海而兴，背海而衰，不能制海，必为海制。海洋事业关系我们的民族危亡、生存发展、繁荣复兴。1949年4月，中国人民解放军海军在解放战争的炮火硝烟中诞生。以毛泽东为核心的党中央、中央军委对这支人民海上武装力量提出了极具指导意义的思想，并发出了"为了反对帝国主义的侵略，我们一定要建立强大的海军"的号召。1953年2月，毛泽东在视察"长江舰"过程中又语重心长地提到："过去帝国主义侵略中国大都是从海上来。现在太平洋还不太平，我们应该有一支强大的海军。"①

进入改革开放新时期，1979年，邓小平在接见叶飞同志时着重指示，"我们海军是近海作战，防御性的。我们不称霸，但防御是积极防御，要尽快建立一支真正顶用的、有战斗力的海军"。② 以邓小平同志为核心的第二代领导集体主张面向海洋和世界，大力发展沿海经济并建立经济特区。1998年5月，国务院新闻办发表了《中国海洋事业的发展》白皮书，第一次亮出我国的海洋"家底"，并明确宣布"把发展海洋事业作为国家发展战略"。

在人民海军成立50周年之际，江泽民同志专门题写了"为建设具有强大综合作战能力的现代化海军而奋斗"。③ 进入新世纪、新阶段，2008年4月9日，胡锦涛同志在视察海军部队时指出，海军是一个战略性、综合性、国际性军种，

---

① 永载史册的航程［EB/OL］. http：//www. 81. cn/jfjbmap/content/2023 - 02/05/content _ 333036. htm，2023-02-05.

② 邓小平揭开海军新一页［EB/OL］. http：//cpc. people. com. cn/n1/2017/0613/c69113-29335730. html，2017-06-13.

③ 人民海军：扬帆奋进70年［EB/OL］. http：//www. mod. gov. cn/gfbw/wzll/hj/4839570. html，2019-04-16.

在维护国家主权、安全、领土完整，维护国家海洋权益和发展利益中具有重要地位和作用，与新世纪、新阶段我军历史使命相适应，努力奋斗，建设一支强大的人民海军。[①]

党的十八大以来，习近平总书记站在实现中华民族伟大复兴的战略高度，作出建设海洋强国的战略部署。2013年金秋时节，国家主席习近平在印度尼西亚国会的演讲中提出，东南亚地区自古以来就是海上丝绸之路的重要枢纽，共同建设21世纪海上丝绸之路，构建更为紧密的中国—东盟命运共同体。海洋约占地球表面积的71%，是战略资源的重要基地。我国"两个一百年"奋斗目标指出，"两步走战略"的第二步是到2049年新中国成立100周年时，跻身世界海洋强国行列，成为世界上主要的海洋强国。建设海洋强国是中国特色社会主义事业的重要组成部分。

21世纪海上丝绸之路的战略构想，是对党的十八大提出的建设海洋强国战略的生动实践，是拓展我国经济发展空间的重要支撑。复兴21世纪海上丝绸之路具有重大历史和现实价值，它的提出和实施助力于海洋强国和"中国梦"的实现。

2. 21世纪海上丝绸之路对中国深化改革开放和民族复兴作用巨大

党的十八大以来，我们以巨大的政治勇气全面深化改革，取得了历史性、革命性和开创性的历史成就。2023年5月，习近平主席在中亚峰会的讲话中谈到，"中亚要继续在共建'一带一路'合作方面走在前列，充分释放经贸、产能、能源、交通等传统合作潜力，打造金融、农业、减贫、绿色低碳、医疗卫生、数字创新等新增长点，携手建设一个合作共赢、相互成就的共同体"。2023年是全面贯彻党的二十大精神的开局之年，我们要全面深化改革开放，优化区域开放布局，推动21世纪海上丝绸之路高质量建设，21世纪海上丝绸之路的复兴具有重大现实价值。

经过多年发展，中国已进入新的发展时期，当前，全球范围内市场、技术和资源等方面的竞争日益激烈，我国应该从容面对，经济结构应适当调整，将经济推动力由数量型转为质量型。中国需要更高层次水平的开放，改革开放是关系中国经济未来发展的重要因素和决定当代中国命运的关键抉择，21世纪海上丝绸之路的提出符合中国经济发展态势的转变，共同建设21世纪海上丝绸之路正是"中国梦"所蕴含的深化改革开放的重要路径。

---

① 春晖万里映海疆——党中央、中央军委关心人民海军建设和发展纪实［EB/OL］. http://zqb. cyol. com/content/2009-04/23/content_2635521. htm, 2009-04-23.

"一带一路"建设作为深化改革开放的国家战略重要布局，是新形势下我国以新的方式打造全方位、多层次、宽领域开放新格局的重要抓手。21世纪海上丝绸之路将充分利用海洋的连通性、流动性和广布性，采用与各个国家携手合作共建的方式，在世界走向中国与中国走向世界的双向互动过程中，共同走好海上合作之路。共建21世纪海上丝绸之路正以其深化改革的独特作用推动中国从区域走向世界，并且加速了中国对外开放的脚步。21世纪海上丝绸之路对推动我国经济持续健康发展，对维护国家主权、安全、发展利益，实现中华民族伟大复兴都具有十分重大而深远的意义。

3. 21世纪海上丝绸之路倡导构建新型国际合作观

党的二十大报告指出，中国致力于推动构建人类命运共同体。2019年4月，习近平总书记提出"海洋命运共同体"理念。对于中国与东南亚地区的合作与发展，中国—东盟命运共同体首先是生存、安全共同体，其次是发展共同体。习近平总书记指出，我们要走依海富国、以海强国、人海和谐、合作共赢的发展道路。中华民族是一个热爱和平的民族，历来主张"尚和贵中"。21世纪海上丝绸之路以海洋发展为依托，致力于加强与东盟国家的互联互通。

21世纪丝绸之路沿线大多是新兴经济体和发展中国家，这些国家普遍处于经济发展的上升期，开展互利合作的前景广阔。对于沿途所有国家而言，21世纪海上丝绸之路远不止是简单的贸易通道，而是彼此交流合作的增长通道，沿线国家因此联系起来，助力经济增长和共同繁荣。各个国家所处发展阶段不同，可利用海上战略机会打破传统的产业分工模式，进行优势互补。对中国而言，21世纪海上丝绸之路有利于中国产品对各地出口和产业结构升级。当前我国正处在转移部分产业、将资金和人力投入战略性新兴产业的阶段，而南亚国家正好可承接我国产业转移，增加就业，实现经济增长。

改革开放以后，中国与亚洲国家之间的经济关系日趋强化，在科技创新、海运能源、人文交流、制度建设等方面的合作获得全面提升与深化。随着中国经济实力的相对快速增强，中国必然要承担起亚洲地区"调整者"到"塑造者"的角色转换。

21世纪海上丝绸之路并不局限于中国与东盟的合作。基于"共商、共建、共享"的原则，各主权国家一律平等，共同参与建设，共享建设成果。以点带线，以线带面，串起东盟、南亚、西亚、非洲和欧洲等各大经济板块，发展面向南海、太平洋和印度洋的战略合作经济带，以促进亚非欧贸易投资合作为长期目标。

二、21世纪海上丝绸之路建设的提出

（一）构建21世纪海上丝绸之路的背景

从国内来看，改革开放以来，我国海洋经济已经连续多年呈现稳定增长的良好态势。从我国经济发展的增长点看，我国急需在政治、经济、文化、外交和军事等各方面全面深化改革。中国对外开放是从东部沿海开始的，海洋经济一直是东部沿海地区转型升级的引擎。2022年，我国海洋产业总体平稳，韧性持续彰显。《2022年中国海洋经济统计公报》显示，全国海洋生产总值超9万亿元，比上年增长1.9%，海洋生产总值占国内生产总值的7.8%，占比与2021年持平。我国到新中国成立100周年时要实现跻身世界海洋强国行列的目标，海洋开发对整体经济发展的拉动作用必将更加明显，呈现出更广阔的发展空间。

"一带一路"是"丝绸之路经济带"和"21世纪海上丝绸之路"的简称。2023年是共建"一带一路"倡议提出十周年。中国的对外开放主要是由东部向外开放，目前东部沿海地区向发达国家开放已经达到一定程度。"一带一路"倡议则将目光扩展到了中国的中西部地区，直面中国东部沿海的先一步开发开放带来的东西部地区发展差距的拉大，以及西部地区的发展动力问题和社会稳定问题。"一带一路"是现有制度安排与未来发展的结合，是中国对外开放的重大调整。"丝绸之路经济带"和"21世纪海上丝绸之路"共同描绘出中国从区域大国走向世界大国的路线图。

从国际上看，经济全球化在多个领域将世界连接成相互依存、不可分割的有机整体。20世纪90年代以来，经济全球化加速了世界范围内商品、服务和各生产要素的流通，促进了世界经济的广泛联系和整体发展，有力推动了生产力发展和社会进步。现今世界各国间都有着不可分割的联系，各自都有其较为擅长的行业，如中国的基础建设、美国的芯片、日本的电器、东南亚各国的农产品等，正所谓"尺有所短、寸有所长"，每个国家既有发展优势也有发展短板。秉承友好往来和合作共赢理念是当今世界的主旋律，21世纪海上丝绸之路也是在此背景下提出的。

海上丝绸之路形成于2000年前的秦汉时期，其经历发展、兴起、繁荣和没落后，在中国史、世界史上记载的许多地区都留下了深刻印记，如东南亚和非洲许多国家。所有的历史关系都表明，海上丝绸之路是一个和平交流通道，中国没有通过开辟航线去征服沿线国家。与新航路开辟之后西方国家的"武力讨伐"不同，与欧洲15世纪发起并主宰的充满屠杀与掠夺的大航海时代也有本质区别，中国古代王朝的外交秉承的是"天朝上国"的中心观和"怀柔远人、和谐万邦"的天下观，21世纪海上丝绸之路是和平包容、互利共赢之路，中国所传递的信息是中国的发展不会危及丝绸之路沿线国家的政治、经济和安全。

（二）21世纪海上丝绸之路的目标与原则

21世纪海上丝绸之路的目标是承袭历史，以海洋经济合作为重点，通过发挥国内各地区的比较优势，推动国内各地区与21世纪海上丝绸之路沿线国家的政策沟通、设施联通、贸易畅通、资金融通、民心相通，加强中国与亚非欧国家互利合作，构筑21世纪海上和平之路、财富之路。各国携手努力，朝着互利互惠、共同安全的目标相向而行，让各国人民共享和谐、富裕、美好的物质文化生活。

习近平总书记在党的十九大报告中提出，要以"一带一路"建设为重点，坚持"引进来"和"走出去"并重，遵循"共商、共建、共享"原则。2017年，国家发展和改革委员会、国家海洋局制定并发布了《"一带一路"建设海上合作设想》，再次强调"共商共建，利益共享"。21世纪海上丝绸之路以"共商、共建、共享"为原则，共商合作大计，共建合作平台，共享合作成果。海上丝绸之路建设过程中，共商是基础，形成价值共识是合作的前提，价值共识反映沿线各国的利益诉求。在共商的原则下，各国尊重主权和领土完整，展示自己的话语权，互不侵犯，互不干涉内政，和平共处，平等互利，通过共同协商达成经济和政治共识。共商是沟通协商，是将海上丝绸之路建设视为人类共同事业的表现。共建是路径，是从"零和博弈"理念转向"共赢、多赢"观念的体现。共建强调各国共同参与，在全球化背景下，没有任何一个国家可以脱离国际社会独立发展。共建过程中，参与主体在变多、变强，各国开放合作，不断推动新型国际组织和平台的建设。对中国而言，就是继续发挥负责任大国的作用，不断贡献中国智慧和力量。共享是结果和目标，意味着共同应对挑战，共同"享用"发展成果。中国的发展得益于国际社会和全球化，中国也将为国际社会的发展、全球化的转变做出贡献。21世纪海上丝绸之路建设正将共享理念转化为实际行动，助力公平公正的世界经济体系建设，构建人类命运共同体。

（三）21 世纪海上丝绸之路合作框架与主要倡议

1. 合作框架

"一带一路"是促进共同发展、实现共同繁荣的合作共赢之路，21 世纪海上丝绸之路是"一带一路"倡议的重要组成部分。与传统的区域合作模式不同，"21 世纪海上丝绸之路"并非打造货币和政治共同体，而是打造政治互信、经济融合、文化包容的利益共同体、命运共同体和责任共同体，依靠双多边机制和区域合作平台实现共同发展。中国政府秉持和平合作、开放包容、互学互鉴、互利共赢的理念，全方位推进经济合作和人文合作，与古丝绸之路精神一脉相承。21 世纪海上丝绸之路贯穿亚欧非大陆，符合中国与欧亚、亚太、印度洋沿岸各国从合作中共同获益的基本愿望。

2. 主要倡议

2015 年 3 月，国务院授权发布的《推动共建丝绸之路经济带和 21 世纪海上丝绸之路的愿景与行动》（以下简称《愿景与行动》）强调"加强沿海城市港口建设，强化国际枢纽机场功能"，这些沿海城市包括上海、天津、广州、深圳、福州、厦门、泉州等。《愿景与行动》还对各地区进行了战略定位。其中，福建是建设 21 世纪海上丝绸之路的核心区；广西是 21 世纪海上丝绸之路与丝绸之路经济带有机衔接的重要门户；云南是面向南亚、东南亚的辐射中心；广东需要深化与港澳台合作，打造粤港澳大湾区；浙江需要进一步推进海洋经济发展示范区建设，推进舟山群岛新区建设；海南需要加大国际旅游岛的开发开放力度。

对于如何构建丝绸之路经济带，习近平提出"五通"政策，倡导各国进行政策沟通、设施联通、贸易畅通、资金融通和民心相通，而"五通"同样适用于 21 世纪海上丝绸之路建设，是中国与沿线国家的主要倡议和合作重点。

在政策沟通方面，通过领导人会晤交流和国际合作声明倡议等形式，增强沿线国家合作意愿。沿线各国需要加强政治互信，对经济发展战略和对策进行深入交流和对接，共同为务实合作及大型项目实施提供政策支持。例如，拥有政治中心和文化中心的中国渤海湾区域，可依靠学术机构和非政府组织来创新各方政府沟通方式，完善领导人对话机制，举办政策论坛，消除国外人士对"海上新丝路"的疑虑和误解。

在设施联通方面，构建经济合作机制，进一步促进设施使用规则的协调和统一，确保商路畅通和安全；沿线国家应把握基础设施建设的初期重点，抓住交通基础设施的关键通道、关键节点和重点工程，优先打通缺失路段，畅通瓶颈路段，提升道路通达水平。交通运输部发布的《2022中国航运发展报告》显示，截至2022年，我国已与100多个国家和地区建立航线联系，航线覆盖所有"一带一路"沿线国家。共同推进国际骨干航运通道建设，提高运输效率，其中，中国致力于把长三角地区建设成为航运设施联通的枢纽，逐步形成连接亚洲各次区域以及亚欧非之间的基础设施网络；根据《福建省21世纪海上丝绸之路核心区建设方案》，福建将重点建设贯通南北、陆海互通的运输网络；强化基础设施绿色低碳化建设和运营管理，在建设中充分考虑气候变化影响。

在贸易畅通方面，推进自由贸易区建设，扩大与沿线国家的贸易投资合作规模；构建区域内和各国良好的营商环境，降低贸易壁垒与投资限制，激发合作潜力；加强与沿线国家之间的信息交换，降低非关税壁垒，共同提高技术性贸易措施透明度，提高贸易自由化便利化水平；拓宽贸易领域，完善服务贸易体系，挖掘贸易新增长点，以新兴产业和创业投资带动贸易额增长。与2013年相比，截至2022年6月底，中国与沿线国家的年度贸易额增长了73%。

在资金融通方面，深化金融合作，扩大沿线国家双边本币互换、结算的范围和规模，进一步发挥人民币的储备货币功能，推进人民币国际化进程；推进新型融资平台建设，充分发挥亚洲基础设施投资银行、金砖国家新开发银行和丝路基金的融资功能；加强金融监管、征信监管和评级监管的跨境交流与合作。2015年，上海自由贸易试验区成为世界自由贸易试验区的荣誉会员，这将进一步促进21世纪海上丝绸之路的资金融通，推动上海资本市场与世界资本市场的联系。

在民心相通方面，传承和弘扬丝绸之路友好合作精神，充分利用文化相近、历史源远流长的优势，加强文化交流、媒体合作、学术往来和人才交流合作；举办文化交流年活动，促进科技人文交流；沿线国家互办电影节、艺术展和图书展活动，共同品鉴优秀文艺作品；扩大地区间留学生规模，完善助学金和奖学金的设置；强化旅游合作，提高游客签证便利化水平，打造具有丝绸之路特色的精品旅游项目；沿线国家加强传染病疫情信息沟通，必要时派遣医疗队伍救助伙伴国家，深化志愿者服务合作。

三、21 世纪海上丝绸之路核心区协调发展的战略价值

（一）21 世纪海上丝绸之路核心区地理范围

21 世纪海上丝绸之路有两大走向：一是从中国沿海港口过南海，经马六甲海峡到印度洋，延伸至欧洲；二是从中国沿海港口过南海，向南太平洋延伸。本书根据"一带一路"沿线各国所处的地理位置和联系程度，将 21 世纪海上丝绸之路地理范围划分为四个部分，即东盟航线、南亚航线、波斯湾和红海航线以及欧洲航线。

1. 东盟航线

东盟是 21 世纪海上丝绸之路空间范围内距离中国最近、与中国联系最紧密的部分。东盟 10 国分别是印度尼西亚、马来西亚、泰国、菲律宾、新加坡、文莱、越南、缅甸、柬埔寨和老挝。其中，老挝是 10 国中唯一的内陆国，越南、老挝、缅甸与中国接壤。表 1-1 是 2021 年东盟航线范围内主要国家概况。

表 1-1　2021 年东盟航线范围内主要国家概况

国家	幅员面积（百平方千米）	总人口（万人）	GDP*（亿美元）	人均 GDP*（美元）	GDP 增长率（%）
印度尼西亚	19169.0	27375.3	11860.9	4332.7	3.6
马来西亚	3302.4	3357.3	3729.8	11109.2	3.0
泰国	5131.2	7160.1	5059.4	7066.1	1.5
菲律宾	3000.0	11388.0	3940.8	3460.5	5.7
新加坡	7.2	545.3	3969.8	72794.0	7.6
文莱	57.7	44.5	140.0	31449.0	−1.5
越南	3313.4	9746.8	3661.3	3756.4	2.5
柬埔寨	1810.4	1658.9	269.6	1625.2	3.0
老挝	2368.0	742.5	188.2	2535.6	2.5
缅甸	6765.9	5379.8	650.9	1209.9	−17.9

注：*表示现价美元。

资料来源：世界银行 WDI 数据库。

马来西亚地处东南亚的中心位置，扼守马六甲海峡，中国和马来西亚地域接近，双边关系稳定。马来西亚主要对华出口钢铁产品、棕榈油和加工食品，自华进口石油和运输设备，双方贸易往来十分频繁。2022年中马双边贸易额达2036亿美元，中国连续14年成为马来西亚最大贸易伙伴。

新加坡同样位于马六甲海峡出入口，地理位置优越。新加坡具有良好的投资环境，2019年新加坡对华投资占"一带一路"沿线60多个国家对华投资总额的80%以上，中国对新加坡的投资占中国对"一带一路"沿线国家投资总额的21%。2019年《中新自贸协定升级议定书》正式生效，中新继续在更多领域、更便利化的条件下开展经贸合作。

泰国的社会环境总体稳定，经商政策开放包容；越南三面环海，自然资源丰富；印度尼西亚号称"千岛之国"，地理位置优越。三个国家均为中国在东盟重要的贸易往来伙伴。

中国和东盟山海相连，东盟中多数国家是中国的海上近邻，双方有着共同的目标，有着许多共同利益。自1991年中国与东盟建立对话关系以来，双边贸易额由1991年的83.6亿美元增长到了2020年的6852.8亿美元。2020年，东盟成为我国第一大贸易伙伴，而我国已经连续第12年保持为东盟第一大贸易伙伴，中国和东盟在合作过程中已积累了丰富的合作经验。目前，《区域全面经济伙伴关系协定》（RCEP）对15个签署国全面生效，中国—东盟自贸区升级步入"3.0版本"时代，双方积极为未来经贸合作创造机遇和平台。借助21世纪海上丝绸之路的推动力，中国和东盟应该继续发扬和平、合作与互惠的丝路精神，尽快把政策规则转化为实际行动，协调和解决影响企业、产品、技术合作的制约因素。

2. 南亚航线

南亚区域共有七个国家，分别是尼泊尔、巴基斯坦、孟加拉国、斯里兰卡、马尔代夫、印度和不丹。表1-2是2021年南亚航线范围内部分国家概况。

表1-2　2021年南亚航线范围内部分国家概况

国家	幅员面积（百平方千米）	总人口（万人）	GDP*（亿美元）	人均GDP*（美元）	GDP增长率（%）
尼泊尔	1471.8	3003.4	362.8	1208.2	4.2
巴基斯坦	7708.8	23140.2	3482.6	1505.0	6.4
孟加拉国	1301.7	16935.6	4162.6	2457.9	6.9

国家	幅员面积 （百平方千米）	总人口 （万人）	GDP* （亿美元）	人均 GDP* （美元）	GDP 增长率 （%）
斯里兰卡	61864.4	2215.6	889.2	4013.6	3.3
马尔代夫	300.0	52.1	54.0	10366.2	41.7

注：*表示现价美元。

资料来源：世界银行 WDI 数据库。

尼泊尔背靠喜马拉雅山，境内河流较多。尼泊尔交通基础设施薄弱，通信网络、机械化生产和旅游资源有待进一步普及和开发，中尼经贸合作受到限制。目前，连接中尼的喜马拉雅山铁路正在修建中，这条铁路的开通将极大提升物流速度，降低物流费用。尽管中尼贸易额逐年增加，但边境小额贸易仍然是中尼贸易的主要内容。在海上设施联通和贸易畅通方面，中尼应强化口岸合作，加速通关速度。

巴基斯坦的北面与中国接壤，陆海贸易往来密切。中国参与投资建设的瓜达尔港是巴基斯坦的重要港口之一，是中巴经济走廊的核心支点。2016 年瓜达尔港正式投入运营，部分中巴海上贸易运输路程缩短 80%。

孟加拉国位于连接中国、印度和东盟的枢纽位置。历史上郑和七次下西洋，曾两次到访孟加拉国，中孟自古以来就有深厚渊源。2016 年习近平主席访问孟加拉国，中孟升级为战略伙伴关系。中国和孟加拉国高层交往频繁，投资和经贸关系稳定，进出口贸易额步步攀升。孟加拉国的强大经济潜力和区位优势对推进 21 世纪海上丝绸之路建设和区域一体化具有重要作用。

斯里兰卡是位于印度洋上的一个岛国，一个以种植园经济为主的农业国家，矿产资源匮乏，绝大部分产品依靠进口。2014 年斯里兰卡特使访华，中斯双方同意全面拓展海洋合作，共建 21 世纪海上丝绸之路。中国在国际上坚定支持斯里兰卡，在中国的及时援助下，斯里兰卡才得以在海上丝绸之路开发出急需的全新海港——汉班托塔港。现在，科伦坡港、汉班托塔港和亭可马里港是斯里兰卡的三大港口。

马尔代夫是一个旅游岛国，渔业和旅游业在国民经济中占较大比重。2018 年中马友谊大桥正式开通，这是"一带一路"倡议的重要标志性项目，同时也象征着中马在海上和陆上经贸友谊的良好发展态势。

近年来，南亚国家政党和中国共产党深入对话，经贸往来密切。2018 年中国与南亚国家贸易额超过1400亿美元，中国和南亚国家深化合作前景可期。在2017年的"'一带一路'与南亚"国际学术研讨会上，来自中国、巴基斯坦、斯里兰卡等国家的40多位专家围绕"中国与南亚合作"等议题进行了坦率、深入的交流。众多专家认可"一带一路"的表现，同时认为中国近30年来飞速发展的经验对南亚国家具有深刻的借鉴意义。

3. 波斯湾和红海航线

波斯湾和红海航线涉及的范围较广，包括波斯湾沿岸国家、红海沿岸国家、非洲国家和部分地中海国家。其中，位于西亚的有：伊朗、伊拉克、科威特、沙特阿拉伯、阿联酋、土耳其、巴林、阿曼、卡塔尔、也门、约旦、巴勒斯坦、黎巴嫩和叙利亚，共14个国家。位于非洲的有：埃及、苏丹、吉布提、厄立特里亚、肯尼亚、坦桑尼亚、莫桑比克、马达加斯加、南非、阿尔及利亚、利比亚、毛里塔尼亚、摩洛哥、索马里、突尼斯、科摩罗、安哥拉，共17个国家。

（1）波斯湾沿岸国家。21世纪海上丝绸之路波斯湾沿岸国家包括伊朗、伊拉克、科威特、沙特阿拉伯、阿联酋、巴林、阿曼和卡塔尔。表1-3为2021年波斯湾沿岸主要国家概况。

表1-3 2021年波斯湾沿岸主要国家概况

国家	幅员面积 （百平方千米）	总人口 （万人）	GDP* （亿美元）	人均GDP* （美元）	GDP增长率 （%）
伊朗	16225.0	8792.3	3597.1	4091.2	3.9
伊拉克	4341.2	4353.3	2078.8	4775.3	0.4
科威特	178.2	425.0	1059.6**	24300.3**	-8.8**
沙特阿拉伯	21496.9	3595.0	8335.4	23185.8	3.2
阿联酋	710.2	936.5	4150.2	44315.5	3.9
巴林	7.9	146.3	388.6	26562.9	2.2
阿曼	3095.0	452.0	881.9	19509.4	3.0
卡塔尔	114.9	268.8	1796.7	66838.3	1.5

注：*表示现价美元；**表示2020年数据。

资料来源：世界银行WDI数据库。

伊朗南濒波斯湾和阿曼湾，地理位置优越。2016年双方领导人会面时一致认为中伊的友好交往为"一带一路"做出了重要贡献。2021 年，中国和伊朗签署了长达 25 年的战略协议，继续深化在能源投资、科技、经贸等领域的合作。2022 年中伊双边贸易进出口总额 158 亿美元，中国连续 10 年保持伊朗第一大出口国的地位。

伊拉克油气资源丰富，石油收入是其财政收入的主要来源。2015 年中伊建立战略伙伴关系时，伊方对"21 世纪海上丝绸之路"倡议表示赞赏。中国是伊拉克最大的贸易伙伴，2022 年中伊双边贸易额达 533.7 亿美元，同比增长 42.9%。

历史上，科威特是丝绸之路贸易的重要节点，在当代，科威特正在建造的"丝绸城"以复兴古丝绸之路为理念，旨在推动科威特加入更大的全球贸易格局，成为 21 世纪海上丝绸之路的重要枢纽，中方也参与了"丝绸城"港口项目的建设工作。

沙特阿拉伯和中国自 1990 年建交以来，经贸关系发展迅速，2022 年中沙贸易总额达 1160.4 亿美元，同比增长 32.9%。沙特阿拉伯继续保持中国在西亚和非洲地区第一大贸易伙伴的地位，中国自 2013 年起成为沙特第一大贸易伙伴。2023 年 6 月，中阿合作论坛第十届企业家大会在沙特阿拉伯首都举行，沙特阿拉伯外交大臣宣布将与中国开通一条现代化的"丝绸之路"，深化在贸易、金融、能源和绿色产业等领域的合作。

阿联酋是中国在中东地区仅次于沙特阿拉伯的第二大贸易伙伴，能源领域是两国合作的重要内容，2022 年中阿贸易总额 992.69 亿美元，同比增长 37.16%。2018 年，中国和阿联酋就"以港航合作为起点推动 21 世纪海上丝绸之路建设"达成共识，加强在海运、港口和物流领域的合作。

历史上郑和七下西洋，曾三次去到阿曼，阿曼人民对古丝绸之路具有独特的亲切感，这份深厚的民意也是中阿延续 21 世纪海上丝绸之路合作的良好基础。中阿经贸合作发展迅速，2022 年中阿贸易额为 404.45 亿美元，同比增长 25.79%。华为公司目前已是阿曼电信的主要设备供应商，两国在投资、基础设施和人力资源等领域的合作也在逐步扩大。

卡塔尔是新兴地区大国，全球最富有的国家之一，基础设施比较完备。同为油气大国的卡塔尔，其资源出口主要依靠海运完成，所以，可以说卡塔尔在 21 世纪海上丝绸之路的建设中扮演着"先锋角色"。中国已成为卡塔尔主要贸易伙伴和第二大进口来源国，中卡合作领域广泛，前景可期。

（2）红海沿岸国家。21 世纪海上丝绸之路红海沿岸国家包括也门、埃及、苏丹、吉布提、厄立特里亚和索马里。表 1-4 是 2021 年红海沿岸部分国家概况。

表1-4　2021年红海沿岸部分国家概况

国家	幅员面积（百平方千米）	总人口（万人）	GDP*（亿美元）	人均GDP*（美元）	GDP增长率（%）
埃及	9954.5	10926.2	4041.4	3698.8	3.3
苏丹	18680.0	4565.7	343.2	751.8	-1.8
吉布提	231.8	110.5	34.8	3150.4	4.8
索马里	6273.4	1706.5	76.2	446.9	4.0

注：*表示现价美元。

资料来源：世界银行WDI数据库。

埃及是世界上最重要的文明古国之一，古中国和古埃及在丝绸之路上"相遇"，21世纪海上丝绸之路则是现代两国联系的纽带。埃及是首个与新中国建立战略伙伴关系的阿拉伯和非洲国家，两国友谊源远流长。亚历山大港是埃及最大的港口，而塞得港正成为埃及最大的集装箱转运枢纽。埃及的苏伊士运河连通了地中海和印度洋，是21世纪海上丝绸之路的关键节点和重要延伸。

吉布提位于非洲东北部，地处欧、亚、非三大洲的交通要冲，吉布提港是东非最大的海港之一。在21世纪海上丝路建设中，中资企业参与的项目涉及铁路建设、码头建设和自贸区建设等领域。中国"一带一路"网数据显示，截至2019年末，中国对吉布提直接投资存量达1.25亿美元①，双边经贸关系发展稳定且热度不减。

（3）非洲国家。21世纪海上丝绸之路沿线非洲国家包括肯尼亚、坦桑尼亚、莫桑比克、马达加斯加、南非、科摩罗、毛里塔尼亚和安哥拉。表1-5为2021年非洲沿岸主要国家概况。

表1-5　2021年非洲沿岸主要国家概况

国家	幅员面积（百平方千米）	总人口（万人）	GDP*（亿美元）	人均GDP*（美元）	GDP增长率（%）
肯尼亚	5691.4	5300.5	1103.4	2081.7	7.5
坦桑尼亚	8858.0	6358.8	678.4	1099.2	4.2
莫桑比克	7863.8	3207.7	157.7	491.8	2.3

---

① 2022年版对外投资合作国别（地区）指南［EB/OL］. https：//www.yidaiyilu.gov.cn/wcm. files/upload/CMSydylgw/202012/202012231146034.pdf，2020-12-25.

国家	幅员面积 （百平方千米）	总人口 （万人）	GDP * （亿美元）	人均GDP * （美元）	GDP 增长率 （%）
马达加斯加	5818.0	2891.5	144.7	500.5	4.4
南非	12130.9	5939.2	4190.1	7055.0	4.9
科摩罗	18.6	82.1	12.9	1577.4	2.1
毛里塔尼亚	10307.0	461.4	99.9	2166.0	2.4
安哥拉	12467.0	3450.3	674.0	1953.5	1.1

注： * 表示现价美元。

资料来源：世界银行 WDI 数据库。

中国和肯尼亚有着悠久的友好往来历史，历史上郑和下西洋已多次到达肯尼亚。中国参与建设的蒙巴萨港口已是非洲贸易往来的窗口和桥梁，充分体现了中肯海上丝绸之路合作的广阔前景。肯尼亚渔业资源十分丰富，未来中肯可以加强海洋渔业领域的研究和贸易合作。

坦桑尼亚政局稳定，物产丰富。2022 年坦桑尼亚总统访华，双方就深化海上丝路高质量建设达成共识，中方将鼓励更多企业前往坦方参与港口、通信等领域的投资和建设。2022 年中坦贸易额达 83.1 亿美元，同比增长 23.7%。[①]

莫桑比克是东南部非洲内陆国家的重要出海口，是 21 世纪海上丝绸之路在非洲的地理自然延伸。莫方以中非合作论坛为主线，致力于改善投资环境，加强与中国的务实合作。

南非位于非洲大陆最南端，综合经济实力较强。据统计，2022 年两国贸易额达 3788.1 亿元人民币，中国已连续 13 年成为南非第一大贸易国，同时南非也是中国在非洲的最大贸易伙伴国[②]。南非是投资者进入非洲南部的重要入口，是中国企业在非洲投资的重点国家之一，其德班港是 21 世纪海上丝绸之路向非洲南端延伸的一个支点。

安哥拉位于非洲西南部，是中部、南部非洲重要的出海通道之一。安哥拉新闻代表团曾到海上丝绸之路重要的发源地福建泉州寻访历史足迹。2022 年中安双边贸易额达 273.4 亿美元，同比增长 16.3%，安哥拉是中国在非洲的重要经济

---

① 构建新时代中非命运共同体的思想指引 [EB/OL]. https：//baijiahao. baidu. com/s? id = 1763114570608801012&wfr = spider&for = pc，2023－04－14.

② 商务部：上半年中国和南非双边贸易额同比增长 11.7% [EB/OL]. https：//baijjahao. baidu. com/ s? id = 1774472569063927646&wfr = spider&for = pc，2023－08－17.

伙伴。

（4）地中海沿岸国家。21 世纪海上丝绸之路地中海沿岸国家包括土耳其、约旦、巴勒斯坦、黎巴嫩、叙利亚、阿尔及利亚、利比亚、摩洛哥和突尼斯。表 1-6 为 2021 年地中海地区部分国家概况。

表 1-6 2021 年地中海地区部分国家概况

国家	幅员面积 （百平方千米）	总人口 （万人）	GDP* （亿美元）	人均 GDP* （美元）	GDP 增长率 （%）
土耳其	7696.3	8477.5	8190.3	9661.2	11.3
约旦	887.9	1114.8	457.4	4103.2	2.2
黎巴嫩	102.3	559.2	231.3	4136.1	−7.0
阿尔及利亚	23817.4	4417.7	1630.4	3690.6	3.5
利比亚	17595.4	673.5	428.1	6457.1	31.3
摩洛哥	4463.0	3707.6	1428.6	3795.3	7.9
突尼斯	1553.6	1226.2	466.8	3807.1	4.3

注：* 表示现价美元。

资料来源：世界银行 WDI 数据库。

土耳其位于亚欧两大洲的交界处，被地中海、爱琴海等海域环绕，是 21 世纪海上丝绸之路的重要节点。土耳其交通和基础设施部长认为，中欧班列"长安号"的开通体现着土耳其发起的"中间走廊"计划与"一带一路"倡议的目标相通性，体现了土耳其想要与中国运输联系起来的愿望，两国各领域共同利益广泛。

阿尔及利亚位于非洲西北部，是非洲面积最大的国家，中国是阿尔及利亚进口第一大来源国。伴随 21 世纪海上丝绸之路的建设，中阿一个个项目逐步落地实施。

利比亚位于非洲北部，北濒地中海，地缘优势使得欧洲产品占据其主要市场。据海关总署官网数据，2022 年中利双边贸易额达 52.1 亿美元，贸易往来还有很大的进步空间。

摩洛哥地处非洲西北部，是 21 世纪海上丝绸之路西端的枢纽。摩洛哥是中国在非洲的重要合作伙伴，双方经济优势互补，在渔业、基建、电信领域交往频繁，同时还将扩展在可再生能源等新领域的合作。中摩积极利用 21 世纪海上丝绸之路扩大贸易规模，增强贸易的便利性。

4. 欧洲航线

欧洲是"一带一路"的终点站，是"一带一路"倡议的重要组成部分。欧洲经济发展历史悠久，是世界上最发达的地区之一。近年来，受到贸易保护主义、贸易摩擦、新冠肺炎疫情、"英国脱欧"和"俄乌冲突"等因素的影响，欧洲许多国家在经济发展、国家安全和社会稳定方面出现波动。本书选取希腊、罗马尼亚、意大利、波兰和拉脱维亚做介绍，并概括中国和欧盟近年来的整体往来情况。表1-7列举的是欧洲航线范围内主要国家概况。

表1-7　2021年欧洲航线范围内主要国家概况

国家	幅员面积 （百平方千米）	总人口 （万人）	GDP* （亿美元）	人均GDP* （美元）	GDP增长率 （%）
希腊	1319.6	1064.1	2148.7	20192.5	8.4
意大利	3020.6	5910.9	21077.0	35657.4	6.7
波兰	3127.1	3774.7	6794.4	17999.9	6.8
拉脱维亚	645.9	188.4	398.5	21148.1	4.0
罗马尼亚	2384.0	1911.9	2840.8	14858.2	5.1
马耳他	3.2	51.8	173.6	33486.6	10.2
乌克兰	6035.5	4379.2	2000.8	4835.5	3.4
立陶宛	652.9	280.0	664.4	23723.3	5.9

注：*表示现价美元。

资料来源：世界银行WDI数据库。

希腊位于欧洲巴尔干半岛最南端，地处连接欧亚非的枢纽位置。中国和希腊作为中西方文明的发祥地，文化内涵相似。希腊比雷埃夫斯作为枢纽港口，航线辐射地中海、中东、亚洲、北美、大洋洲等地区，是21世纪海上丝绸之路的重要交汇点，也是中希在"21世纪海上丝绸之路"倡议中合作的一大亮点，希腊比雷埃夫斯港与中国的广州港交流合作密切。

罗马尼亚位于巴尔干半岛东北部，自然条件优越，资源丰富。2022年，中国上海"海上丝路"河口河岸实验室联合罗马尼亚、孟加拉国、埃及等国家优势单位一起，开展国际学术合作和资源共享，共同应对"海丝"沿线国家面临的防灾减灾、生态保护等一系列问题。

意大利地处欧洲南部，工业基础雄厚，南北地区经济发展不平衡，北方工商业发达，而南方以农业为主，经济较为落后。古丝绸之路的起点和终点分别为中国和意大利，中意合作具有里程碑意义。相比于荷兰鹿特丹港和希腊比雷埃夫斯港两大港，意大利的港口离中国较近，2019年中意就"加强意大利北方港口建设"达成一致，双方在加强基础设施互联互通方面前景广阔。

波兰北临波罗的海，处于欧洲的地理位置中心，连接东、西欧。2016年习近平主席访问波兰，中波一致同意在21世纪海上丝绸之路框架下推动双边合作，深化经贸往来。

拉脱维亚位于欧洲东北部，与爱沙尼亚、立陶宛共同被称为"波罗的海三国"。拉脱维亚区位优势明显，是欧盟、俄罗斯和亚洲地区的水陆交通枢纽，拥有3个大型港口，分别是文茨皮尔斯港、里加港和利耶帕亚港，区位得天独厚，是21世纪海上丝绸之路建设的重要驿站。

近年来，欧洲国家对"一带一路"的关注和肯定不断，从最初的"徘徊观望"逐步变为"主动参与"。在"16+1合作"机制下，中欧全面深化战略伙伴关系，不断扩大农业贸易合作、投融资合作和人文社会交流合作。通过中欧合作可以发现，建设21世纪海上丝绸之路不仅可以拓宽贸易渠道，打造海上经济支点，还应该肩负起建设人类命运共同体的责任，积极维护海洋秩序。古时的欧洲通过海洋对许多地区进行殖民，现代的欧洲在海洋观和海洋政策方面，则和中国有了较多的共同性。21世纪海上丝绸之路将中国和欧洲紧密联系，未来中欧将在产业和技术贸易、维护多边主义和完善全球治理方面开展更深入的交流合作。

（二）21世纪海上丝绸之路核心区协调发展的重大意义

1. 增进社会公平，巩固中国同沿线国家的合作与互信

古丝绸之路连接东西方，延绵千年，是东西交流合作的大通道。丝绸之路是经贸之路，也是人类物质文明和精神文明对话之路，是不同区域间经济、文化、科技、宗教和思想相互传输的纽带。古丝绸之路以丝绸、瓷器和茶叶为象征，建立起中外人文和经贸的深远友谊。21世纪海上丝绸之路延续着古丝绸之路区域间的和谐互动，其建设符合增强国家间合作与互信的基本要求。21世纪海上丝绸之路沿线各国都怀有自己的强国之梦，21世纪海上丝绸之路的建设带给它们的是发展、和平和希望，是没有剥削与压迫的平等相待，中国的发展之路深深吸引着它们。通过参与21世纪海上丝绸之路建设，各个国家能够把命运掌握在自己手里，在友好的贸易交往秩序下深化与中国、与各伙伴国的信任，维护自己的独立主权，同时也加强合作，实现进步。

作为主权国家，在国际社会仍处于无政府状态之时，交流与合作可以增强互

信，减少冲突。古代海上丝绸之路曾发挥了繁荣沿线各国的作用，如今，21世纪海上丝绸之路将继续发挥作用。随着现有合作机制、合作平台关系的深化与调整，亚非欧沿线国家基础设施互联互通，要素自由流动有了保障，各国在建设中继续深化周边关系，增强区域间友好往来，不断开拓区域沟通和合作新模式，增强政治互信，最终实现优势互补、区域协调发展、共同受益。

2. 促进区域分工合理化，提高资源的空间配置效率

加强区域间的分工协作，提高资源配置效率，对促进21世纪海上丝绸之路核心区协调发展至关重要。区域间通过合理分工、削弱行政和贸易壁垒、促进产业和区域功能的协同提升，提高资源的空间配置效率，促进新时代海上丝绸之路协调发展。

当前世界面临百年未有之大变局，以合作谋发展是全世界的共同愿望。经济全球化背景下，各国基于自身比较优势和产业技术分工，在合理原则下协调配合，通过降低区域间行政和贸易壁垒，推动区域间的经济合作便捷化和贸易便利化，为区域合作注入强大的生命力。21世纪海上丝绸之路为沿线国家提供了更广阔的市场和更多的投资机会，资源流动性增强，资源配置效率提升。区域间的协调配合使全球贸易更为便利与多元，全球经济合作和互利共赢有了更广阔的平台。

区域发展在空间分工功能较弱、较模糊时，某一区域的快速发展可能会给整个区域带来产业扩张和城市功能分离的现象，导致区域、城市以及国家的经济增长缺乏可持续性，部分区域和部分城市成为没有发展方向和优势的"牺牲品"。区域空间功能分工的深化，有利于更好地强化区域间产业发展与区域功能提升的耦合协调度；在推动各国土地、技术等资源利用的集约化，产业加速聚集的同时，与其相匹配的城市物流信息化功能、国际运输功能、跨境监管协调功能等也在不断更新，区域空间整合功能增强，资源配置效率提升，逐步形成网络化和智能化的协同发展新格局。

3. 打造区域利益共同体和命运共同体

当今国际局势不确定、不稳定的因素增加，世界经济动荡和紧张有所加剧，我国也正处于经济转轨、社会转型的特殊时期。21世纪海上丝绸之路以人类命运共同体的理念来处理国际关系，既注重共同发展利益，也注重共同安全利益，主张通过投资和贸易合作，通过双边和多边协商，通过政治谈判和对话的方式进行经贸往来。

人类的海洋商业文明起源于海岛及海边的国家或地区，如古希腊文明中的爱

琴海、地中海沿岸；人类的海洋工业文明起源于经济全球化，海洋是连接区域间人类命运的天然载体。21世纪海上丝绸之路将沿线各国的未来发展紧密联系在一起，积极搭建合作平台，促进沿线国家基础设施互联互通，同时，海上丝绸之路建设还有利于建立公平公正的海洋合作模式，在海洋开发过程中增强自身能力，这些都提高了各国经济风险防范能力，为各国增添共同发展的新动力。

古丝绸之路孕育出一批陆上枢纽城市，海上丝绸之路则带动一大批海港城市成为贸易枢纽，特别是部分核心区的重点港口，这些重点通道推动新的世界贸易格局形成。"海上新丝路"反映的是共生共荣、和谐发展的精神，彰显各国在多领域合作的包容性，契合和平与发展的时代主题，增强各伙伴国命运共同体意识。

4. 推动形成新的经济增长动力，促进区域经济平稳向好发展

21世纪海上丝绸之路具有历史性、国际性和综合性的特点。从历史性来看，古海上丝绸之路通过经贸文化交流，对世界发展产生了深远影响，长期的贸易和文化交流留存下丰富的历史遗迹；从国际性来看，欧亚非各洲多地区、多国家参与21世纪海上丝绸之路建设，区域间以海洋为载体，在技术、信息、文化等领域开展交流合作；从综合性来看，21世纪海上丝绸之路以经济合作为基础，但不限于经济合作，其在基础设施建设、政策沟通、文化交流等领域的合作共同推动区域经济可持续增长。

21世纪海上丝绸之路为区域间渔业合作和资源共享提供探讨合作的平台，创新经营、物流、港口、风险防控模式，扩大区域内陆和沿边开放，从海、陆、空三维通道开展项目合作，我国也将积极为沿线国家提供高新科技、教育、服务业等多方面的支持，丰富投资形式。推动沿线国家更快更好地融入全球化浪潮，坚持开放包容，反对封闭排他，加强相互配合和相互促进，进一步密切区域联系。海上丝绸之路建设为沿线各国注入新的经济增长动力，推动区域经济高质量复苏，致力于对区域和平稳定和经济向好发展做出贡献。

（三）21世纪海上丝绸之路核心区协调发展的重要特征

1. 实现中华民族伟大复兴的重要战略支撑

党的十八大报告提出的"两个一百年"奋斗目标，如今我们已经实现了第一个目标，即全面建成小康社会。党的二十大报告提出，十年来我们以巨大的政治勇气深化改革，实行积极主动的开放战略，形成了更大范围、更宽领域、更高层次的开放格局。当前我国发展已经站在了更高的历史起点上，正向着实现中华

民族伟大复兴的第二个百年奋斗目标前进，如何继续推进高水平对外开放，建设贸易强国，支撑中国发展，是实现第二个百年奋斗目标的重要内容。

21 世纪海上丝绸之路是深受欢迎的国际合作平台，是我国积极主动开放的生动写照。21 世纪海上丝绸之路有助于我国建立高标准贸易网络，形成陆海兼顾、均衡发展的全方位开放新格局，通过核心区协调发展为中国式现代化和中华民族伟大复兴提供战略支撑。"一带一路"的构建体现着一种新型合作理念，表明中国支持经济全球化趋势和顺应区域一体化潮流的态度，必将推动党和人民利用好战略机遇，实现经济平稳健康发展，最终实现中华民族伟大复兴。

2. 体现着中国梦与世界梦的相通性

21 世纪海上丝绸之路坚持用和平共处五项原则处理各国关系，尊重各国由于历史背景所导致的文化传统和政治制度的不同，尊重各国发展模式。中国的外交战略一直以"睦邻、安邻、富邻"为宗旨，21 世纪海上丝绸之路切实关注沿线国家的利益诉求，促进区域内要素自由流动。

2016 年 8 月 17 日，习近平在推进"一带一路"建设工作座谈会上表示，以"一带一路"建设为契机，开展跨国互联互通，通过提高有效供给来催生新的需求，实现世界经济再平衡。中国敞开胸怀拥抱世界，世界也必将给中国一个大大的拥抱。21 世纪丝绸之路建设对全球具有重要意义。借助 21 世纪海上丝绸之路，沿线国家既可以加强与中国的联系，也可以加强与其他国家的联系，全球化和区域化的深入发展推动全球政治经济新秩序的形成。

21 世纪海上丝绸之路核心区协调发展有助于我国建立良好的周边外交关系，形成良好的外部环境，在实现中国梦的同时助力世界梦的实现；而实现中华民族的伟大复兴，需要稳定的国际环境，特别是周边环境，实现世界梦形成的良好外部环境又会促进中国梦的实现。中国梦和世界梦相联通，世界认识中国，中国也将给世界带来惊喜。

3. 实现可持续发展，共同提高区域经济水平和人民生活水平

区域经济的可持续发展是指，在特定的时期内，一个国家或地区在产业持续发展、经济水平不断提高的同时，也注重生态环境保护，关注居民的生活水平差异和社会福利水平。"共享"一词成为现今国家社会发展的根本目的，社会主义的本质也是共享。21 世纪海上丝绸之路秉持着"共商、共建、共享"原则，推动区域经济以不同模式共享发展，助力经济可持续发展。我国国内存在发展不平衡、不充分的问题，海上丝绸之路也同样存在发达区域和落后区域的差异。在21 世纪海上丝绸之路的建设过程中，发达地区与落后地区共享发展成果，发达

地区有效带动落后地区发展，加强发达地区的续存力，落后地区在满足自身发展需求的同时加速承接发达地区产业转移和结构升级，双方共同开发丰富资源来助推经济发展，真正实现经济的可持续性，最终实现共同富裕。

当今世界，社会不断进步，科技水平不断提高，生活质量的提升使得人们对于精神文化的需求加大，人们不再只关注经济发展的数字目标，对基础设施水平、生态环境和公共服务水平都有着直观且敏锐的感知。经济是人类社会赖以生存和发展不可缺少的基础，21世纪海上丝绸之路在面对经济发展问题时，注重经贸往来的可持续发展，通过区域协调与产业转型来促进资源、环境和人类的和谐共处，既关注区域经济发展速度，也致力于沿线各国居民生活水平和福利水平的提高，努力避免发展过程中带来的不利因素造成不良社会影响。

4. 地区间文明互鉴和中华文明传播的重要通道

明代郑和下西洋，通过"古丝绸之路"与南亚、西亚、欧洲和北非进行文化交流，今天的丝绸之路精神在巩固的过程中，需要继续增进沿线国家的相互了解和人文交流。民心相通是"一带一路"建设的根基，文化交流则是民心相通的关键。21世纪海上丝绸之路是文明播撒之路，中华文明具有顽强的生命力，在这条漫长的"航道"上，中华文明将与时俱进，中外文明一道开启人类文明与繁荣的新纪元。

在东盟方面，自2004年起，中国—东盟博览会每年9月在广西南宁举办，截至2022年已成功举办了19届。2022年，中国—东盟电影文化周、旅游展和环境合作论坛也顺利举办，双方影视文化、旅游服务和环境政策等方面的交流合作逐步深入。在南亚方面，"孟中印缅经济走廊"在促进经济交流的同时，也在不断促进文化交流。"丝路书香出版工程"这一开放平台加速了中国优秀图书的产品数字化和内容传播。在波斯湾和红海国家方面，2016年已是中国和阿拉伯国家建交的第60周年，中阿博览会自2013年开幕，已成为弘扬丝路精神的重要平台。近年来，中国与阿拉伯国家在民间艺术、广播影视、旅游业等领域往来密切。中国和非洲都是人类文明的发源地，2018年"中非十大合作计划"全部落实完毕，中国文化中心、孔子学院、孔子学堂的建设和职业技术培训的开展使得中非人文交流合作蓬勃发展。在欧洲方面，中欧博物馆交流参观活动越发频繁。2017年，故宫文物展在摩洛哥举办；2018年，摩纳哥格里马尔迪王朝展在中国北京举办。中国和意大利在文物保护修复方面交流密切，在欧洲设立的孔子学院不断掀起汉语学习的热潮，中国和欧洲在画作、手工艺、歌剧、电影等领域的交流都远超往昔。

第二章　21世纪海上丝绸之路核心区协调发展的理论基础

一、推动21世纪海上丝绸之路核心区协调发展的相关理论

（一）区域经济一体化理论

1. 区域经济一体化理论演进及代表性观点

对于区域经济一体化的概念，并没有一个固定且唯一的解释，不同学者对区域经济一体化的概念阐述了不同的观点。"一体化"这一词语最早是用于描述企业的，随着国家地区之间的联合开始出现时，"一体化"就有了新的含义。荷兰经济学家丁伯根（J. Tinbergen）在其著作《国际经济一体化》中认为，"经济一体化就是将有关阻碍经济有效运行的人为因素加以消除，通过相互协作与统一，创造最适宜的国际经济组织"。区域经济一体化的核心是实现生产要素和商品自由流动，降低区域内成员之间的交易成本，最终建立起统一市场，在经济同盟的基础上，实现经济、政治与法律政策的统一。欧盟就是区域经济一体化的最好实例[①]。

区域经济一体化分为五个阶段，从低级到高级分别是自由贸易、关税同盟、共同市场、经济同盟、区域经济一体化。

---

① 闫亚娟. 欧亚经济联盟对外自由贸易区建设研究［D］. 吉林：吉林大学博士学位论文，2021.

　　自由贸易区是指两个或两个以上的国家或独立关税地区根据世界贸易组织的相关规则，签署自由贸易协定所组成的贸易区，该理论是区域经济一体化理论的起点，主张通过减少或取消区域内的贸易壁垒，实现贸易自由化，以促进区域内的贸易和经济合作。自由贸易区有两个显著特征：一是自由贸易区成员国在实行内部自由贸易的同时，对外不实行统一的关税和贸易政策；二是实行严格的原产地规则，只有原产于区域内或主要在区域内生产的产品才能进行自由贸易。自由贸易区的成立使得成员国能够享受到贸易自由化所带来的经济效益。

　　关税同盟是自由贸易区的扩展。除了贸易自由化，关税同盟还要求成员国对非成员国实施统一的关税政策。通过建立关税同盟，成员国能够在对外贸易中形成联合战线，提高对外谈判的议价能力。1950年，美国经济学家雅各布·瓦伊纳（Jacob Viner）在其代表性著作《关税同盟理论》中系统地提出了关税同盟理论。

　　共同市场在关税同盟的基础上进一步发展。共同市场主张在自由贸易和关税同盟的基础上，进一步推进要素自由流动，如劳动力、资本和技术，实现了要素市场一体化。共同市场的建立不仅有利于贸易的发展，还能够促进成员国之间的经济整合和资源配置的优化。共同市场的概念早期出现在1956年斯巴克的报告中，但总的来讲，"二战"后，"共同市场"一词已被广泛使用。

　　经济同盟是共同市场的延伸。它主张成员国在经济政策、货币政策和金融政策方面进一步协调与合作，甚至实现货币的统一，发展成为完全的经济一体化，要求设立一个超主权国家的中央权力机构，统一管理和协调各成员国的经济、社会政策。经济同盟的建立可以加强成员国之间的经济联系，提高货币的稳定性，促进投资和经济增长。

　　区域经济一体化理论在实践中不断发展和完善，现有的研究在理论上将区域经济一体化产生的经济效应分为静态效应和动态效应，其中静态效应包括贸易转移效应、贸易创造效应和社会福利效应；而动态效应包括规模经济效应、竞争加强效应和投资刺激效应。

　　区域经济一体化理论中，关税同盟理论是区域经济一体化理论的奠基石。该理论认为，关税同盟能够产生两种重要的效应：贸易转移效应和贸易创造效应。贸易转移指一国参加关税同盟，使得原来从外部世界进口低成本的产品变为向同盟内成员国购买高成本的产品。贸易创造效应指关税同盟中一些国家的高成本的产品被来自另一成员国低成本的进口品替代。瓦伊纳指出，贸易转移效应会减少成员国的福利，而贸易创造效应会增加成员国的福利。而且，贸易转移效应通常大于贸易创造效应，所以代表着国际贸易自由化的关税同盟会降低世界的福利水平。虽然瓦伊纳关于关税同盟能降低福利的观点具有重要的理论和实践意义，但是很多经济学者对此也提出了质疑。如 Kowalczyk（2000）认为，如果组成关税联盟的国家间发生了贸易转移，也就是产品进口转向高成本成员国，从贸易条件来看，贸易条件恶化，成员国的福利水平降低。但是，如果成员国之间的关税下降到足够补偿成员国（当前的进口国）与非成员国（原进口国）之间的价格差，则贸易转移也能提高成员国的福利水平。另外，关税同盟形成能增加同盟内贸易，而且由于产品之间的互补性，贸易的自由化提高而非降低了成员国对非成员国的进口需求；除此之外，同盟内成员国收入水平的提高也促进了成员国对正常商品的需求。这些效应既不能归结于贸易转移效应，也不能归结于贸易创造效应①。

区域经济一体化的动态效应中，规模经济效应是指要建立区域经济一体化的组织成员国市场连成一体，扩大自由市场的规模，此时产品成本趋于下降，企业可以获得规模经济的利益。而区域经济一体化组织的建立摧毁了原来各国受保护的市场，使各国生产的专业化提高，资源使用效率提高，从而可以提高市场的竞争性，这就是竞争加强效应。投资刺激效应是在实行经济一体化的区域内，随着市场的扩大，风险与不稳定性降低，会吸收成员国的厂商增加新的投资；另外，为了提高竞争能力，原有的厂商也会增加投资，改进产品质量，降低生产成本。区域经济一体化的建立，推动了区域内商品的自由流通，资本和劳动力从边际能力生产力低的地区流向边际能力生产力高的地区，使生产要素配置更加合理，降低了要素闲置的可能性，从而使产量增加，提高了经济效益。

总的来说，区域经济一体化促进了商品和生产要素的自由流动，刺激了投资增加，厂商面临更加激烈的竞争并能实现规模经济，使大规模的厂商能提供充裕的资金用于研究与开发，更激烈的竞争环境使厂商致力于更多的创新活动，从而促进区域内各成员的经济加速增长②。

2. 区域经济一体化理论对 21 世纪海上丝绸之路核心区协调发展的借鉴意义

第一，建立统一市场，关注内部市场的扩大。对于 21 世纪海上丝绸之路核心区来说，扩大内部市场规模是实现区域经济一体化的重要条件之一，也是实现区域内部经济协调发展的关键。21 世纪海上丝绸之路核心区通过减少贸易壁垒、降低关税和非关税壁垒等手段缩减不必要的经济交易成本，促进沿线国家之间产

---

① 李瑞林，骆华松. 区域经济一体化：内涵、效应与实现途径 [J]. 经济问题探索，2007（1）：53-54.

② 黄茂兴. 历史与现实的呼应：21 世纪海上丝绸之路的复兴 [M]. 北京：经济科学出版社，2015：90-91.

品和要素自由流动，实现不同发展水平的沿线国家、地区资源和产品高效便捷的流通与配置，助力核心区国家协调发展。

第二，加强协同合作，促进核心区协调发展。21 世纪海上丝绸之路核心区协调发展的战略定位不是简单的区域开发，也不是条块分割、各自为政的区域经济增长，而是加强各成员国的互动，尤其是核心区成员国的互动，从而建立一个旨在促进区域内协调发展的合作框架①。区域经济一体化理论强调合作与共赢的原则，鼓励各参与方通过加强经济联系和互利合作，实现区域内的协调发展。对于 21 世纪海上丝绸之路核心区而言，借鉴区域经济一体化理论，可以促进沿线国家之间的经济合作和区域一体化进程。

（二）新新贸易理论

1. 新新贸易理论的演进及主要观点

国际贸易理论主要是指研究国际贸易产生的原因、贸易利益分配和贸易格局变动的理论。国际贸易理论从其产生和发展来看，大致可以分为传统贸易理论、新贸易理论和新新贸易理论三个阶段。

（1）传统贸易理论。古典的国际贸易理论产生于 18 世纪中叶，是在批判重商主义的基础上发展起来的，主要包括亚当·斯密的绝对优势理论和大卫·李嘉图的比较优势理论。古典贸易理论基本假定的核心在于技术差异导致的比较优势，从劳动生产率的角度说明了国际贸易产生的原因、结构和利益分配，认为各国参与分工和贸易主要是源于生产同一产品成本的绝对差异或相对差异，而成本上的差别主要是由各国劳动生产率的绝对差异或相对差异所致。依据绝对优势论或相对优势论，参与国际分工与贸易的国家或地区都会获利，贸易利益主要源于各国或地区绝对优势或相对优势的发挥。绝对优势理论所分析的进行国际分工与贸易的条件较为严格，不能用来解释绝对优势都集中在一国或地区时所产生的国际分工与贸易。相对优势理论虽然解决了这一问题，继承和发展了绝对优势理论，使理论对贸易实践的解释更具普遍的指导意义，但是相对优势理论并没有很好地指出一国相对优势的来源。

新古典贸易理论产生于 20 世纪上半叶。20 世纪 30 年代，赫克歇尔—俄林继承和发展了李嘉图的比较优势理论，提出了要素禀赋论，用生产要素的丰缺来解

---

① 黄茂兴. 历史与现实的呼应：21 世纪海上丝绸之路的复兴 [M]. 北京：经济科学出版社，2015：92.

释国际贸易产生的原因，认为要素禀赋差异和商品生产的要素密集度差异是产生比较优势的根本原因，因此各国应该专门化生产并出口本国相对丰裕的要素密集型产品，进口本国相对稀缺要素密集型产品。除贸易模式外，新古典贸易理论还有另外两个重要结论：一是要素价格均等化，即贸易使得两国产品相对价格趋同的同时，也将导致两国要素（资本、劳动等）相对价格的趋同。保罗·萨缪尔森根据赫克歇尔—俄林模型的逻辑论证出要素价格均等化定理，阐述了两国间开展贸易的结果会使两国的生产要素价格最终相等这一趋势。二是不对称的收入分配效应，即对于一个特定国家，其充裕要素的所有者可以从贸易中获利，而稀缺要素的所有者将因贸易而受损。

（2）新贸易理论。古典和新古典贸易理论均假定完全竞争的市场结构、要素不具有国际流动性和规模报酬不变。针对传统贸易理论无法解释的现象，如世界贸易的将近一半是在具有相似要素禀赋的工业国家之间进行的，以及当市场结构发生变化时，新贸易理论应运而生。以克鲁格曼于20世纪80年代初建立的一系列新贸易模型为规范化的起点，学者们将规模报酬递增、不完全竞争市场和运输成本引入了贸易理论，并大量运用产业组织理论和市场结构理论来解释国际贸易。

新贸易理论模型框架与传统贸易理论有很大不同，但其基本假定的核心主要是两个方面：一是假定单个企业内部存在规模经济；二是在产品市场中引入了独特的垄断竞争市场结构。具体的新贸易理论模型种类繁多，但一些核心结论是它们所共有的。首先，新贸易理论模型认为，即使两国间没有技术和要素禀赋差异，也会由于经济规模差异而产生国际贸易。这一结论很大程度上解释了发达国家之间贸易的形成。其次，由于规模经济的存在，企业不再采用边际定价原则，存在规模报酬的行业中垄断利润可以从出口中获得。这一结论部分地解释了国际贸易中初级产品出口国贸易条件不断恶化的事实。最后，两国商品专业化生产和贸易模式的形成存在较大的不确定性，其形式可能是完全由偶然性的历史因素和政府计划所决定的。对于新贸易理论的核心结论以及这些结论对于真实世界贸易事实的适应性，进一步认为，当国家间相似程度越来越高时，市场结构从完全竞争变为不完全竞争，当产业生产的规模经济逐渐凸显时，规模经济的作用就取代技术和要素禀赋的差异成为推动国际贸易的主要原因了。这样新贸易理论从根本上打破了传统贸易理论中关于完全竞争和规模报酬不变的假定，使自身真正成为一种具有开创性的国际贸易新理论[①]。

---

① 谭立力. 南北贸易：综合三种贸易理论的一般均衡分析 [D]. 杭州：浙江大学博士学位论文，2013.

此外，新贸易理论支持政府对贸易的适当干预，认为政府干预可以在垄断竞争和市场势力中通过非市场的手段发挥作用，协助和保护本国企业，增加国民福利。对于那些可能产生积极的外部性的企业，因其实际规模小于社会最优的水平，政府有必要对其进行扶持，以使其在国内和国际竞争中处于更有利的地位。

（3）新新贸易理论。新新贸易理论的概念最早是由 Baldwin、Nicoud 和 Forslid 在 2004 年提出的，但是与新新贸易理论研究相关的文献可以追溯到 2003 年，当时 Melitz、Bernard 和 Antras 等学者在其相关文献研究中都涉及了企业国际路径选择和企业内部化生产选择问题。该理论主要是用来解释最新的国际贸易和投资现象的，是在不完全市场结构和规模经济假定的基础上引入企业异质性假定，从企业微观层面的差异角度分析不同企业的国际化路径选择和企业内部化生产选择问题。因此，新新贸易理论有时又被称为异质性企业贸易理论（Heterogeneous-Firms Trade Theory）[①]。它有两个分支：一是以 Melitz 为代表的学者提出的异质企业贸易模型；二是以 Antras 为代表的学者提出的企业内生边界模型。新新贸易理论的主要研究方向和内容如图 2-1 所示。

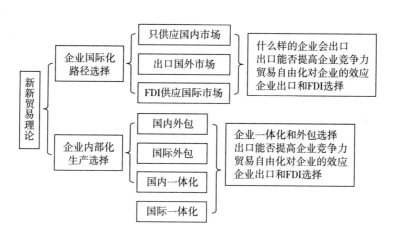

图 2-1 新新贸易理论的主要研究方向和内容

梅里兹模型考虑企业的国际化策略是选择出口、FDI 或是只在国内市场销售，各个产业都是由生产率水平不同的异质性企业组成的。其中，生产率水平最高的企业会选择 FDI 或者出口或者二者结合，而生产率最低的企业则会被挤出市

---

① 卢仁祥. 新新贸易理论中的国际分工问题研究——基于全球价值链理论分析 [D]. 上海：复旦大学博士学位论文，2013.

场，生产率居中的企业只能选择在国内市场销售。梅里兹模型将企业异质性的主要原因归结为生产效率的差异，并进一步考虑了竞争性技术、国际贸易成本和工人的异质性技术水平等因素，以解释为什么一些企业更容易进入国际市场，而其他企业则难以做到。该模型很好地解释了不断增加的技术溢价对异质性企业带来的额外收益。

企业内生边界模型中，新新贸易理论通过引入新制度经济学的不完全契约思想来分析企业一体化和外包两种组织模式的选择问题。在一国内部企业的生产选择上，低生产率企业倾向于外包形式；而高生产率企业则倾向于垂直一体化形式，而对于跨国外包地选择上，低生产率企业选择本国，而高生产率企业选择外国。同时，模型发现行业特征依赖于生产率分散程度，生产率越分散的行业，越依赖进口中间产品，并且行业内部服务密集程度越高，行业越倾向于一体化。

2. 新新贸易理论对 21 世纪海上丝绸之路核心区协调发展的借鉴意义

第一，由于企业的异质性存在，不同企业在生产效率和成本方面存在差异，

贸易会导致市场份额在产业内企业间的重新配置，市场份额向高生产率企业靠近，从而提高行业生产率和社会整体福利水平。在核心区的协调发展中，应关注企业的异质性，注重培育和支持具有竞争优势的企业，促进其国际化和创新发展，以推动整个区域的经济增长和竞争力提升。

第二，强化产业链衔接与协同发展，新新贸易理论强调全球价值链分工和产业协同发展。在核心区协调发展进程中，应加强产业链的衔接和协同，促进各个环节的协作，形成互利共赢的产业集群。通过推动企业间的合作与合资、促进资源的优化配置和技术创新，可以提高整个区域的产业链的附加值和竞争力。

第三，强化区域合作与一体化，新新贸易理论强调企业的国际化路径选择和内部化生产选择的优化。在核心区的协调发展中，应加强区域合作与一体化，促进沿线国家的企业跨国合作与资源整合。通过加强政府间的政策协调和合作，推动核心区国家贸易和投资的便利化，促进 21 世纪海上丝绸之路核心区协调发展。

（三）区域空间结构理论

1. 区域空间结构理论的主要观点

不同的经济活动在地理空间上的形态存在差异。区域经济空间结构是指一定时期内，人类各种经济活动在特定区域内的空间分布状态及空间组合形式。区域空间结构由点、线、面三种基本要素构成。点是区位要素中的最基本形式，如城镇、工矿点、风景区、湖泊等；线是指在地域空间上具有确定线段的交通线路、

通信线路、动力和水源供应线，其中交通线路起着最为重要的作用，它是空间经济活动的基础和空间经济活动横向拓宽的先决条件；面是点和线存在的空间基础，具有明确的空间范围，如经济区等。基本要素的不同组合形成了不同的区域空间结构①。具体的代表性区域空间结构理论有增长极理论、"核心—边缘"理论和点—轴理论。

增长极理论由法国经济学家弗郎索瓦·佩鲁于1950年在《经济空间：理论与应用》中首次提出。佩鲁首先提出了一个完全不同于地理空间的经济空间。他主张经济空间是以抽象的数字空间为基础，经济单位不是存在于地理上的某一区位，而是存在于产业间的数学关系中，表现为存在于经济元素之间的经济关系。其次，佩鲁认为经济发展的主要动力是技术进步与创新。创新集中于那些规模较大、增长速度较快、与其他部门的相互关联效应较强的产业中，具有这些特征的产业，佩鲁称为"推进型产业"。推进型产业与被推进型产业通过经济联系建立起非竞争性联合体，通过后向、前向连锁效应带动区域的发展，最终实现区域发展的均衡化。主要政策含义是发展中国家可以优先建立增长极，通过其极化效应和扩散效应共同作用持续扩大自身发展规模，并对所在部门和地区产生支配性影响，进而带动增长极相关地区或者部门经济增长②。

美国区域经济学家约翰·弗里德曼对发展中国家的空间发展规划进行了长期的研究，并提出了一整套有关空间发展规划的理论体系，尤其是他的"核心—边缘"理论，又称为"核心—外围"理论，已成为发展中国家研究空间经济的主要分析工具③。他将区域经济系统划分一个二元的空间结构，由发展条件优越的核心部分和发展条件较差的外围部分构成：核心区是具有较高创新变革能力的地域社会组织子系统；外围区则是根据其与核心区所处的依附关系，而由核心区决定的地域社会子系统。核心区与外围区共同组成完整的空间系统，其中核心区在空间系统中居支配地位。

20世纪80年代，中国科学院陆大道院士提出点—轴渐进式扩散理论：以区域中的各级中心城市为"点"，以联结点的现状基础设施为"轴"，产业先在点上集聚，随后沿着线状基础设施扩展，最后等级不同的城镇和发展轴线形

---

① 刘传明，曾菊新. 区域空间供需模型与空间结构优化途径选择——功能区建设的科学基础［J］. 经济地理，2009（1）：26-28.

② 任军. 增长极理论的非均衡发展观与我国中西部经济增长极构建［J］. 工业技术经济，2007（6）：72-75.

③ 耶洪斌，袁媛. 城乡经济联系与互动理论及其启示［J］. 西南民族大学学报（人文社会科学版），2004（7）：180-183.

成空间结构。该理论有利于发挥集聚经济的效果，能够充分发挥各级中心城镇的作用，有利于把经济开发活动结合为有机整体，更加有利于区域开放式的发展①。

2. 区域空间结构理论对21世纪海上丝绸之路核心区协调发展的借鉴意义

第一，区域空间结构理论是21世纪海上丝绸之路核心区协调发展进程中重要的理论基础。核心区作为一个特定的区域经济空间，可以很好地将空间结构理论与实际相结合。作为一个一体化的经济空间结构体系，核心区协调发展其战略目标是以点带线、以线带面，增进同沿边国家和地区的交往，有效串起联通东盟、南亚、西亚、北非、欧洲等各大经济板块的市场链，发展面向南海、太平洋和印度洋的战略合作经济带，以亚非欧经济贸易一体化为发展的长期目标。

第二，21世纪海上丝绸之路核心区本身是一个巨大的增长极集合体，由众多的区域经济增长极共同构成。增长极理论强调一种非均衡的区域增长模式，随后通过地理位置的靠近而获得综合经济效益。21世纪海上丝绸之路核心区协调发展进程中可以充分发挥增长极的作用，从而带动落后地区共同发展，促进区域的共同繁荣。"核心—边缘"理论揭示了工业化与空间结构之间的关系演变过程。从总体上看，21世纪海上丝绸之路核心区是一个能够产生巨大的规模经济效应的核心区，能吸引发展的有利因素向该经济区域集聚，实现快速发展。同时，核心区内部各国的发展是不均衡的，核心城市和产业集聚区的超速发展会伴随着贫困地区的产生。在核心区协调发展进程中，可以通过加强核心区与边缘区之间的联系与合作，促进资源、技术和市场的共享，实现区域间的协同发展，提升边缘区发展水平。

第三，空间结构理论对21世纪海上丝绸之路核心区经济增长和空间开发模式具有指导意义。首先，21世纪海上丝绸之路核心区国家发展极不平衡，可以通过引入的主导产业来培育经济增长极。这些产业具有产业关联效应，从而最大限度地发挥扩散效应，带领核心区内其他地区快速发展。其次，核心区的发展可以借鉴"点—轴"开发模式，以诸多的增长极为"点"，以增长极之间的交通干线为"线"，并将其作为发展轴，极大地发挥它的集聚和扩散效应，促进资源要素的集聚和流动，推动经济活动的有序扩散，促进核心区间的协调发展。

---

① 黄茂兴. 历史与现实的呼应：21世纪海上丝绸之路的复兴［M］. 北京：经济科学出版社，2015：83.

（四）区域协调发展理论

1. 区域协调发展基本理论的主要观点

区域协调发展理论是一种关于地区经济发展的理论框架，旨在解决不同地区之间发展不平衡和不协调的问题。虽然涉及区域协调发展的理论不少，但是区域协调发展的判断标准尚未形成共识，专门研究区域协调发展的理论也不多。本书将涉及区域协调发展的相关理论分为均衡发展相关理论和非均衡发展相关理论。

（1）均衡发展理论。赖宾斯坦（1957）的临界最小努力命题论认为，欠发达经济体要实现稳定增长，需要努力突破低水平均衡状态，达到一定经济水平。一旦冲破低水平临界点，经济体容易跳出落后陷阱，向较发达状态转变。纳尔森（1956）的低水平陷阱理论认为，发展中国家易陷入低收入水平的困境。低收入导致居民基本生活需求占据大部分收入，限制了储蓄和投资水平。与此同时，人口增长速度高于人均收入增长速度，导致人均收入长期停滞在低水平。要摆脱这个困境，必须实现人均收入的快速增长，超过人口增长速度。罗森斯坦·罗丹（1943）的大推进理论[①]认为，发展中国家和区域面临社会分摊资本的不可分性、需求的不可分性和储蓄供给的不可分性，共三个"不可分性"的制约，阻碍了经济发展。为克服这些制约，该理论主张只有采取持续大规模的投资和项目才能实现该地区经济的快速增长，才能让国家和区域经济发展达到均衡。纳克斯（1953）的贫困恶性循环理论和平衡增长理论指出，欠发达地区由于投资不足和储蓄水平低，导致资本缺乏，形成资本投资和需求不足的恶性循环。平衡增长理论认为通过各部门和产业的大规模投资，实现全面发展，可以打破贫困恶性循环，实现经济发展。Solow 模型是一种经典的增长模型，其中储蓄率被视为固定且外生的因素，因此增长是无法阻止的。根据该模型，人均产出仅由技术水平和人均资本决定，人均资本的变化率决定了人均产出的变化率。模型预测所有经济体都会趋向一条使人均资本变化率为零的均衡增长路径，增长率等于技术进步率，表现为收敛现象。Solow-Swan 模型在考虑生产要素自由流动和开放区域经济的情况下，认为随着经济增长，不同国家或区域之间的差距会缩小，经济增长呈现出区域空间上的趋同和收敛。

（2）非均衡发展理论。缪尔达尔（1944）的"循环积累因果理论"认为，

---

① Paul N., Rosenstein - Rodan. Problems of Industrialization of Eastern and South - Eastern Europe [J]. Economic Journal, 1943 (53)：202~211.

由于初始条件的优越性，某些地区具有先发优势。这些地区在原有优势的基础上不断积累有利条件，拉大与起始条件欠佳地区的经济发展差距。发达区域吸引发展要素，形成回流效应，加剧差距。扩散效应使要素向欠发达地区流动，促进其经济发展，但在市场机制下，扩散效应通常小于回流效应。因此，缪尔达尔建议初期推动优势地区的发展，再通过扩散效应促进欠发达地区发展，以缩小经济差距。赫希曼（1958）的不平衡增长理论认为，经济发展并非所有地区同步进行，而是以起始点为中心形成中心区域，中心区域得到优先发展，这导致不平等增长的出现。他提出了两个概念：极化效应和涓滴效应。在经济发展初期，由于极化效应，发展差距会扩大；然而，长期来看，涓滴效应将有助于缩小地区间的差距。佩鲁（1975）的增长极理论认为，经济发展依赖于条件较好的地区和具有创新能力、规模大且占据主导地位的推动型产业部门。因此，需要将条件较好的地区和优势产业培育成经济增长的核心。这一理论强调发展不平衡，重点在于利用具备优势的地区和产业，以带动整个经济体系的增长。区域经济梯度转移理论指出，各国或地区处于不同的经济发展梯度上，高梯度区域往往具有较强的创新能力，新行业、新产品和新技术会逐渐向低梯度区域传播。这种梯度转移过程主要通过多层次的城市系统来实现。该理论认识到经济发展的非均衡性，强调创新的重要性，并强调城市系统在转移过程中的作用。威廉姆逊（1965）的倒"U"型理论将库兹涅茨的收入分配倒"U"型假说应用到区域经济，认为地区差距在时间和截面上呈现先扩大后缩小的趋势。

随着人类文明发展，协调发展理论在20世纪80年代得到了新的诠释。可持续发展的概念于1987年由联合国世界环境与发展委员会在《我们共同的未来》报告中提出，强调满足当代需求而不损害后代需求的能力。可持续发展理念使协调发展的范围进一步拓展，不仅关注经济系统内部的协调，更注重人口、经济、环境、社会、制度、科技和资源之间的全面协调。它要求不仅要在地理和产业空间上实现协调，还要考虑代内和代际之间的协调。可持续发展并未改变协调的本质，而是为协调发展提供了新的模式和动力，使其从静态转变为动态、从单一转向全面，并融合了均衡和非均衡发展的统一①。

2. 区域协调发展理论对21世纪海上丝绸之路核心区协调发展的借鉴意义

区域协调发展理论追求缩小区域差距，经济、生态、资源、社会等多方面协

---

① 周岩. 中国融入全球价值链的空间差异与协调发展研究［D］. 南京：东南大学博士学位论文，2021.

调发展，更多是基于公平导向下的均衡发展模式，为21世纪海上丝绸之路核心区协调发展提供一定理论依据。其中，均衡发展理论对核心区协调发展过程中各国发展不均问题具有指导意义，我们应注重平衡各个子区域或沿线各国的经济、社会和环境状况，确保各个国家和地区在海上丝绸之路建设中享有公平的发展机会，避免发展差距的进一步扩大，促进整体区域的协调发展。另外，非均衡发展理论要求核心区协调发展进程中应充分考虑区域间的差异性和不平衡性，通过有针对性的政策措施、合作和协商，促进沿线各国互利共赢，推动核心区与周边地区的共同发展。对于可持续发展理念，21世纪海上丝绸之路核心区的协调发展要以人口、经济、环境、社会、制度、科技和资源之间的全面协调为目标，注重生态环境保护和资源的合理利用，推动绿色发展和低碳经济，实现经济增长与环境保护的良性循环，确保发展的可持续性。最重要的是，区域协调发展理论强调动态和全面发展，核心区应积极引领创新驱动发展，加强科技创新合作，推动产业升级和转型，提高核心区在海上丝绸之路建设中的竞争力和影响力，实现核心区更加均衡、协调、可持续的发展，推动区域间的互联互通和共同繁荣。

二、21世纪海上丝绸之路核心区协调发展的时代内涵

随着新科技革命和产业革命的深入，国际格局正在发生深刻变化。一方面，和平、发展、合作、共赢正是世界历史发展的潮流，国际格局也出现了"东升西降"的趋势；另一方面，全球正面临着诸多威胁和挑战，和平、发展、安全、治理四大问题日益加剧。在全球经济增长乏力、贸易保护主义升温、地缘冲突明显升级以及西方霸权主义态势日益强硬的相互影响下，经济发展充满了各种不确定性和不稳定性因素①。与此同时，国际舆论场上"文明优越论""文明冲突论"等杂音不绝于耳。21世纪海上丝绸之路核心区协调发展具有积极应对生态环境的恶化、逆全球化的冲击、化解文化冲突以及解决贫富分化等实际问题的重要意义，其核心在于，通过激发和汇聚区域内国家间的双边、多边体制协调与融通，

---

① 刘振民等."全球发展倡议全球安全倡议全球文明倡议研讨会"发言摘要[N].学习时报，2023-03-31（006）.

促使各国优势互补，形成强大的合作力量。这一发展思路不仅引领着世界的发展方向，还推动缩小沿线国家和地区之间的发展差距，解决全球发展中的难题，释放发展潜能。

习近平总书记于 2021 年、2022 年、2023 年相继提出的"全球发展倡议""全球安全倡议"和"全球文明倡议"紧密围绕着构建"和平、发展、合作、共赢"的人类命运共同体理念展开，旨在加强全球发展、安全和文明的合作。近年来，21 世纪海上丝绸之路核心区经济发展经历了致力于均衡发展、形成不均衡发展到致力于协调发展的演变，而区域协调发展理念严格贯彻新发展理念，同时也积极回应了这三大倡议。相较于之前习近平总书记提出的构建人类命运共同体和"一带一路"倡议，现在这些思想的内涵已经得到不断的丰富和拓展，从理念逐渐转化为共识，从基础奠定到全面发展，不断走深走实，国际影响力也得到提升，为促进世界的发展和繁荣发挥着日益重要的作用。基于此，本书提出 21 世纪海上丝绸之路核心区协调发展至少应涵盖发展、安全和文明三个方面的内容。

（一）21 世纪海上丝绸之路核心区协调发展要以新发展理念为引领

21 世纪海上丝绸之路核心区协调发展积极贯彻创新、协调、绿色、开放、共享的新发展理念。

1. 创新是 21 世纪海上丝绸之路核心区协调发展的根本动力

创新是推动发展的重要力量，21 世纪海上丝绸之路核心区协调发展本身就是一种创新。当前资源要素处于瓶颈期，要素驱动和投资驱动的发展模式不再具有竞争优势，因此创新发展改变过去以要素驱动和投资驱动为主的发展模式，以科技创新为主要驱动力，推动制度创新，引领区域经济发展。在数字化、网络化、智能化的时代背景下，沿线各国要把握科技机遇，共同探索新技术、新业态和新模式，建设 21 世纪数字丝绸之路和创新丝绸之路，创造新的增长动能和发展路径。同时，应加强知识产权保护，推动技术转让和合作开发，促进创新要素的自由流动和共享，提升区域国家的创新能力和竞争力。

核心区协调发展将创新作为驱动力的同时，也需要关注数字鸿沟问题，关注发展的不平衡和不充分问题，加速数字化转型，实现产业升级，推进资源优化配置，为沿线国家经济的可持续发展做出积极贡献。首先，推动传统产业的数字化转型。推动传统产业向数字化、网络化和智能化方向升级，注重提高生产效率和质量，降低生产成本，优化产业结构和布局，提升竞争优势。例如，通过应用大数据、物联网等技术，提高制造业的数字化水平，推动生产方式和经营模式的创新，实现产业链的优化。其次，推动现代服务业的发展。发展服务业是推动核心区经济高质量发展的重要路径之一。沿线各国应在数字化、网络化和智能化的生产方式的支持下，发展高附加值的现代服务业。例如，通过整合人工智能、大数据等技术，建设智能物流系统、智慧城市，提升服务业水平；通过应用"互联网+"、区块链等技术，打造数字化旅游、智慧医疗等新兴服务业，促进服务业的升级和创新，为核心区协调发展提供有力支持。最后，鼓励新兴产业的发展。新兴产业是21世纪海上丝绸之路核心区国家在数字化、网络化和智能化发展方向上的新生力量。通过国家政策、人才引进等措施，培育新兴产业的发展环境和生态，推动核心区国家在信息技术、生物技术、新能源、新材料等领域的创新和发展。例如，在数字经济方面，发挥核心区领军企业的作用，推动数字经济的快速发展，形成数字经济新的增长点，为核心区协调发展发挥巨大潜力。

2. 协调是21世纪海上丝绸之路核心区协调发展的内在要求

发展不平衡是当今世界最大的不平衡。在共建21世纪海上丝绸之路过程中，应始终从发展的视角看问题，将协调发展理念、可持续发展理念融入方方面面。目前，"一带一路"是规模最大的国际合作平台，世界上超过2/3的国家已经就共建"一带一路"与中国达成共识。21世纪海上丝绸之路核心区协调发展理念是区域协调发展的内在要求，坚持"共商、共建、共享"原则，将双赢、多赢上升为共赢，它代表了区域内最广大民众的利益，代表了世界上最不发达、最需要发展、最贫困、最弱势的中小国家的利益，它致力于加强区域内国家发展合作，为区域内发展中国家营造更多发展机遇和空间，着力解决发展失衡、分配差距等问题，消除贫困落后和社会不公，建设开放、包容、普惠、平衡、共赢的新型全球化。习近平总书记提出的"共建21世纪海上丝绸之路"倡议，不是中国的独奏曲，而是世界的大合唱，是基于中国对世界历史、现状和未来的深刻理解和对人类前途命运的深刻思考，是惠及世界的中国方案，不仅助推中国梦的实现，而且助力沿线发展中国家共同发展。例如，我国与各国共建"一带一路"可持续城市联盟、绿色发展国际联盟，制定《"一带一路"绿色投资原则》，发起"关爱儿童、共享发展，促进可持续发展目标实现"合作倡议；我们启动共建"一带一路"生态环保大数据服务平台，将继续实施绿色丝路使者计划，并同有关国家一道，实施"一带一路"应对气候变化南南合作计划；我们还将深化农业、卫生、减灾、水资源等领域合作，同联合国在发展领域加强合作，努力缩小各国之间的发展差距。10年来，共建"一带一路"倡议拉动近万亿美元投资规模，形成3000多个合作项目，为沿线国家创造42万个工作岗位，让将近

4000万人摆脱贫困。根据世界银行研究报告，到2030年，共建"一带一路"有望帮助760万人摆脱极端贫困、3200万人摆脱中度贫困。

总之，21世纪海上丝绸之路沿线国家经济高速增长的同时产生地区差距、重复建设、地方保护主义等现象，存在较大的结构性问题，而协调发展理念要求缩小地区差距，实现区域相互促进、优势互补、共同发展，释放区域增长潜力。

3. 绿色是21世纪海上丝绸之路核心区协调发展的全新方式

绿色发展理念是21世纪海上丝绸之路核心区协调发展的全新发展方式和新的经济增长点，包括绿色的发展方式和绿色的产业结构。长期以来，高投入、高污染、高消耗的经济增长方式造成了能源的枯竭与环境的污染，能源绿色低碳转型、气候变化和海洋环境保护问题变得尤为重要，绿色发展方式和生活方式迫在眉睫，因此，加快能源转型，兼顾经济发展和生态保护，才能提高资源环境承载力、实现21世纪海上丝绸之路核心区可持续发展。

从海上丝绸之路东西南北四个航段即东南亚、南亚、西亚北非和东北亚航段可知，每个航段所代表的地区绿色发展现状不一。第一，东南亚航段。东南亚地区经济增长依赖于矿产资源的消耗，如铜、锡和油气资源等，碳排放量大，资源退化、海洋环境污染严重，绿色发展潜力较大。第二，南亚航段。南亚地区处于工业化初期阶段，基础设施发展滞后，矿产资源和旅游资源丰富，绿色发展潜力较大。第三，西亚北非航段。这一地区水资源分布不均，大部分地区水资源严重匮乏，农业灌溉不合理以及化学污染引起土壤盐渍化等生态问题严重，过度放牧和垦殖导致土壤流失严重，化石能源无序开发导致生态环境污染严重。第四，东北亚航段。东北亚主要包括中国、俄罗斯、日本、韩国、朝鲜和蒙古国六个国家，相比于其他几个航段，这一地区经济、社会以及绿色发展水平较高，但日本核污水排海对"海上丝绸之路"绿色发展造成严重威胁。另外，全球气候变暖加速海平面上升，海岸和沿海基础设施遭受侵蚀，成为"海上丝绸之路"绿色发展的障碍[①]。

因此，在能源转型方面，作为当今世界最重要的能源消费和进口大国，我国在全球能源事务中的地位不断提升，在与核心区各国共同应对全球环境问题、维护国际能源安全、拓展能源合作领域、解决能源贸易争端上为沿线各国提供了具有大国责任和担当的"中国方案"。21世纪海上丝绸之路是"一带一路"倡议的

---

① 杨振姣，陈梦月，张寒．"海上丝绸之路"绿色发展的挑战及中国应对——基于全球治理"四大赤字"的视角［J］．中国人口·资源与环境，2022，32（12）：138-145.

海上之翼，核心区协调发展是我国积极参与"一带一路"能源治理、推动构建能源合作共同体的重要实践领域。在共商、共建、共享的原则下，核心区国家共享低碳能源和能源技术进步的成果，推动21世纪海上丝绸之路核心区绿色发展。

在海洋发展方面，21世纪是海洋的世纪，自"21世纪海上丝绸之路"倡议提出以来，我国积极推进海洋治理体系和治理能力现代化，全面推动海洋管理体制创新、海洋权益维护、海洋生态文明建设和海洋法律法规制定，开发海洋、利用海洋、保护海洋、管控海洋能力得到显著提升。同时，核心区沿线国家之间的海洋合作空间不断拓展，合作成效日益显著。自然资源部数据显示，2021年我国海洋生产总值首次突破9万亿元，对国民经济增长的贡献率为8%。新形势也带来新的挑战：一是海洋经济发展。目前，很多沿线国家的经济结构相对单一且规模较小，农业和工业生产力较为落后。尽管多数国家拥有丰富的海洋资源，但因缺乏开发技术和能力而很难从中获益，发展不平衡不充分的问题突出。二是海洋气候与环境治理。全球变暖导致海平面上升和自然灾害频发，对经济发展较为落后及国家治理能力较脆弱的沿线国家造成了严重的直接威胁。同时，海洋环境污染与生态破坏问题也日益突出。三是海洋政治安全。为应对上述挑战，我国提出21世纪海上丝绸之路核心区协调发展，沿线国家坚持共商、共建、共享原则，聚焦发展、治理和安全问题继续深化合作，不断推动海洋文化交融和增进海洋福祉，为构建海洋经济绿色发展奠定更加坚实的基础。以海洋命运共同体理念为价值引领，推动21世纪海上丝绸之路核心区协调发展，逐步扩大"朋友圈"，做大海上合作蛋糕。

具体行动上，在21世纪海上丝绸之路核心区协调发展进程中，我国始终秉持绿色发展理念，发起了系列绿色行动倡议，如启动"一带一路"生态环保大数据服务平台，推动实施"绿色丝路使者计划"和"一带一路"应对气候变化南南合作计划等，取得了丰硕成果；在全球层面，"一带一路"绿色发展国际联盟发布了《"一带一路"绿色交通案例报告》《"一带一路"项目绿色发展指南（三期）》，以及"一带一路"绿色低碳转型、绿色交通、城市气候合作等报告，为21世纪海上丝绸之路核心区协调发展指明了新的方向。

绿色发展是核心区协调发展的必然方向，为实现区域经济可持续增长、推进落实2030年可持续发展目标带来新希望。而且，我们要以21世纪海上丝绸之路核心区协调发展为契机，在能源、气候、海洋等领域探索新型生产方式，加强生态环保合作，促进沿线国家实现清洁、低碳、循环、可持续的经济发展，以推动全球经济、社会和生态协调发展。

4. 开放是21世纪海上丝绸之路核心区协调发展的中介桥梁

2021年底召开的中央经济工作会议明确指出，"必须坚持高质量发展，坚持以经济建设为中心是党的基本路线的要求"，"增强发展的平衡性协调性"。2022年10月，党的二十大报告进一步强调，"加快构建新发展格局，着力推动高质量发展"，"促进区域协调发展"，"推进高水平对外开放"。这一发展思路表明，21世纪海上丝绸之路核心区协调发展要依托对外开放，构建核心区开放的多层次、宽领域、全方位格局。在此背景下，核心区各国需要进一步拓展互利合作，包括中国与东盟、南亚、阿盟、欧洲、非洲以及其他发展中国家和地区的合作，推动全方位开放发展。截至2023年1月6日，中国已与151个国家和32个国际组织签署了200多项共建"一带一路"合作文件；2013~2022年，中国与"一带一路"沿线国家货物贸易额从1.04万亿美元扩大到2.07万亿美元，年均增长8%，为此打下了坚实的基础。从区域经济发展的角度来看，海上丝绸之路核心区协调发展重视经济合作、基础设施互联互通、产业合作和优势互补，旨在将中国庞大的产品制造能力与沿线发展中国家的巨大市场需求相结合，促进贸易往来和投资的扩大，沿线各国企业提供更多市场准入机会，实现经济合作的深化，发展前景非常广阔。

当今世界各国相互依存、休戚与共，只有坚持对外开放、合作发展以及携手共建，才能实现互利互惠、共同发展，中国坚持多边主义和区域合作的对外开放，以合作消弭对抗，积极构建友好合作的贸易伙伴关系。21世纪海上丝绸之路建设不仅要求企业要"走出去"，更要求企业要"走进去"，引导企业向全球分工体系中最有潜力的市场洞察，并落地生根、开花结果，主动融入全球价值链，在要素集聚、资源配置、产业布局等方面积极作为，汇聚起畅通世界经济运行脉络的强大合力。同时，核心区国家积极推动务实互利的理念，致力于拓展全球伙伴关系网络，通过推进自由贸易区建设、加强统一市场建设等形式，推动区域内形成更加开放和互惠共赢的格局，促进核心区的协调发展，实现区域共同繁荣与进步。

5. 共享是21世纪海上丝绸之路核心区协调发展的价值追求

以效率优先的发展模式虽然提高了生产效率，但难以兼顾公平，而共享发展注重解决社会公平正义问题，要求全民共享、全面共享、共建共享、渐进共享，实现共同富裕的目标。"21世纪海上丝绸之路"倡议坚持"共商、共建、共享"的原则，致力于实现全球共同繁荣。以共享发展理念推动21世纪海上丝绸之路核心区协调发展，核心是坚持以人民为中心，体现的是逐步实现共同富裕的要求。因此，需要坚持共享发展理念，建设共享发展平台，共享发展机遇。

此外，共享发展理念是以构建人类命运共同体为命题，建立在区域创新、区域协调、区域绿色、区域开放共同作用基础上的新发展理念，只有这五方面的发展理念集成合力效应，才能发挥区域协调发展的五重维度功效，才能真正推动21世纪海上丝绸之路核心区协调发展。总之，21世纪海上丝绸之路核心区协调发展以新发展理念为引领，坚持共享发展，摒弃区域间恶性竞争，破除区域发展差距的障碍，协调区域间利益主体性，集成21世纪海上丝绸之路核心区协调发展新智慧的宝库，满足沿线各国人民幸福生活的现实需要，最终实现共同富裕①。

（二）21世纪海上丝绸之路核心区协调发展要以共享安全为依托

俄乌冲突加剧了国际形势的不确定和不稳定性，区域争端此起彼伏，国际关系经历动荡变乱时期，21世纪海上丝绸之路沿线国家受国际动荡导致的粮食和能源短缺问题影响，也存在社会动荡的风险。"一花独放不是春，百花齐放春满园。"中国作为"21世纪海上丝绸之路"倡议的发起者，作为全球安全倡议概念的提出者，坚定不移地履行全球安全倡议，积极应对各种传统与非传统安全挑战，共同守护发展地球家园，为构建人类命运共同体做出自己的贡献。

1. 政治安全是核心区协调发展的前提条件

中国坚持走和平发展的道路，遵循"和时兴，战时衰"的历史规律，反对任何单边主义、保护主义、霸权主义和强权政治，与其他国家相互尊重、平等协商，营造安全稳定的区域内协调发展环境，共同建立一个和睦、和平的世界，在坚定维护世界和平与发展中谋求自身发展，又以自身发展更好维护世界和平与发展，让和平的薪火代代相传，让发展的动力源源不断，让文明的光芒熠熠生辉。习近平总书记在"一带一路"国际合作高峰论坛开幕式上强调，"一带一路"建设离不开和平安宁的环境，各国应该尊重彼此主权、尊严、领土完整，尊重彼此发展道路和社会制度，尊重彼此核心利益和重大关切。古丝绸之路沿线地区曾经是"流淌着牛奶与蜂蜜的地方"，如今很多地方却成了冲突动荡和危机挑战的代名词。这种状况不能再持续下去。我们要树立共同、综合、合作、可持续的安全观，营造共建共享的安全格局。要着力治理困境，坚持公道正义，要着力推进反恐，标本兼治②。随着21世纪海上丝绸之路核心区协调发展战略的推进落实，建立安全信任和尊重合法安全利益成为21世纪海上丝绸之路沿线国家的共识，我国坚持对话协商，以和平方式

---

① 夏艳艳，关凤利，冯超. 新时代中国区域协调发展的新内涵及时代意义［J］. 学术探索，2022（3）：45-53.

② 习近平. 携手推进"一带一路"建设——在"一带一路"国际合作高峰论坛开幕式上的演讲［EB/OL］. https：//www.yidaiyilu.gov.cn/xwzx/xgcdt/13208.htm.

解决国家间的分歧与争端，为区域内国家提供更多的公共安全产品供给，包括人道主义搜救、反对恐怖组织、打击跨国犯罪和走私等领域，构建新型多样化的区域内双边、多边合作机制，为核心区协调发展提供安全保障。

2. 经济安全是21世纪海上丝绸之路核心区协调发展的关键抓手

它涵盖了贸易、投资、金融和基础设施等关键内容。贸易是21世纪海上丝绸之路核心区国家在经济合作中的重要考量。为促进互利共赢，各国共同努力降低贸易壁垒，推动贸易自由化、便利化和经济一体化。此外，加强贸易保护措施和维护供应链的安全，这对于确保区域内跨境贸易的顺畅进行具有重要意义。投资是21世纪海上丝绸之路核心区协调发展过程中各国共同关注的议题。为吸引更多投资流入，区域内各国积极提供稳定的投资环境和法律框架，保护投资者的合法权益。逐步建立稳定的投资规则，降低投资风险，为投资者提供可靠的保障，促进投资合作的发展。金融在21世纪海上丝绸之路核心区协调发展中具有重要地位。加强金融监管和风险防范，推动金融创新与合规发展，以及防范金融犯罪和洗钱等非法活动，都是区域内国家维护金融稳定和安全的关键措施。确保金融体系的健康运行对于促进21世纪海上丝绸之路核心区各国经济发展至关重要。基础设施是支撑21世纪海上丝绸之路核心区协调发展的基础。21世纪海上丝绸之路核心区国家加强基础设施建设和管理，如保护交通、能源、通信等免受恶意破坏和网络攻击，提升其抗灾能力和应急响应能力，以确保基础设施的可持续运行。

3. 人文安全是21世纪海上丝绸之路核心区协调发展的最终归宿

在21世纪海上丝绸之路核心区协调发展过程中，沿线国家和地区要始终坚持人民至上，加强人文交流和合作，促进相互了解和尊重，减少文化冲突和偏见。这既包括加强教育、文化、旅游等领域的合作，增进人民之间的友谊和互信，提升人民的生活水平和福祉；也包括21世纪海上丝绸之路核心区国家的具体项目推进过程中注重当地民众的感受，获得当地居民的共同认可与参与，创造更多的工作岗位，让他们心理上拥有"工作有收入，生活有保障"的安全感，进而从政治、经济、人文等方面全面建立起统一的21世纪海上丝绸之路核心区协调发展路径。

（三）21世纪海上丝绸之路核心区协调发展要以文明交流为实践路径

"尊重世界文明多样性"是不同文明包容共存、交流互鉴的前提条件；"弘扬全人类共同价值"为各方提供了根本遵循；"重视文明传承和创新"是文明发展进步的动力源泉；"加强国际人文交流合作"为不同文明相遇相知构建方式路径。古老神秘的丝绸之路，连通着华夏与西域诸国，是东西方文化交流的桥梁，21世纪海上丝绸之路借用古代丝绸之路的历史符号，赓续千年的丝路精神，它虽然横跨不同区域、文化和宗教信仰，但是21世纪海上丝绸之路核心区的协调发展所带来的不是文明冲突，而是各文明间的交流互鉴。在推动基础设施建设、加强产能合作和发展战略对接的同时，也将"民心相通"视为重要工作的核心，通过在科学、教育、文化、卫生、民间交往等各领域广泛开展合作来实现。因此，21世纪海上丝绸之路核心区协调发展是以文明交流超越文明隔阂、文明互鉴超越文明冲突、文明共存超越文明优越为目标，以促进沿线各国之间的相互理解、相互尊重和相互信任，呼吁各国共同弘扬和平合作、开放包容、互学互鉴、互利共赢的丝路精神。

当前，数字技术的迅猛发展正推动着人类社会从工业文明进入以数字化生产力为主要标志的数字文明时代，对经济社会产生了革命性、系统性和全局性的影响。在数字技术下，核心区国家要推进多层次人文合作机制建设，搭建更多的合作平台和渠道。在教育合作方面，应推动扩大互派留学生规模，提升合作办学水平。智库也应发挥作用，建设良好的智库联盟和合作网络。此外，我们还应充分利用历史文化遗产，共同打造具有海上丝绸之路特色的旅游产品和遗产保护项目[①]。加强各国议会、政党、民间组织之间的交流，密切关注妇女、青年、残疾人等群体的互动，促进包容性发展，使丝绸之路成为绚丽多彩的百花园。

三、21世纪海上丝绸之路核心区
协调发展的实现机制

推动21世纪海上丝绸之路核心区协调发展，既是解决21世纪海上丝绸之路核心区发展不平衡问题的内在要求，也是构建新发展格局的重要途径，更是沿线国家共同追求的目标。面对复杂多变的国际环境，如何实现21世纪海上丝绸之路核心区协调发展、促进21世纪海上丝绸之路核心区互利合作和共同繁荣，需要多方多要素努力配合。

---

① 习近平. 携手谱写亚太合作共赢新篇章［EB/OL］. https://www.yidaiyilu.gov.cn/xwzx/xgcdt/34183. htm.

（一）加快推进 21 世纪海上丝绸之路核心区协调发展战略实施

1. 深入实施 21 世纪海上丝绸之路核心区发展总体战略

21 世纪海上丝绸之路核心区发展总体应以点带线，以线带面，以重点港口和核心国家为节点，充分发挥连通东盟、南亚、西亚、北非、欧洲以及大洋洲等各大经济板块的市场链在统筹核心区协调发展中的引领和带动作用。发展面向南海、太平洋和印度洋的战略合作经济带，制定精细化的核心区发展总体战略。从内容和目标上看，21 世纪海上丝绸之路核心区协调发展涉及经济、社会、文化、生态等不同领域的合作事项，因此，要在"21 世纪海上丝绸之路"倡议的框架指导下，不仅要重视政策沟通、设施联通、贸易畅通的三大合作机制，以及加强基础设施互联互通、深化经贸合作、扩大人文交流、加强金融合作和促进环境保护的五大举措，也要在东盟、南亚、波斯湾和红海与欧洲四大航线的基础上细化政策制定单元，有针对性地为 21 世纪海上丝绸之路核心区协调发展提供政策平台和行动指导，并以缩小区域发展差距和促进区域协调发展为总体目标。

2. 贯通南北，融通中外

21 世纪海上丝绸之路核心区沿线国家经济发展潜力巨大，但不平衡发展问题是制约区域经济协调发展的重要因素。为了消除这一制约因素，需要加强区域内和区域间的经济合作和人文交流。区域内合作应主要包括中国与东盟国家加强经济合作和人文交流，推动东盟经济共同体建设；中国与南亚国家在基础设施建设和经济合作方面加强合作，提高物流和贸易便利性；中国与阿盟国家在能源合作和基础设施建设方面加强合作，提高能源供应的稳定性，促进区域能源安全；中国与非洲国家在贸易、投资和互联互通等领域加强合作，提升非洲国家的社会福利和人民生活水平。同时，区域间合作不容忽视，促进亚欧经贸往来，实现开放发展和互利共赢。因此，沿线各国要加强交流互通，缩小发展差距，增强各国经济结构的协调，实现整体发展与协调发展，并注重推动医疗卫生、农业、基础设施等领域的合作，发挥制度优势实现文化交流与艺术交流，在协同互助方面实现中国与区域内国家经济协调联动。

（二）以 21 世纪海上丝绸之路核心区为主体，实施多极化区域发展

推动经济空间结构从集聚发展向协调发展转变，在经济全球化条件下优化生产力空间布局，形成统一市场，这对于实现区域内统一市场、培育新增长极以及推动核心区极化扩散是至关重要的。

1. 加快21世纪海上丝绸之路核心区极化进程，放大中心国家或地区扩散效应

沿线各国应进一步缩小协调发展单元，并增强21世纪海上丝绸之路核心区对边缘区域的引领作用，提高支撑力和带动力。通过释放极化效应，加快21世纪海上丝绸之路核心区极化进程，放大中心国家或地区扩散效应，实施21世纪海上丝绸之路核心区带动战略，提升21世纪海上丝绸之路核心区和中心地区的综合能级，以极化扩散带动式的非均衡发展解决沿线国家发展不平衡不充分的问题。同时，强化21世纪海上丝绸之路核心区经济空间载体功能，在生产力布局上使劳动力、产业、生产要素与环境承载能力基本匹配，并发挥中心地区的引领、带动作用，提升21世纪海上丝绸之路核心区整体实力及产业竞争力，抢占国际产业链供应链制高点，推动21世纪海上丝绸之路核心区由低水平协调向高质量协调转变。

2. 构建统一市场，实现市场无障碍互通

构建统一市场是实现21世纪海上丝绸之路核心区协调发展的基础，可以有效消除区域市场壁垒和行政性垄断，打破本国贸易保护主义，确保商品和要素自由流动、资源有效配置。因此，需要沿线各国实施区域内统一的市场准入负面清单制度，并加强对人力资源的协调与培养，优化劳动力市场供需结构，实现劳动力的高效配置与自由流动。同时，还需加强数字化技术的运用，构建点—线—面联动、优势互补的21世纪海上丝绸之路核心区协调发展格局，打破传统发展模式中地理区位和要素禀赋的空间限制，弥补传统经济发展动能推动区域协调发展的效力有限性，促进数字经济的新动能在区域内充分流动，实现21世纪海上丝绸之路核心区协调发展的目标。

（三）优化产业结构，推进产业协同发展

21世纪海上丝绸之路区域发展不平衡状况下，要注重发挥区域资源禀赋优势，优化区域产业结构和空间布局，构建合理的区域分工关系，形成具有区域特色的产业链、供应链，推进区域产业协同发展。要培育新产业、新动能、新增长极，加快结构调整，提升发展效能。

1. 优化产业结构，推动产业链融合

首先，沿线国家和地区根据自身发展阶段和比较竞争优势，进行产业结构的调整，有针对性地选择比较优势产业，并加速贸易畅通。此外，要充分考虑产品市场的培育、了解沿线国家的产出特点和市场需求，以实现合作优势的聚集。其次，各国应共同规划和推动产业发展战略，促进产业链、价值链和创新链的协同

发展。在进行对外合作时，应注重投资整个产业链，促进产业间的融合和协同发展，从而实现 21 世纪海上丝绸之路核心区国家的互补与合作，这样可以提升所在国的产业发展水平，吸引高端产业投资，并增强沿线国家在相关产业领域的技术发展水平，更好地推动各国经济发展。最后，根据产业发展的需求，沿线各国还应制定产业空间规划，考虑企业集聚化发展和区域发展的协调性，适度引导外来投资，优化区域内企业分布，以提高效益和可持续发展水平。同时，强化与沿线其他国家的合作，加强在创新技术方面的沟通交流，形成合作互联互通的局面，从而推进 21 世纪海上丝绸之路核心区经济的融合和发展。

2. 推进 21 世纪海上丝绸之路核心区创新体系建设

区域创新体系是实现驱动创新和增强自主创新能力的重要路径和手段。为此，我们应积极构建功能完善、生态良好、机制灵活的区域技术创新体系，以协同开放为特征，动员 21 世纪海上丝绸之路核心区内的创新资源共同参与其中，关键在于加快区域间人才、技术、科研和教育等方面的合作，使其成为全方位开放合作的主要战略领域，促进科技与经济的紧密结合。在核心区协调发展进程中，创新已成为关键的驱动力，能够提升核心区的创新能力和竞争力，加速经济发展动力的转换。

因此，建设功能完善、生态良好、机制灵活的区域技术创新体系，并促进创新要素流动，是实现 21 世纪海上丝绸之路核心区国家协调发展的重要举措，应当得到充分重视并采取切实行动。

（四）深化体制改革，加快协调发展机制创新

1. 加强政策协调

加强政策沟通是实现 21 世纪海上丝绸之路核心区协调发展的重要保障。在过去的十年里，"21 世纪海上丝绸之路"建设发挥了政策沟通的引领和促进作用，沿线国家在宏观政策、统计标准、法律条款等方面加深了协调，致力于打造区域性的公共服务体系和可持续发展的政策体系。同时，我们应探索建立多样合作对接机制，增强政策的开放性和包容性，推动将政治共识转化为具体行动、将理念认同转化为实际成果。

2. 提高信息化水平

为促进 21 世纪海上丝绸之路核心区协调发展，我们需要采取措施打通区域内的信息渠道，建立高效的信息沟通平台，提升数据分享和加工的能力，并共同构建信息合作网络。为此，可以建立区域信息中心，建立信用评级体系和金融保险体系，并借助互联网技术开展合作，以提高信息流通效率和合作水平。

3. 优化投资和金融体系

首先，应建立通用的税务、财务和资产认证标准，统一核心区内的商业环境，以促进金融投资的便利性和流动性。其次，要发展多元化和包容性金融服务，积极利用"亚洲基础设施投资银行"、丝路基金、上海合作组织开发银行等金融机构的力量，借鉴国际成功经验和模式，坚持国际化和市场化原则，扩大经济的跨境辐射范围，减少金融供给侧风险，并促进边缘地区的脱贫进程。此外，还需加强金融监管合作，提升金融风险管理和防范能力，确保金融体系的稳定和可持续发展。

（五）加强文化交流，推进民心相通

1. 构建多层次交流平台，弘扬共同价值观

利用互联网和先进的通信技术，搭建21世纪海上丝绸之路核心区的文化交流平台。通过线上线下相结合的方式，建立多层次、多领域的交流机制，使各国文化交流更加便捷、高效。借助大数据分析和人工智能技术，推动新媒体和移动互联网的交流合作，打造数字化展示平台，展示丝绸之路核心区的文化多样性。同时，举办文化节、艺术展览、文学讲座等活动，或通过学生交流计划、文化人员互访、学者交流以及加强旅游合作等方式，让各国人民更好地了解彼此的文化和传统，增进友谊和互信，推动民心相通。在文化交流过程中，弘扬核心区国家互利共赢、和平发展、开放包容的价值观，传播共同的理念和价值观，增强各国人民的凝聚力和认同感，为建设命运共同体奠定坚实的基础，从而实现21世纪海上丝绸之路核心区协调发展。

2. 充分利用华商力量，调动参与国人民的积极性

华商在21世纪海上丝绸之路核心区发展中发挥着重要作用，他们具有丰富的商业经验、跨文化交流的能力以及广泛的人际网络，可以成为推动21世纪海上丝绸之路核心区发展的重要力量。华商比当地人更了解中国，也比中国人更了解当地的特点，扮演着桥梁和纽带的角色。重点是深化与沿线国家华商组织、侨资企业和对口商会的经贸合作，为21世纪海上丝绸之路的发展营造有利条件，促进彼此间的全面友好关系。与此同时，21世纪海上丝绸之路核心区的发展为华商提供了更良好的发展机遇和广阔的市场，而丰厚的经济利益也必然激发当地人民参与"海上丝绸之路"经济发展的热情。

第三章 21世纪海上丝绸之路核心区协调发展建设历程与发展成效

2023年是共建"21世纪海上丝绸之路"倡议提出十周年。十年来,在国际社会的共同努力下,共建"21世纪海上丝绸之路"倡议历经不同的发展阶段,逐步由战略构想走向实践,已成为开放包容、互利互惠、合作共赢的国家合作平台和国际社会普遍欢迎的全球公共产品。十年来,在共建"21世纪海上丝绸之路"倡议的推动下,"海丝"沿线国家在政策沟通、设施联通、经贸合作、资金融通和人文交流等方面均取得了卓越的发展成效,为促进区域协调发展做出了重要贡献。

一、21世纪海上丝绸之路核心区的十年建设历程

2013年习近平总书记首次提出共同建设"21世纪海上丝绸之路"的重大倡议,得到了国际社会的高度关注和积极响应。经过十年的发展,共建"21世纪海上丝绸之路"倡议历经不同的发展阶段,实现了从夯基垒台、立柱架梁到落地生根、持久发展,"朋友圈"不断扩大,走出了一条引领沿线国家和地区发展的合作之路、繁荣之路、开放之路、绿色之路、共赢之路。

(一)共建21世纪海上丝绸之路核心区的起步探索阶段(2013~2014年)

2013~2014年是共建21世纪海上丝绸之路核心区的起步探索阶段,共建"21世纪海上丝绸之路"被作为倡议提出,我国政府从各个方面进行探索,加强顶层设计以支持"21世纪海上丝绸之路"倡议的推进,得到了国际社会的高度关注,并受到以东盟为代表的部分国家的积极响应,以欧盟为代表的部分国家则

整体处于观望态度。

2013年10月国家主席习近平在访问东南亚时，在印度尼西亚国会发表题为"携手建设中国—东盟命运共同体"的重要演讲，倡议与东盟国家共同建设"21世纪海上丝绸之路"。习近平主席基于历史，着眼于中国与东盟建立战略伙伴十周年这一新的历史起点，为进一步深化中国与东盟的合作，提出共建"21世纪海上丝绸之路"的构想。这一构想不仅促进中国与东盟构建更加紧密的命运共同体，还增进双方乃至整个亚洲地区人民福祉。在以构建人类命运共同体重大理念的指引下，"21世纪海上丝绸之路"的合作伙伴并不仅限于东南亚地区，而是以点带线，以线带面，增进同沿边国家和地区的交往，串起连通东盟、南亚、西亚、北非、欧洲等各大经济板块的市场链，发展面向南海、太平洋和印度洋的战略合作经济带，以亚欧非经济贸易一体化为发展的长期目标。但是自倡议提出起，由于中欧双方各自的因素，欧洲国家对于"21世纪海上丝绸之路"基本持冷淡观望的态度，到2014年3月，欧洲局部地区尤其是中东欧国家将与我国合作视为发展本国经济的途径，并开始作出积极回应①。

在倡议提出的初始阶段，海上丝绸之路主要有东海航线和南海航线，东海航线主要是前往日本列岛和朝鲜半岛，南海航线主要是往东南亚及印度洋地区。而随着海上丝绸之路的建设逐步推进，主要航线更加细化，包含地区更加广阔，其中有东盟航线，主要包括马来西亚、缅甸、菲律宾、新加坡、泰国、越南等十个东盟成员国；南亚航线，主要包括巴基斯坦、斯里兰卡、马尔代夫、尼泊尔和孟加拉国；波斯湾和红海航线，主要包括沙特阿拉伯、阿联酋等阿拉伯国家联盟（以下简称"阿盟"）成员；欧洲航线，主要包括希腊、意大利、法国、英国、荷兰和德国等国家②。

2014年11月4日，习近平主持召开中央财经领导小组第八次会议，研究"丝绸之路经济带和21世纪海上丝绸之路"规划、发起建立亚洲基础设施投资银行和设立丝路基金。当月8日，习近平在"加强互联互通伙伴关系"东道主伙伴对话会上宣布中国将出资400亿美元成立丝路基金，为"21世纪海上丝绸之路"沿线国家基础设施、资源开发、产业合作和金融合作等与互联互通有关的项目提供投融资支持。我国出资成立基金，无疑为沿线国家参与"21世纪海上丝绸之

---

① 曹颖."一带一路"倡议下中欧合作的前景与障碍分析［D］.北京：外交学院硕士学位论文，2017.

② 黄茂兴.历史与现实的呼应：21世纪海上丝绸之路的复兴［M］.北京：经济科学出版社，2015：50-63.

路"建设提振信心,更彰显了我国同沿线国家共享发展机遇的强烈愿望。同年
12 月 9 日,我国和斯里兰卡签署了关于在中斯经贸联委会框架下共同推进"21
世纪海上丝绸之路"和"马欣达愿景"建设的谅解备忘录。双方商定,进一步
加强在基础设施建设、贸易、投资、技术、人力资源等领域合作,全面深化双边
经贸关系,促进两国共同发展。

(二) 建设 21 世纪海上丝绸之路核心区的稳步推进阶段 (2015~2020 年)

2015~2020 年是共建 21 世纪海上丝绸之路核心区的稳步推进阶段,在这期
间我国陆续发布政策文件,习近平主席、李克强总理等国家领导人先后出访多个
国家,加强与海丝沿线国家的战略共识,与我国达成合作的国家和国际组织数量
呈现爆发式增长,共建 21 世纪海上丝绸之路国家已由亚洲延伸至欧洲、非洲、
拉美、南太等区域。21 世纪海上丝绸之路核心区的建设在各个领域不断深化,
推进步伐越来越稳健。

2015 年 3 月,经国务院授权,国家发展改革委、外交部、商务部联合发布
《推动共建丝绸之路经济带和 21 世纪海上丝绸之路的愿景与行动》,从时代背景、
共建原则、框架思路、合作重点、合作机制等方面对"一带一路"倡议进行阐
释。中国政府积极推动 21 世纪海上丝绸之路建设,加强与沿线国家的沟通磋商,
推动与沿线国家的务实合作,实施了一系列政策措施。2015 年 12 月 25 日,我国
倡议的亚洲基础设施投资银行(以下简称"亚投行")在 57 个国家的共同筹建
下正式成立,这是全球首个由中国倡议设立的多边金融机构,亚投行的成立将有
效推动亚洲基础设施建设,促进亚洲区域互联互通和经济一体化的进程,并且加
强我国与其他亚洲国家和地区的合作。随着亚投行为菲律宾、印度、巴基斯坦等
国提供项目贷款,展开能源、交通、城市等领域基础设施的投资,越来越多的国
家申请加入。截至 2019 年 7 月,亚投行先后进行了十次扩容,批准了 43 个成员
的申请,比利时、加拿大、匈牙利、爱尔兰、阿富汗、希腊、智利、阿根廷等多
个国家纷纷加入。

2016 年 9 月,中国与联合国开发计划署在纽约联合国总部签署《中华人民
共和国政府与联合国开发计划署关于共同推进丝绸之路经济带和 21 世纪海上丝
绸之路建设的谅解备忘录》。这是中国政府与国际组织签署的第一份政府间共建
"一带一路"的谅解备忘录,是国际组织参与"一带一路"建设的一大创新。
2017 年 3 月,在中国和新西兰两国总理共同见证下,两国政府签署了《中华人
民共和国政府和新西兰政府关于加强"一带一路"倡议合作的安排备忘录》,新

西兰成为首个签署"一带一路"合作协议的西方发达国家，该备忘录提出推动双方重大发展战略、规划及政策的对接和融合，优化升级《中国—新西兰自由贸易协定》，推进双方教育、旅游、地方、青年等领域的友好合作。2017年5月，中国与格鲁吉亚正式签署自由贸易协定，这是我国与欧亚地区国家签署的第一个自贸协定，也是"21世纪海上丝绸之路"倡议提出后我国启动并达成的第一个自贸协定。随后，中国在北京主办"一带一路"国际合作高峰论坛，高峰论坛前夕及期间，各国政府、地方、企业等达成一系列合作共识、重要举措及务实成果，主要涵盖政策沟通、设施联通、贸易畅通、资金融通、民心相通五大类，共76个大项、270多项具体成果[①]。中国政府与有关国家政府签署政府间"一带一路"合作谅解备忘录，包括蒙古国、巴基斯坦、尼泊尔、克罗地亚、黑山、波黑、阿尔巴尼亚、东帝汶、新加坡、缅甸、马来西亚，与匈牙利政府签署关于共同编制中匈合作规划纲要的谅解备忘录，与老挝、柬埔寨政府签署共建"一带一路"政府间双边合作规划；中国政府与联合国开发计划署、联合国工业发展组织、联合国人类住区规划署、联合国儿童基金会、联合国人口基金、联合国贸易与发展会议、世界卫生组织、世界知识产权组织等有关国际组织签署"一带一路"合作文件；中国政府部门与有关国际组织签署"一带一路"合作文件，包括联合国欧洲经济委员会、世界经济论坛、国际道路运输联盟、国际贸易中心、国际电信联盟、国际民航组织、联合国文明联盟、国际发展法律组织、世界气象组织、国际海事组织。中国政府有关部门发布《推动"一带一路"能源合作的愿景与行动》《共同推进"一带一路"建设农业合作的愿景与行动》《关于推进绿色"一带一路"建设的指导意见》《"一带一路"建设海上合作设想》等文件，国家发展和改革委员会成立"一带一路"建设促进中心，正式开通"一带一路"官方网站，发布海上丝路贸易指数。我国的这些行动会积极促进与21世纪海上丝绸之路沿线国家的战略对接，深化政策沟通。这次峰会论坛进展顺利，达成的成果将为21世纪海上丝绸之路核心区的建设提供巨大动力。

2018年9月，中非合作论坛北京峰会在北京举行。峰会期间，28个非洲国家与中国签订了"一带一路"政府间谅解备忘录，非洲共有37个国家加入了"一带一路"朋友圈。同年10月，"一带一路"国际商事调解暨"一带一路"国际商事调解中心调解规则评议研讨会在罗马举行，会议签署并发布了针对"一带一路"国际商事调解具有重要指导意义的里程碑式文件《罗马宣言》。2019年3

---

① "一带一路"六周年大事记［EB/OL］. https：//www.yidaiyilu.gov.cn/p/105276.html，2019-10-02.

月 21~24 日，中意双方签署政府间关于共同推进"一带一路"建设的谅解备忘录，意大利成为首个签署这一协议的七国集团（G7）国家，双方未来将加强"一带一路"倡议同泛欧交通运输网（TEN-T）等的对接，深化在港口、物流和海运领域的合作。截至 2019 年 3 月底，中国政府已与 125 个国家和 29 个国际组织签署 173 份合作文件，合作的广度和深度不断加强①。

（三）建设 21 世纪海上丝绸之路核心区的全面推进阶段（2021 年至今）

2021 年是"两个 100 年"的历史交汇点，是党和国家历史上具有里程碑意义的一年。至此开始，共建 21 世纪海上丝绸之路核心区进入全面推进阶段，"朋友圈"持续扩大，中国与各国各地区的合作更加深入，合作领域更加广阔，彼此间交流愈加密切。

2021 年 11 月，我国分别与几内亚比绍、厄立特里亚签署《关于共同推进丝绸之路经济带和 21 世纪海上丝绸之路建设的谅解备忘录》，两国都表示愿同我国在"21 世纪海上丝绸之路"框架下，秉持互利共赢的理念，在基建、教育、医疗卫生、农业等领域探索新的合作机遇，推动经济全球化朝着更加开放、包容、普惠、平衡、共赢的方向发展。12 月上旬，中国与圣多美和普林西比（以下简称"圣普"）签署共建"一带一路"谅解备忘录，双方表示在"共商、共建、共享"原则下将共同努力，在基础设施建设、经贸、文化、培训等领域迎来更多合作机遇，为圣普经济社会发展注入新动力，推动两国关系不断发展。12 月中旬，中国与非盟共建"一带一路"合作工作协调机制第一次会议顺利召开，会议签署了《中华人民共和国国家发展和改革委员会与非洲联盟委员会关于建立共建"一带一路"合作工作协调机制的谅解备忘录》，我国有关部门和非盟委员会围绕抗疫、粮食、能源、产能投资、基础设施、质量标准、统计等领域合作进行了交流，进一步深化了共识。12 月下旬，中国与古巴签署了《中华人民共和国政府与古巴共和国政府关于共同推进"一带一路"建设的合作规划》，其中围绕政策沟通、设施联通、贸易畅通、资金融通、民心相通，明确了中古共建"21 世纪海上丝绸之路"的重点合作内容和合作项目，提出了时间表、路线图，这必将为中古两国合作创造新机遇，更好更多实现双方优势互补，为共同发展增添新动力。

2022 年 1 月 1 日，我国与柬埔寨签署的《中华人民共和国政府和柬埔寨王

① 《共建"一带一路"倡议：进展、贡献与展望》报告［EB/OL］. http://www.mofcom.gov.cn/article/i/jyji/e/201904/20190402855421.shtml，2019-04-22.

国政府自由贸易协定》（以下简称《协定》）正式生效实施。根据《协定》，双方货物贸易零关税产品税目比例均达到90%以上，服务贸易市场开放承诺也体现了各自给予自贸伙伴的最高水平。同时，双方还同意加强投资合作，并深入开展电子商务、经济技术等领域合作，中柬自贸协定的生效将使双边贸易投资更加便利化、自由化，并以此为基础带动中国和东盟其他国家的深入合作，并可能产生示范效应，助推我国与别国的自贸协定谈判进程。2月，我国与厄瓜多尔签署《中华人民共和国商务部与厄瓜多尔共和国生产、外贸、投资和渔业部关于启动中国—厄瓜多尔自由贸易协定谈判的谅解备忘录》，中厄自由贸易协定谈判正式启动，商签自贸协定将有助于进一步深入挖掘中厄双边贸易潜力，促进双边贸易持续、稳定、多元化发展。之后，中国与阿根廷、阿尔及利亚、巴勒斯坦签署"一带一路"合作文件或谅解备忘录。2023年1月，我国分别与菲律宾续签《中华人民共和国政府与菲律宾共和国政府关于"一带一路"倡议合作的谅解备忘录》、与土库曼斯坦签署《中华人民共和国政府与土库曼斯坦政府关于共建"一带一路"倡议和"复兴丝绸之路"战略对接的谅解备忘录》，各方将继续通过共建"21世纪海上丝绸之路"合作，将经济互补优势、人文交流优势等转化为务实合作优势，深化互利合作和文明互鉴，共同实现可持续发展和繁荣。

截至2023年1月，中国已经同151个国家和32个国际组织签署200余份共建"一带一路"合作文件[①]，各国和地区秉持"共商、共建、共享"的原则，深化政治互信和互利合作，切切实实获得了建设成果，综合国力和人民幸福指数不断上升，相信未来更多国家会加入倡议，与我国共享发展成果，在各方的不懈努力下，"21世纪海上丝绸之路"将继续向纵深发展。

二、21世纪海上丝绸之路核心区协调发展的主要成效

共建"21世纪海上丝绸之路"倡议自提出以来就受到国际社会的高度关注，并受到沿线国家的广泛响应。秉承着"共商、共享、共建"原则，中国同"海

---

① 中国政府与土库曼斯坦政府签署共建"一带一路"谅解备忘录［EB/OL］. https：//www.yidaiyilu.gov.cn/p/300883.html，2023-01-06.

丝"沿线国家在现有合作机制和倡议的基础上，着力推动各国实现经济战略相互对接、优势互补。十年来，在"21世纪海上丝绸之路"倡议的推动下，沿东盟、南亚、波斯湾和红海以及欧洲等航线的核心区国家的协调发展水平显著提升，在政策沟通、设施联通、经贸合作、资金融通以及人文交流等方面取得了明显的成效。

（一）"21世纪海上丝绸之路"倡议下中国—东盟协调发展的成效

在共建"21世纪海上丝绸之路"倡议中，沿东盟航线的核心区主要涉及马来西亚、缅甸、菲律宾、新加坡、泰国、越南等十个东盟成员国。东盟成员国与我国在地理空间范围上距离最为接近，中国与东盟国家在协调发展上具有天然的地理优势。中国与东盟自1991年7月就正式开启了中国东盟对话进程①，1997年双方建立"面向21世纪的睦邻互信伙伴关系"，2003年中国作为东盟对话伙伴率先加入《东南亚友好合作条约》，双方关系提升为战略伙伴关系②。正是基于中国与东盟国家在经贸合作上悠久的历史和良好的成效，2013年习近平主席在访问印度尼西亚时提出了共建"21世纪海上丝绸之路"的构想，开启了共建"一带一路"的历史进程。"21世纪海上丝绸之路"重大倡议提出十年以来，中国与东盟在政策沟通、基础设施联通、经贸合作、资金融通以及人文交流上取得明显成效，有效推动了中国与东盟国家的协调发展，为21世纪海上丝绸之路核心区协调发展起到良好的示范作用。

1. 在政策沟通上取得的成效

2023年是习近平总书记提出建设更为紧密的中国—东盟命运共同体10周年，也是中国加入《东南亚友好合作条约》20周年。中国与东盟国家的合作已有超过30年的历史，双方已经建立起多层次的政策交流机制，包括中国—东盟（10+1）领导人会议、部长级会议、高官会和中国—东盟联合合作委员会等政策交流机制，并在中国—东盟协调发展中发挥着重要的支撑作用。2022年第25次中国—东盟领导人会议强调中国与东盟是命运与共、休戚相关的全面战略伙伴，并提出从凝聚发展合作共识、不断增强发展动能、持续夯实发展支撑和加强多边发展治理协作四个方面推进区域经济一体化进程，建设更为紧密的中国—东盟命运共同

---

① 外交部．中国—东盟合作事实与数据：1991－2021［EB/OL］．https：//www.mfa.gov.cn/wjbxw_new/202201/t20220113_10492205.shtml，2021－12－31.

② 黄茂兴等．"一带一路"沿线区域互联互通研究［M］．北京：经济科学出版社，2016：86.

体①。截至2022年11月，中国—东盟领导人会议已经举行了25次，我国近十年来在中国—东盟领导人会议上提出重要合作倡议160多项，在中国与东盟成员国的共同努力下，这些合作倡议的落实率超过99.5%②，中国—东盟领导人会议已成为中国与东盟合作的风向标。中国—东盟部长级会议包括外交、商务、文化、交通、灾害管理、东部增长区域合作机制和打击跨国犯罪等部长级会议机制，涵盖了中国与东盟成员国合作的方方面面。2023年第29次中国—东盟高官磋商在深圳举行，中方表示愿同东盟国家携手共建中国—东盟和平、安宁、繁荣、美丽和友好"五大家园"，在新兴产业、新能源、货币金融、传统与非传统安全、人文交流等领域挖掘新的发展合作机遇。东盟国家则表示愿同中方一道，积极推动中国东盟自贸区升级，在数字经济、绿色发展、互联互通、可持续农业等领域不断深化合作，挖掘粤港澳大湾区建设与东盟合作潜力。加强传统和非传统安全领域对话合作，加快推进"南海行为准则"磋商，共同推动中国—东盟全面战略伙伴关系取得更大发展③。中国—东盟联合合作委员会旨在推动中国和东盟在各个领域的务实合作，2023年第24次中国—东盟联合合作委员会会议在雅加达东盟秘书处举行，会议强调加快推进中国—东盟自贸区3.0版谈判，高质量实施区域全面经济伙伴关系协定，办好中国东盟农业发展与粮食安全合作年活动，深化互联互通、电子商务、科技创新、蓝色经济、公共卫生、人文交流等各领域合作，共同维护地区和平稳定，加快推进经济复苏和可持续发展④。

2. 在基础设施联通上取得的成效

设施联通是中国与东盟互联互通的物质基础，是建设21世纪海上丝绸之路的优先和重点领域。在共建21世纪海上丝绸之路的十年历程中，中国与东盟成员国在交通基础设施联通上取得了明显的成效，不仅在港口建设上取得实质性进展，还辐射带动了公路、铁路、民航等交通设施取得重大进展，联通了"21世纪海上丝绸之路"与"丝绸之路经济带"，从而在促进21世纪海上丝绸之路核心区协调发展中发挥了基础性作用。2002年中国与东盟就建立了"10+1"交通部长会议机制，签署《中国—东盟交通合作谅解备忘录》。在此框架内，双方签

---

①② 李克强. 在第25次中国—东盟领导人会议上的讲话［EB/OL］. https://www.mfa.gov.cn/web/ziliao_674904/zyjh_674906/202211/t20221112_10973108.shtml，2022-11-12.

③ 梁希之. 第29次中国—东盟高官磋商在深圳举行［EB/OL］. https://www.yidaiyilu.gov.cn/xwzx/gnxw/320465.htm，2023-05-26.

④ 驻东盟使团. 驻东盟大使侯艳琪主持召开第24次中国东盟联合合作委员会会议［EB/OL］. https://www.mfa.gov.cn/web/zwbd_673032/wshd_673034/202303/t20230321_11045778.shtml，2023-03-20.

署系列双边、多边运输协定与海事合作谅解备忘录,并将港口和海运方面的合作放在首要位置①,由此开启了双方在交通领域内的正式合作。此后,中国与东盟双方每年均会举行中国—东盟交通部长会议,推动中国与东盟间港口、公路、铁路、民航等基础设施的互联互通。在港口建设方面,2007 年中国与东盟共同发表的《中国—东盟港口发展与合作联合声明》就达成 7 项港口发展与合作共识;2008 年双方进一步签署《中国—东盟海运协定》,明确了双方在港口合作、航运建设、物流配套等领域的国家级合作规划。在此基础上,2013 年"21 世纪海上丝绸之路"倡议进一步深化中国—东盟海上合作伙伴关系,还在建设实践过程中联通了从中国到东南亚、南亚的海上运输线。同年,《中国—东盟港口城市合作网络论坛宣言》在广西南宁发布,明确中国与东盟十国的沿海港口城市自愿加入中国—东盟港口城市合作网络。在中国—东盟港口城市合作网络的推动下,广西钦州港与马来西亚关丹港、柬埔寨西哈努克港等结为友好港,北部湾港与马来西亚巴生港、缅甸仰光港结为友好港,并持续推动中国与东盟在港口的相互投资合作项目上不断取得突破。截至 2021 年,中国—东盟港口城市合作网络成员单位已达 47 家,涵盖了中国和东盟国家的主要港口。中国—东盟主要国家港口航线及航线服务项目建设任务已完成,包括"钦州—海防—林查班—雅加达—林查班"航线在内的 22 条集装箱班轮航线均已开通②。在铁路建设方面,雅万高铁、中泰铁路、马来西亚东海岸铁路等一大批项目稳步推进。例如,雅万高铁作为"一带一路"倡议下中国与印度尼西亚务实合作的标志性项目,历经近十年的共同协作,于 2023 年已开始联调联试。在民航建设方面,到 2019 年底,中国共有 32 家航空公司经营与东盟国家间的直达航线,东盟国家共有 36 家航空公司经营与中国间的直达航线,双方航班总量达每周 4468 班③。

3. 在经贸合作上取得的成效

改革开放以来,中国持续快速发展,这对于东南亚地区具有积极影响,为地区内较小的发展中国家带来了史无前例的经济增长机会④。在"21 世纪海上丝绸

① 王玫黎,吴永霞."一带一路"建设下中国—东盟港口建设发展研究 [J]. 广西社会科学,2018,276(6):82-86.

② 中国—东盟港口城市合作日益深化 [EB/OL]. http://www.gxzf.gov.cn/gxydm/whjl_29790/t9916649.shtml,2021-08-27.

③ 外交部. 中国—东盟合作事实与数据:1991-2021 [EB/OL]. https://www.mfa.gov.cn/wjbxw_new/202201/t20220113_10492205.shtml,2021-12-31.

④ 刘阿明."21 世纪海上丝绸之路"建设与影响因素分析:以中国—东盟关系发展为核心 [J]. 新丝路学刊,2021(1):82-95.

之路"倡议的推动下，中国与东盟展开了广泛的经贸合作，使中国与东盟成员国共建、共享经济发展的红利，从而促进海丝沿线区域协调发展。

自 1991 年中国—东盟建立对话关系以来，中国与东盟的贸易规模就呈现持续上升趋势。1991 年中国与东盟双边贸易规模仅 79.6 亿美元，2004 年双边贸易规模就突破千亿美元；2008 年双边贸易规模达 2311.2 亿美元，中国超越美国成为东盟第三大贸易伙伴；2009 年中国进一步超越欧盟和日本，成为东盟第一大贸易伙伴；2011 年双边贸易规模突破 3000 亿美元大关，东盟超越日本成为中国的第三大贸易伙伴。2013 年共建"21 世纪海上丝绸之路"倡议的提出与实践进一步深化了中国与东盟的经贸合作关系，使双方贸易规模进一步提高。根据国家统计局相关数据，2013 年中国与东盟国家双边贸易规模达 4435.98 亿美元，其中马来西亚、新加坡和泰国是东盟成员国中对华贸易规模排名前三的国家（见表 3-1）。随着共建"21 世纪海上丝绸之路"持续推进，双边贸易规模大、基数提高。即使在突如其来的新冠肺炎疫情冲击下，2020 年中国与东盟国家双边贸易规模仍逆势增长至 6853.12 亿美元，东盟跃升为中国第一大贸易伙伴，形成中国同东盟互为第一大贸易伙伴的良好格局。截至 2021 年，中国与东盟国家双边贸易规模达 8784.2 亿美元，相较 2013 年增长了 98.02%。可见，在共建"21 世纪海上丝绸之路"倡议的推动下，中国与东盟在经贸合作上的成效显著，这对促进"海丝"核心区的协调发展具有重要意义。

表 3-1　2013~2022 年中国—东盟贸易规模概况　　　　单位：亿美元

年份 国家	2013	2014	2015	2016	2017	2018	2019	2020	2021
文莱	17.94	19.37	15.09	7.33	9.89	18.39	11.03	19.42	28.65
缅甸	101.96	249.69	151.00	122.86	134.75	152.32	186.99	188.94	186.46
柬埔寨	37.73	37.58	44.30	47.61	57.91	73.84	94.26	95.52	136.66
印度尼西亚	683.55	635.45	542.28	535.40	633.32	773.41	797.63	784.63	1245.70
老挝	27.33	36.17	27.73	23.47	30.24	34.72	39.19	35.80	43.42
马来西亚	1060.83	1020.06	972.58	869.41	961.38	1085.81	1240.52	1314.76	1769.60
菲律宾	380.50	444.58	456.36	472.39	513.05	556.48	609.63	612.17	820.47
新加坡	758.96	797.40	795.23	705.26	792.69	827.64	900.36	892.44	939.23

续表

国家＼年份	2013	2014	2015	2016	2017	2018	2019	2020	2021
泰国	712.41	726.21	754.60	757.27	801.38	875.08	917.46	986.54	1311.87
越南	654.78	836.36	958.49	982.76	1219.9	1478.33	1619.86	1922.90	2302.14
东盟	4435.98	4802.86	4717.66	4523.76	5154.53	5876.04	6416.93	6853.12	8784.20

资料来源：国家统计局。

4. 在资金融通上取得的成效

东南亚地区具有的突出地理优势和资源禀赋优势，是广受中国企业欢迎的海外投资目的地。中国与东盟在资金融通上具有多年的合作基础，从 1997 年双方同舟共济应对亚洲金融危机，到 2008 年双方签署清迈倡议多边化协议，中国与东盟已成为区域金融合作的成功范例①。21 世纪海上丝绸之路的提出与实践，则是进一步深化了中国与东盟的金融合作水平，突破了双方在资金融通上的发展瓶颈。为了加大对"海丝"沿线国家发展的金融支持，2014 年中国出资 400 亿美元，发起设立"丝路基金"，为"海丝"沿线国家在基础设施、金融合作、产业合作、资源开发等领域提供金融支持；2015 年中国进一步发起成立亚洲基础设施投资银行（AIIB），东盟成员国积极响应，悉数加入成为亚投行的创始成员国。这些举措有效缓解了东盟国家在基础设施建设上的资金困境，为海丝沿线国家互联互通提供了有力的资金支持。随着 21 世纪海上丝绸之路建设的持续推进，双方互联互通建设和贸易规模不断扩大，中国与东盟成员国在资金融通上成效显著，东盟已成为人民币国际化的桥头堡。根据中国商务部披露的数据，2013～2021 年中国对东盟累计直接投资流量由 73 亿美元增加至 197 亿美元（见图 3-1），中国对东盟直接投资额占中国对外直接投资总额的比重从 6.7% 上涨至 11%。其中，中国对新加坡的直接投资已达 504 亿美元（见图 3-2），占中国对东盟总投资的四成以上，这表示新加坡成为东盟成员国中最吸引中国企业进行投资的国家。截至 2021 年 6 月底，中国与东盟双向投资额累计超过 3100 亿美元。

---

① 黄茂兴等．"一带一路"沿线区域互联互通研究 [M]．北京：经济科学出版社，2016：97．

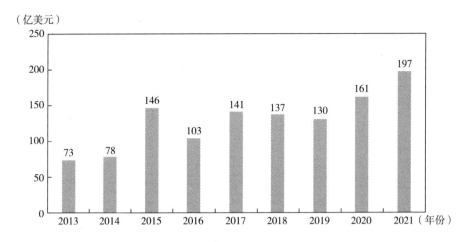

图 3-1 2013~2021 年中国对东盟累计直接投资情况

资料来源：中国商务部。

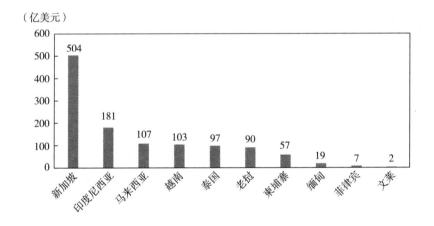

图 3-2 2013~2021 年中国对东盟成员国累计直接投资情况

资料来源：中国商务部。

5. 在人文交流方面取得的成就

中国与东盟在地理上相近、历史上相亲，双方在人文交流方面具有深厚的民意基础和历史底蕴。东南亚地区有超过四千万华人华侨聚居，是海外华人最多和聚居最集中的地区，这些华人华侨是中国与东盟国家互相理解和交往的重要桥梁。在这样良好的民意基础上，共建"21 世纪海上丝绸之路"倡议在实践中进一步强化了中国与东盟国家在文化、旅游、教育、媒体等领域的交流，增进了中国与东盟国家民众之间的友好情谊，使双方民众成为促进海丝沿线国家协调发展的最坚实基础。在文化交流方面，在 2013 年举行的第 16 次中国—东盟领导人会议将 2014 年确定为中国—东盟文化交流年，并于次年在文化交流年框架下举办了近 120 项活动，覆盖会议、演出、新闻、宗教、旅游和青年交流等多个领域。在旅游交流方面，中国与东盟国家在旅游领域长期以来一直保持着密切合作，双方多次举行中国—东盟旅游部门会议，并确定 2017 年为中国—东盟旅游合作年，双方积极对接旅游政策，举办了一系列交流活动。中国与东盟国家互为重要的旅游目的地和客源地，2019 年，中国人员赴东盟国家达 3948.3 万人次，东盟国家人员来华达 2593.4 万人次，中国已成为东盟第一大旅游客源地。在教育方面，中国与东盟以教育合作为载体，共同打造出中国—东盟交流年、中国—东盟菁英奖学金等重要平台和旗舰项目，不断加强双方年青一代的沟通交流、增进相互理解和友谊。目前，中国在高校开设了东盟 10 国官方语言专业，东盟国家则建设了超过 30 所孔子学院，双方互派超过 20 万的留学生。除了文化交流合作外，中国与东盟国家在文化产业合作上也取得明显的成效：中国影院引进超过 20 部东盟国家影片，中国电影频道播映超过 80 部东盟国家影片，中国与东盟国家合作摄制超过 19 部影片，且双方多次互相举办电影展；同时，中国已同新加坡、老挝等签署经典著作互译出版备忘录，积极推动中国图书在东南亚国家翻译出版，参加东盟国际书展，并在东盟国家举办中国图书巡展。

（二）"21 世纪海上丝绸之路"倡议下中国—南亚国家协调发展的成效①

在共建"21 世纪海上丝绸之路"倡议中，沿南亚航线的核心区主要涉及孟加拉国、马尔代夫、尼泊尔、巴基斯坦和斯里兰卡五个国家。南亚是世界地缘政治的中继站，具有海陆相连、东西相通、南北并联的复合枢纽特征。但是，由于存在贸易壁垒高筑、基础设施落后和国家间关系不睦等问题，南亚国家内部货物贸易、投资流量和人员流动均非常有限，南亚国家也由此成为世界上地区一体化程度最低的地区。在此背景下，旨在促进区域互联互通、协调发展的"21 世纪海上丝绸之路"倡议，为南亚国家提供了重要发展机遇，得到了绝大多数南亚国家的积极响应和参与。随着"21 世纪海上丝绸之路"倡议在南亚地区持续推进，中国与南亚双方在政策沟通、设施联通、经贸合作、资金融通和人文交流等方面

---

① 张家栋，柯孜凝."一带一路"建设在南亚：现状、挑战与机遇［J］．印度洋经济体研究，2021，47（5）：19-41+151-152．

均取得较快发展，助力推进"海丝"核心区的协调发展。

1. **在政策沟通方面取得的成效**

政治互信与外交和睦，是共商、共建、共享21世纪海上丝绸之路的重要前提。中国同南亚各国间的关系总体良好，除了不丹以外，南亚七国均与我国建立了外交关系，并确立了不同程度的伙伴关系。其中，巴基斯坦、孟加拉国、马尔代夫、尼泊尔和斯里兰卡五国已经与中国签署了"一带一路"谅解备忘录，这为"21世纪海上丝绸之路"倡议在南亚地区的顺利推进奠定了坚实的制度基础。在共建"21世纪海上丝绸之路"倡议下，我国不断强化与南亚国家的交流对话、展开了多项深入的合作、签署了不同形态的合作协议。2015年国家主席习近平对巴基斯坦进行国事访问时，发表《构建中巴命运共同体 开辟合作共赢新征程》的重要演讲，明确将中巴关系提升为全天候战略合作伙伴关系。2015年中巴启动了旨在加强双方互联互通、促进协调发展的"中巴经济走廊"项目，这不仅是"一带一路"倡议的旗舰项目，更是巴基斯坦发展的重要机遇。目前，中国与巴基斯坦开展的中巴经济走廊项目已进入全面实施阶段，2017年出台的《中巴经济走廊长期规划（2017—2030）》更是进一步拓宽了双方的合作领域，由基础设施建设转向更多与社会发展相关领域，"中巴模式"成为共建"21世纪海上丝绸之路"的样板。2017年中国与缅甸以中缅经济走廊为核心展开合作，试图以此带动中国—缅甸—孟加拉国三国之间的合作。2020年中国与尼泊尔双方政党进一步建立了中尼跨喜马拉雅立体互联互通网络政党工商机制。孟加拉国的"金色孟加拉"梦想、斯里兰卡的"繁荣与辉煌愿景"战略也积极与"21世纪海上丝绸之路"倡议对接，进一步深化了中国同南亚的政策沟通。此外，印度对于共建"21世纪海上丝绸之路"倡议的态度较为矛盾，印度官方基于国家威胁论与地缘战略论的零和博弈，对中国提出的共建"21世纪海上丝绸之路"倡议持消极怀疑态度，但在行动上却是选择性参与共建"21世纪海上丝绸之路"倡议，例如2015年印度内阁就批准加入旨在为"一带一路"建设提供金融支持的亚洲基础设施投资银行。实际上，2014年国家主席习近平对印度进行国事访问时，就倡导中印构建更加紧密的发展伙伴、引领增长的合作伙伴、战略协作的全球伙伴，并将发展伙伴关系作为两国战略合作伙伴关系的核心内容，中印关系进入新模式。2015年《中华人民共和国和印度共和国联合声明》更是明确就贸易与投资便利化、铁路基建与金融领域合作等达成多项共识。因此，尽管中印之间存在一定的安全互信问题，但双边关系总体上仍旧朝着积极的方向发展，且潜力巨大。总而言之，在"21世纪海上丝绸之路"倡议下，中国与南亚国家在政策沟通方面成效显著,其已成为中国与南亚国家共享发展的经济纽带与合作平台。

2. 在基础设施联通方面取得的成效

尽管我国与南亚国家在政治、经济、文化等方面有着悠久的往来关系史,但限于基础设施联通上的不理想,使中国与南亚国家之间难以形成全方面、多层次的深度合作关系。近年来,得益于21世纪海上丝绸之路的持续推进,我国充分发挥了国内基础设施建设上的技术和经营优势,与南亚国家在基础设施联通上取得了较快的发展。在海运与港口建设方面,远东—东南亚航线不仅是我国通向东亚、南亚国家的主要海上通道,还是我国穿越马六甲海峡到达印度洋地区主要国家的必经之路。在共建"21世纪海上丝绸之路"倡议下,我国围绕远东—东南亚航线积极参与南亚国家的港口建设,相继援建了巴基斯坦的瓜达尔港、斯里兰卡的科伦坡南港集装箱码头与汉班托塔港、孟加拉国的吉大港。其中,中巴共建的瓜达尔港是我国参与海外港口项目投资的典型代表。在中国与巴基斯坦的共同努力下,2005年瓜达尔港一期工程竣工,2013年瓜达尔港运营权由中国企业接手,2016年瓜达尔港正式开航。目前,瓜达尔港已经成为中亚内陆国家最大的出海口,通过瓜达尔港,中国与非洲、中东地区的经贸往来相比通过马六甲海峡缩短了30多天。此外,在"21世纪海上丝绸之路"倡议下,我国同南亚其他国家在港口建设上同样取得明显成效。例如,2017年我国向斯里兰卡投资11.2亿美元,拿下了汉班托塔港99年的开发、运营和管理权[①];斯里兰卡的汉班托塔港二期工程竣工,我国获得特许经营权;科伦坡港口城建设项目施工进度过半。得益于南亚国家在港口建设上的不断完善,通过远东—东南亚航线,我国与印度、巴基斯坦、孟加拉国、斯里兰卡和马尔代夫等国家均实现了海路联通。从我国的航线来看,中国与南亚国家的海上通道属于我国的近洋航线,主要有科伦坡—孟加拉湾线与波斯湾线两条。其中,波斯湾线从中国出发,联通了巴基斯坦的卡拉奇港和瓜达尔港。而科伦坡—孟加拉湾线联通了南亚国家主要的海上中转港口,即联通了斯里兰卡的科伦坡港与孟加拉国的吉大港、印度的加尔各答港。在陆路联通方面,中国同南亚基础设施互联互通及重大项目加快推进。我国已同巴基斯坦共同制定《中巴经济走廊交通基础设施专项规划》等战略规划,巴基斯坦喀喇昆仑公路升级改造一期项目于2017年完成,并于2019年举行竣工通车仪式,

---

① 杨文武,李彦余. 中国与南亚国家陆、海交通基础设施联通建设研究 [J]. 南亚研究季刊,2019(1):6+88-96.

拉合尔橙线轨道交通项目也于2020年开通。2019年中国与尼泊尔签署《中尼过境运输协议议定书》，加快了跨越喜马拉雅立体互联互通网络的建设步伐①。可见，在"21世纪海上丝绸之路"倡议的推动下，中国—南亚国家之间在设施联通方面成效显著，这有利于促进21世纪海上丝绸之路核心区的协调发展。

3. 在经贸合作方面取得的成效

在"21世纪海上丝绸之路"框架下，中国与孟加拉国、尼泊尔、巴基斯坦和斯里兰卡等参与"一带一路"建设的南亚国家合作建设多个经济特区和工业园区，在经贸合作上取得明显的成效。至2021年，在孟加拉，中孟在吉大港共建的中国经济产业区正顺利推进，将围绕制药、化工和汽车组装行业建设400家左右的工厂；在尼泊尔，中尼共建的达玛克中尼生态工业园、拉苏瓦加迪跨境经济特区和奇特旺工业园等项目于2016年、2017年和2019年依次落实推进；在巴基斯坦，中巴合作共建9个经济特区，其中专注于劳动密集型产业的拉沙卡伊经济特区发展最快；在斯里兰卡，中斯在汉班托塔港的中国物流和工业园区与科伦坡国际金融城项目于2017年启动，现也在顺利推进中。此外，中国与南亚国家还在共建"21世纪海上丝绸之路"倡议框架下签署不同类型的贸易协定②。目前，我国已分别同巴基斯坦和马尔代夫签订自由贸易协定，与斯里兰卡、尼泊尔和孟加拉国的自由贸易协定也在稳步推进。表3-2的数据显示，自共建"21世纪海上丝绸之路"倡议提出以来，中国同南亚五国之间的贸易规模持续扩大，进出口贸易总额由2013年的304.95亿美元持续提升至2018年的439.16亿美元。尽管2020年受新冠肺炎疫情影响，双边贸易规模一度下跌至365.25亿美元，但在新冠肺炎疫情得到基本控制以后，双边贸易规模迅速回升，2021年中国与南亚五国间的进出口贸易总额提升至612.59亿美元，达到历史新高。从国别来看，2013~2021年，除了尼泊尔外，我国同孟加拉国、马尔代夫、巴基斯坦和斯里兰卡之间的贸易规模整体均呈现扩大趋势。中孟间进出口贸易总额由2013年的103.07亿美元提升至2021年的251.41亿美元，增加了1.44倍；中马间进出口贸易总额由2013年的0.98亿美元提升至2021年的4.11亿美元，增加了3.2倍，是南亚国家中增幅最大的国家；中巴间进出口贸易总额由2013年的142.16亿美元提升至2021年的278.25亿美元，增加了0.96倍，巴基斯坦是南亚国家中与我国进行进出口贸易规模最大的国家；中斯间进出口贸易总额由2013年的36.19

---

① ② 张家栋，柯孜凝．"一带一路"建设在南亚：现状、挑战与机遇［J］．印度洋经济体研究，2021，47（5）：19-41+151-152.

亿美元提升至2021年的59.05亿美元，增加了0.63倍。整体而言，在共建"21世纪海上丝绸之路"倡议下，我国同南亚国家积极推动国内市场开放、接轨，不断优化贸易结构，持续提高贸易便利化水平，着力培育外贸新增长点，双边经贸合作取得显著成效。

表3-2 2013~2021年中国与南亚五国的贸易规模概况　单位：亿美元

国家	2013年	2014年	2015年	2016年	2017年	2018年	2019年	2020年	2021年
孟加拉国	103.07	125.43	147.12	151.72	160.44	187.37	183.6	158.75	251.41
马尔代夫	0.98	1.04	1.73	3.21	2.96	3.97	3.82	2.81	4.11
尼泊尔	22.54	23.31	8.65	8.89	9.85	10.99	15.16	11.67	19.76
巴基斯坦	142.16	159.98	189.17	191.47	200.84	191.05	179.73	153.58	278.25
斯里兰卡	36.19	40.41	45.63	45.62	43.98	45.77	44.88	38.43	59.05
南亚五国	304.95	350.18	392.28	400.9	418.07	439.16	427.18	365.25	612.59

资料来源：国家统计局。

4. 在资金融通方面取得的成效

资金投入不足、融通不畅是造成南亚国家基础设施长期落后，进而引发区域发展不协调的重要原因。在"21世纪海上丝绸之路"倡议下，规划实施的六条经济走廊中有两条是面向南亚地区，这为中国—南亚国家资金融通的区位分布和投资格局优化创造了机遇。随着共建"21世纪海上丝绸之路"倡议在南亚国家的推进实施，中国在加大与南亚国家经济合作力度的同时，中国企业对南亚国家的投资显著增加，双边在资金融通方面取得了明显的成效。

从对外直接投资规模来看，国家主席习近平在2014年访问印度时就表示，中国愿同南亚国家携手努力，争取在未来五年将中国对南亚投资提升到300亿美元，将为南亚国家提供200亿美元优惠性质贷款①。图3-3的数据显示，2013~2021年中国对南亚国家（除不丹外）的直接投资规模呈现出明显的增加趋势，由2013年的58.06亿美元增加至2021年的148.19亿美元，增加了1.56倍，累计直接投资额已高达951亿美元。从直接参与共建"21世纪海上丝绸之路"的南亚五国来看，中国对孟加拉国、马尔代夫、尼泊尔、巴基斯坦、斯里兰卡五国的直接投资规模具有更快更高的增长，由2013年的28.71亿美元增加至2021年

---

① 习近平. 未来5年中国对南亚投资提升至300亿美元 [EB/OL]. http://politics.people.com.cn/n/2014/0919/c70731-25690202.html, 2014-9-19.

的108.65亿美元（见表3-3），增加了2.78倍，累计直接投资额达586.84亿美元。其中，巴基斯坦是南亚五国中最受中国企业欢迎的投资目的地，2013~2021年中国对巴基斯坦的累计直接投资规模达433.4亿美元，占中国对南亚五国累计直接投资总额的73.85%。而对于尼泊尔等经济发展落后、投资风险较大的国家，中国对其的直接投资主要为发展援助等方式，投资规模较小。

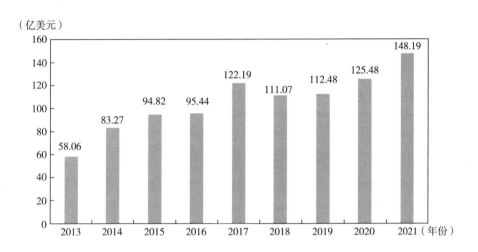

图3-3 2013~2021年中国对南亚国家直接投资情况

资料来源：《2022年中国对外直接投资统计公报》。

表3-3 2013~2021年中国对南亚五国直接投资情况 单位：亿美元

国家	2013年	2014年	2015年	2016年	2017年	2018年	2019年	2020年	2021年
孟加拉国	1.59	1.6	1.88	2.25	3.29	8.7	12.48	17.11	22.04
马尔代夫	0.02	0.02	0.02	0.36	0.67	0.75	0.82	0.44	0.72
尼泊尔	0.75	1.38	2.92	2.47	2.28	3.79	5.39	4.35	4.63
巴基斯坦	23.43	37.37	40.36	47.59	57.16	42.47	47.98	62.19	74.85
斯里兰卡	2.93	3.64	7.73	7.29	7.28	4.69	5.51	5.23	6.4
南亚五国	28.71	44.02	52.91	59.96	70.68	60.4	72.19	89.32	108.65

资料来源：《2022年中国对外直接投资统计公报》。

从区域金融合作来看，中国与南亚国家的金融合作规模较小，且主要表现为双边合作，基本没有涉及多边合作。但中国与南亚国家金融合作程度较深，在合作模式上具有较强的创新性。巴资银行在华设立巴基斯坦阿斯卡利银行股份有限公司（北京设立代表处）、巴基斯坦联合银行股份有限公司等多家银行机构。2021年巴基斯坦最大的商业银行——哈比银行北京分行正式开业，其在人民币国际化的历程中深度参与人民币在巴基斯坦的推广和使用，并在产品和流动性匹配等多方面开展了积极探索，推动双方金融合作步入新的台阶。中国与孟加拉国在区域金融合作方面同样取得明显成效，2018年蚂蚁金服与孟加拉国移动支付公司bKash达成战略合作，共同打造巴基斯坦本地版支付宝。中孟双方还签署了双边货币互换协议，建立起密切的人民币合作机制，使用人民币贷款资助重要项目建设，鼓励孟加拉国机构在中国市场发行以人民币计价的债券。

整体而言，在共建"21世纪海上丝绸之路"倡议的推动下，中国对南亚国家的直接投资规模显著提高，且发展潜力巨大。中国与南亚国家应进一步推进共建"21世纪海上丝绸之路"倡议，深化中国与南亚国家的互联互通，从而促进"海丝"沿线核心区协调发展。

5. 在人文交流方面取得的成效

"国之交在于民相亲，民相亲在于心相通"，人文交流是中国与南亚国家开展双边合作的基础所在。中国同南亚共享千年的地理与人文资源，在文化交流、旅游开发以及联合申报世界物质与非物质文化遗产等文旅合作上具有巨大的发展潜力。近年来，随着共建"21世纪海上丝绸之路"的稳步推进，中国与南亚国家在人文交流方面取得了明显进展。在文化交流方面，中国与巴基斯坦间长期以来保持着密切的人文交流，巴基斯坦人民在我国历来有"巴铁"之称，"中巴一家亲"的标语在巴基斯坦街头随处可见。2013年中巴两国领导人就达成了互办"文化月"的共识，每逢春节举办的"欢乐春节"和"四海同春"成为中巴文化交流的亮点所在①。在这样良好的文化交流基础之上，"21世纪海上丝绸之路"框架下的中巴经济走廊倡议启动了多项强化人与人联系的项目，进一步强化了两国间的人文交流。例如，中国和平发展基金会援建的瓜达尔法曲尔中学扩建工程于2020年顺利竣工，体现"绿色丝绸之路"理念的中巴"友谊林"也顺利完工。在学术交流方面，大量来自南亚国家的青年选择去中国留学，截至2019年，来自21世纪海上丝绸之路核心区的留学生占中国吸收外国留学生总人数的54.1%，其中来自巴基斯坦的留学生超过2万人，来自尼泊尔、斯里兰卡和孟加拉国的留学生人数也在不断增加。此外，中国相关单位与南亚五国的相关机构建成了26个国际联合研究中心，认定了31个国际合作基地，在孟加拉国、巴基斯

---

① 黄茂兴等."一带一路"沿线区域互联互通研究［M］.北京：经济科学出版社，2016：118.

坦、尼泊尔、斯里兰卡等5个国家建立技术转移分中心。中国—南亚智库论坛、中国—南亚国际文化论坛、南亚—东南亚大学校长论坛等项目纷纷成立或迅速推进。

（三）"21世纪海上丝绸之路"倡议下中国—阿盟国家协调发展的成效

在共建"21世纪海上丝绸之路"倡议中，沿波斯湾和红海航线的核心区主要涉及阿拉伯国家联盟。阿拉伯联盟由西亚北非的22个阿拉伯国家构成，即传统意义上的中东地区。中东地区襟三洲而带五海，既是古丝绸之路陆海两路的交汇地带，也是中国推动共建"21世纪海上丝绸之路"倡议的核心区，更是新时期实现中国与阿盟国家战略对接的关键所在。长期以来，无论国际形势如何变化、中东局势如何波动，我国始终坚持和平共处五项原则，与阿盟国家保持友好关系，积极开展与阿盟国家的交流合作。共建"21世纪海上丝绸之路"倡议为中阿双方提供了新的沟通桥梁与合作平台，进一步深化了中国—阿盟国家在政策制定、基础设施建设、经贸合作、资金和人文交流等方面的互联互通，从而促进了"海丝"核心区的协调发展。

1. 在政策沟通方面取得的成效

在古老丝绸之路的联通作用下，中国与阿盟国家在历史上具有悠久的交往史，有着良好的交流与合作基础。自1956年同埃及建交起，至1990年同沙特阿拉伯建交，我国同22个阿拉伯国家都建立了外交关系。阿盟于1996年派出首任驻华代表处主任，中国也于2005年起任命驻埃及大使兼驻阿盟全权代表，中阿双方的政策交流合作有了直接的渠道，使双边关系有了显著的进展。中国由此成为世界大国中唯一与所有阿盟国家均保持友好关系的国家。中国与阿盟领导人还通过密切沟通寻求新的合作发展机会，江泽民、胡锦涛和习近平等中国国家主席都曾到访阿盟综述，与阿盟秘书长及成员国代表就中阿关系进行政策沟通，历任阿盟秘书长及其他高级官员也多次访华，为双方合作规划路径。2004年，中国和阿拉伯国家成立"中国—阿拉伯国家合作论坛"，为中阿双方在平等互利基础上进行对话与合作提供平台，有效巩固和拓展了双方在政治、经贸、文化等诸多领域的互利合作。正是在这样良好的交流合作基础上，中国在2013年提出共建"21世纪海上丝绸之路"倡议伊始就受到了阿拉伯世界国家的高度关注。2014年"中阿合作论坛"第六届部长级会议将共建"一带一路"构想纳入"中阿合作"的议题，阿拉伯国家正式成为共建"一带一路"的合作伙伴，进一步深化了中阿战略合作关系。2016年，习近平总书记在访问阿盟总部时发表题为《共同开创中阿关系的美好未来》的重要演讲，为中阿关系确定了和平、创新、引领、治理和交融的行动理念。2018 年，习近平总书记在中阿合作论坛第八届部长级会议上进一步提出打造中阿命运共同体的倡议，为中阿关系确立了更加长远的发展目标①。截至 2021 年 7 月，中国—阿拉伯国家合作论坛已经举办 9 届部长级会议，17 次高官会，并召开了 6 次中阿高级战略政治对话。此外，共建"21 世纪海上丝绸之路"倡议不仅深化了中阿战略合作关系，还在促进中东地区改善中发挥了积极作用。阿盟内部卡塔尔与沙特阿拉伯等国家复交、海合会国家重回团结正是最显著的成效。总而言之，共建"21 世纪海上丝绸之路"倡议为中阿双方提供了新的发展平台，进一步巩固和拓展了中阿双方交流协作的基础和领域，为在近年以及未来中国与阿盟国家的合作交流提供了重要方向。

2. 在基础设施联通方面取得的成效

基础设施联通一直是中阿合作的重点领域，在共建"21 世纪海上丝绸之路"倡议的推动下，中国企业近年来深度参与阿拉伯国家港口、桥梁、铁路和公路等基础设施项目的建设，有效改善了地区通行状况与经济社会发展条件，在推动区域协调发展中发挥了基础性作用。例如，在港口建设方面，中国积极拓展在阿拉伯国家的港口建设项目，通过多种方式参与港口运营。2017 年吉布提开港运营的多哈雷多功能港正是在"21 世纪海上丝绸之路"倡议推动下，由中国企业参与投资与运营的项目。多哈雷多功能港包含 6 个 10 万吨级的泊位，年设计货物吞吐能力为 708 万吨，将吉布提港散杂货吞吐能力翻了一倍。2019 年中国企业与阿联酋联合建设运营的哈利法港二期集装箱码头项目正式投入运营，有效提升了哈利法港的集装箱处理能力。在桥梁建设方面，2016 年由中铁大桥局集团有限公司承建的摩洛哥斜拉桥正式投入使用，该桥梁打通了摩洛哥首都拉巴特的绕城公路，大大提升了拉巴特的交通运行效率。2022 年由中国企业承建的苏伊士运河铁路桥旧桥改造升级和新桥建设项目主体工程也顺利完成。在公路建设方面，由中国企业修建的阿尔及利亚南北高速公路奇法至贝鲁阿其亚路段于 2020 年正式通车，使阿尔及利亚的北部沿海与南方腹地更为高效、密切地联系起来。在铁路建设方面，中国与阿联酋企业共建的阿联酋联邦铁路二期项目于 2022 年铺轨完成，实现了迪拜与阿布扎比的铁路"双线连接"。同年，中国企业参与建设的埃及斋月十日城铁路项目也顺利完成试运行，作为埃及"东部经济走廊"的重点交通工程，该项目的顺利完工对于提升埃及经济发展效率、促进区域经济建设

---

① 王金岩，李伟建.世界大变局下阿盟与中国关系走向［J］.西亚非洲，2022（5）：3-19+155.

与民生事业发展具有基础性作用。此外，中国同阿盟国家在信息通信基础设施的联通上同样取得显著成效。2014年，华为就同阿联酋电信运营商Etisalat达成协议，助其提升移动宽带和固网宽带的服务竞争力；2018年中兴承建毛里塔尼亚的国家宽带网络项目，2020年如期打通毛里塔尼亚的国家骨干网光缆。可见，在共建"21世纪海上丝绸之路"倡议下，中国与阿盟国家在设施联通上成效显著，有效促进了"海丝"沿线国家的协调发展。

3. 在经贸合作方面取得的成效

自古以来，我国与阿拉伯国家就一直通过海上香料之路和丝绸之路进行贸易往来，在经贸合作上具有悠久而良好的历史基础。2013年共建"21世纪海上丝绸之路"倡议为中阿双方拓展经贸合作提供了新平台、新机遇，中阿经贸合作取得了进一步发展。表3-4的数据显示，2013~2021年中国同阿盟成员国之间的进出口总额从2388.97亿美元提升至2021年的3302.88亿美元，增幅达38.26%。尽管在此期间，中阿贸易规模在2016年和2020年经历不同程度的下跌，但都很快就恢复了提高的趋势。随着全球经济明显复苏，我国与阿盟国家的经贸合作取得进一步发展，进出口总额突破3000亿美元大关，达到中阿贸易规模历史新高。2020年阿盟国家对外贸易总额为15855.2亿美元，其中与中国的贸易比重为15.1%；2021年为21628.3亿美元，与中国的贸易比重提升至15.3%，我国已连续两年成为阿盟国家的第一大贸易伙伴国。

表3-4　2013~2021年中国与阿盟成员国的贸易规模概况　单位：亿美元

国家	2013年	2014年	2015年	2016年	2017年	2018年	2019年	2020年	2021年
巴林	15.44	14.16	11.23	8.55	10.26	12.86	16.79	12.67	17.81
伊拉克	248.79	285.05	205.84	182.11	221.45	303.99	333.89	302.27	373.43
约旦	36.04	36.28	37.12	31.66	30.83	31.84	41.12	36.07	44.15
科威特	122.62	134.34	112.70	93.72	120.48	186.57	172.84	142.83	221.24
黎巴嫩	25.36	26.30	23.03	21.18	20.34	20.18	17.06	9.77	15.57
阿曼	229.41	258.61	171.64	141.89	157.00	217.63	0.82	187.36	321.57
巴勒斯坦	0.91	0.76	0.70	0.60	0.69	0.74	111.23	1.00	1.28
卡塔尔	101.74	105.91	68.90	55.29	80.83	116.29	111.23	109.36	171.72
沙特阿拉伯	721.91	690.83	516.34	422.81	501.37	632.82	780.72	671.65	872.90
叙利亚	6.95	9.86	10.26	9.19	11.04	12.74	13.15	8.35	4.84
阿联酋	462.35	547.98	485.34	400.67	410.35	458.89	487.50	493.65	723.25

续表

国家	2013年	2014年	2015年	2016年	2017年	2018年	2019年	2020年	2021年
也门	52.00	51.34	23.28	18.58	23.03	25.95	36.86	35.55	30.56
阿尔及利亚	81.88	87.10	83.51	79.80	72.33	91.04	80.83	65.93	74.30
科摩罗	0.30	0.41	0.46	0.48	0.68	0.79	0.74	0.51	0.57
吉布提	10.19	11.14	19.82	21.49	21.75	18.64	22.26	23.56	26.28
埃及	102.14	116.20	128.76	109.90	108.28	62.07	132.01	145.51	199.68
利比亚	48.74	28.84	28.44	15.30	23.91	18.98	72.68	27.08	54.04
毛里塔尼亚	23.27	19.25	15.19	16.17	16.46	18.98	19.54	20.17	26.99
摩洛哥	38.03	34.81	34.19	36.33	38.27	43.88	46.68	47.69	65.16
索马里	1.50	2.36	3.23	4.03	4.85	6.52	7.50	9.00	10.10
苏丹	44.98	34.50	31.23	26.35	28.13	25.46	30.33	32.78	25.96
突尼斯	14.40	14.48	14.21	14.35	15.26	16.10	15.73	16.50	21.48
阿盟	2388.97	2510.51	2025.41	1710.45	1917.57	2322.95	2551.51	2399.28	3302.88

资料来源：2014~2022年《中国统计年鉴》。

从国别来看，2013~2021年，除了黎巴嫩、叙利亚等5个国家外，我国同沙特阿拉伯、埃及等17个阿拉伯国家的贸易规模整体呈现扩大趋势。其中，沙特阿拉伯与阿联酋一直是我国在阿盟的第一、第二大贸易伙伴国。2021年中国与沙特阿拉伯的进出口贸易额达872.90亿美元，与阿联酋的进出口贸易额达723.25亿美元。实际上，沙特阿拉伯、阿联酋再加上伊拉克和阿曼，这4个中东产油大国是我国在阿拉伯地区的主要贸易伙伴。2013~2021年中国与沙特阿拉伯、阿联酋、伊拉克和阿曼4个国家的进出口贸易额在中国与阿拉伯国家贸易总额中所占的比重保持在62%~71%，2014年达到考察期峰值71%。2015年受石油价格下跌影响后略有浮动，2021年比重回升至69.37%。中国拥有全面且完整的工业体系，商品种类丰富，对阿盟成员国出口的商品以制成品为主；而阿拉伯国家拥有丰富的油气资源，是中国最大的原油进口来源地区。得益于共建"21世纪海上丝绸之路"所提供的平台与机遇，中阿双方经贸合作规模持续扩大，能够通过深化经贸合作，实现区域间的优势互补，从而促进区域协调发展、共享发展。

4. 在资金融通方面取得的成效

在中阿共建21世纪海上丝绸之路的过程中，中国非常重视与阿拉伯国家的投资合作，着力推动构建中阿投资合作机制，提高与阿拉伯国家的资金融通水平。在构建中阿投资合作机制方面，中国积极推动阿盟成员国商签《双边投资协定》与《避免双重征税协定》，以畅通双边投资合作通道。截至2021年底，中国已与14个阿拉伯国家签署《双边投资协定》，与12个阿拉伯国家签署《避免双重征税协定》。得益于此，2013~2021年中国对阿盟成员国的投资显著增加，双边在资金融通上取得了明显的成效。如表3-5所示，2013~2021年中国对阿盟成员国的直接投资规模呈现出明显的扩大趋势，直接投资总额由2013年的88.82亿美元增加至2021年的233.93亿美元，增加了1.63倍，累计直接投资总额已高达1487.87亿美元。即使在全球对外直接投资收缩的2020年，中国对阿拉伯国家的直接投资流量仍实现逆势增长，并不断创下历史新高。其中，阿联酋、沙特阿拉伯、伊拉克、阿尔及利亚、埃及和苏丹是阿盟成员国中受中国企业欢迎的前六名的投资目的地，2013~2021年中国对这六个国家的累计直接投资规模达1203.96亿美元，占中国对阿盟成员国累计直接投资总额的81%。可见，我国与阿盟其他成员国之间的投资合作仍具有巨大的潜力，随着共建"21世纪海上丝绸之路"的持续推进，中国与阿盟国家必将在资金融通方面取得更大的成效。

表3-5　2013~2021年中国对阿盟成员国直接投资情况　单位：亿美元

国家	2013年	2014年	2015年	2016年	2017年	2018年	2019年	2020年	2021年
巴林	0.01	0.04	0.04	0.37	0.74	0.72	0.71	0.71	1.35
伊拉克	3.17	3.76	3.88	5.58	4.14	5.99	13.78	17.38	19.42
约旦	0.23	0.31	0.33	0.39	0.64	1.42	3.12	2.04	1.84
科威特	0.89	3.46	5.44	5.78	9.36	10.92	0.83	8.49	8.54
黎巴嫩	0.04	0.04	0.04	0.03	0.02	0.02	0.02	0.02	0.00
阿曼	1.75	1.90	2.01	0.87	0.99	1.51	1.16	2.37	2.85
巴勒斯坦	0.00	0.00	0.00	0.00	0.00	0.00	0.00	0.00	0.00
卡塔尔	2.54	3.54	4.50	10.26	11.05	4.36	4.59	6.19	7.89
沙特阿拉伯	17.47	19.87	24.34	26.07	20.38	25.95	25.28	29.31	35.24
叙利亚	0.06	0.15	0.11	0.10	0.10	0.01	0.14	0.14	0.14
阿联酋	15.15	23.33	46.03	48.88	53.73	64.36	76.36	92.83	98.45
也门	5.49	5.55	4.53	0.39	6.13	6.23	5.44	5.41	5.30
阿尔及利亚	14.97	24.52	25.32	25.52	18.34	20.63	17.75	16.44	17.16

续表

国家	2013 年	2014 年	2015 年	2016 年	2017 年	2018 年	2019 年	2020 年	2021 年
科摩罗	0.05	0.05	0.05	0.05	0.05	0.05	0.02	0.01	0.01
吉布提	0.31	0.40	0.60	1.25	2.33	1.78	1.25	0.99	0.82
埃及	5.11	6.57	6.63	8.89	8.35	10.79	10.86	11.92	12.73
利比亚	1.09	1.09	1.06	2.11	3.67	4.26	2.99	1.55	1.39
毛里塔尼亚	1.08	1.01	1.06	1.93	2.36	2.33	1.81	1.83	1.43
摩洛哥	1.03	1.14	1.56	1.63	3.18	3.82	3.03	3.83	3.49
索马里	3.17	3.43	3.07	3.20	3.95	3.01	3.05	3.08	4.39
苏丹	15.07	17.47	18.09	11.04	12.02	13.25	12.03	11.20	11.16
突尼斯	0.14	0.15	0.21	0.16	0.15	0.22	0.37	0.29	0.33
阿盟国家	88.82	117.77	148.89	154.53	161.68	181.62	184.59	216.04	233.93

资料来源:《2022 年中国对外直接投资统计公报》。

5. 在人文交流方面取得的成效

人文交流是促进区域协调发展的重要载体与重要动力,在构建人类命运共同体中发挥了重要作用。中华文明与阿拉伯文明各具特色、各成体系,中国与阿拉伯国家始终以包容并济的态度尊重彼此的文化传统,始终以交流对话的形式化解冲突对抗。"21 世纪海上丝绸之路"倡议进一步深化了中阿双方的人文交流层次,拓展了中阿双方的人文交流领域,双方在文化艺术、教育、地方合作等方面取得了辉煌的成就。在文化交流方面,中阿双方强化了文化交流机制,中国与埃及、黎巴嫩等 11 个阿拉伯国家签署文化合作协定;与巴林、埃及、黎巴嫩等国家互设文化中心,并将向阿拉伯国家派遣宗教学习留学生纳入国家对外文化交流协议中①。中阿双方还进一步深化了在文化艺术领域的交流借鉴,互相举办形式多样的交流活动。例如,2016 年 12 月至 2017 年 7 月在中国国家博物馆展出的"阿拉伯之路——沙特出土文物展"是近年来沙特阿拉伯在东亚地区举办的最大规模文物展。中国也于 2018 年 9 ~ 11 月在沙特阿拉伯首次举办中东规模最大的"华夏瑰宝展"。在教育交流合作方面,中国与阿拉伯国家开展了包括互派留学

---

① 商务部国际贸易经济合作研究院. 中国与阿拉伯国家经贸合作回顾与展望 2022 [BE/OL]. https://www.caitec.org.cn/n6/sy_xsyj_yjbg/json/6234.html, 2022-12-08.

生、设立孔子学院、合作办学在内的多种交流合作形式。其中，互派留学生是中国与阿拉伯国家在教育领域内最早的交流合作形式。1987年赴阿拉伯国家的中国留学生仅54人，阿拉伯国家来华留学生仅97人。随着中阿交流日益密切，双方互派留学生规模日益扩大。至2016年，赴阿拉伯国家的中国留学生达2433人，阿拉伯国家来华留学生达18050人[①]。设立孔子学院是阿拉伯国家人民学习汉语的重要渠道，也是中阿人文交流的重要平台。当前，我国已经在埃及、阿联酋、摩洛哥等13个阿拉伯国家先后成立了孔子学院（或开设孔子课堂）21所，累计注册学员9万人，各类活动参与人次近70万[②]，对促进中国文化传播、强化汉语教学发挥了重要作用。同时，中阿双方还强化了高校间的交流合作，联合举办了4届中阿大学校长论坛，形成"中阿高等学校合作共同行动计划"，形成联合培育学生的有效合作模式。在地方合作方面，在中阿合作论坛框架下，已成功举办2届中阿城市论坛，促进了更多中阿城市建立联系。截至目前，中阿双方已建立了近50对友好城市或友好交流城市。

（四）"21世纪海上丝绸之路"倡议下中国—欧洲国家协调发展的成效

"和平与发展"是21世纪的时代主题，在共建"21世纪海上丝绸之路"倡议下推进中欧合作，对于促进世界的和平与繁荣具有重大意义。《推动共建丝绸之路经济带和21世纪海上丝绸之路的愿景与行动》明确指出，"'一带一路'贯穿亚欧非大陆，一头是活跃的东亚经济圈，一头是发达的欧洲经济圈，中间广大腹地国家经济发展潜力巨大"。[③] 欧洲是"一带一路"的终点站，是共建"21世纪海上丝绸之路"倡议的重要组成部分。在推进共建"21世纪海上丝绸之路"倡议的过程中，中国与欧洲国家在政策沟通、基础设施建设、经贸合作、资金和人文交流等方面的互联互通上取得了一定的成效，在促进"海丝"沿线核心区协调发展中发挥了积极作用。

1. 在政策沟通方面取得的成效

构建政策沟通交流机制是实现中国与欧洲各国在基础设施、经贸合作、资金融通和人文交流上取得成效的前提保障。自我国提出共建"一带一路"倡议以

---

① 陈炳君，徐辉. "一带一路"背景下中国与阿拉伯国家高等教育合作的意义、挑战与对策 [J]. 世界教育信息，2022，35（11）：20-27.

② 商务部国际贸易经济合作研究院. 中国与阿拉伯国家经贸合作回顾与展望2022 [EB/OL]. https：//www.caitec.org.cn/n6/sy_xsyj_yjbg/json/6234.html，2022-12-08.

③ 国家发展改革委，外交部，商务部. 推动共建丝绸之路经济带和21世纪海上丝绸之路的愿景与行动 [M]. 北京：人民出版社，2015.

来，欧洲国家对于"一带一路"倡议的反应经历了从谨慎观望到局部参与再到积极参与的变化过程。起初，欧洲各国对"一带一路"倡议持谨慎观望态度，中欧双方在"一带一路"倡议上基本无互动，但中欧在政策沟通上明显升温。在2013年召开的第六次中欧领导人峰会上，中欧双方同意发表并落实好《中欧合作2020战略规划》。同年，荷兰、英国、法国等国家的领导人相继访华，次年习近平总书记访问了荷兰、法国、德国、比利时等国，"中欧外交热"不断升温。此外，2013~2014年中德双方分别发表《联合新闻公报》《关于建立中德全方位战略伙伴关系的联合声明》以及《中德合作行动纲要》，中法双方共同发表《中法关系中长期规划》，中意双方签署《中意司法部关于交流合作的谅解备忘录》等政策文献，表明了中欧双方强烈的交流合作意愿。至2015年，欧洲部分国家开始在宏观政策层面参与"一带一路"的建设。2015年3月，英国正式申请加入为共建"一带一路"进行融资的亚洲基础设施投资银行，成为第一个加入亚投行的欧洲国家。其后，法国、意大利、德国以及荷兰等14个欧洲国家也相继申请加入亚投行。2015年6月，中国与匈牙利签署《中华人民共和国政府和匈牙利政府关于共同推进丝绸之路经济带和21世纪海上丝绸之路建设的谅解备忘录》，匈牙利成为第一个正式与中国签署共建"一带一路"合作文件的欧洲国家，发挥了先导和引领作用①。紧接着，在6月底举行的第十七次中国欧盟领导人会晤后，双方发表《第十七次中国欧盟领导人会晤联合声明》明确指出，"支持'一带一路'倡议与欧洲投资计划进行对接，指示今年9月举行的中欧经贸高层对话探讨互利合作的具体方式，包括通过建立中欧共同投资基金"。② 这是欧洲国家对"一带一路"倡议进行合作的官方表示，标志着中欧在共建21世纪海上丝绸之路的合作正式开启③。此后，欧洲各国开始通过各种形式积极参与"一带一路"倡议。例如，与欧盟"容克计划"的对接、签署《关于建立中欧互联互通平台的谅解备忘录》、与英国"基础设施升级投资计划""英国工业2050战略"对接、与中东欧"16+1"的合作集中体现了欧洲国家在积极参与共建"21世纪海上丝绸之路"倡议。目前，俄罗斯、意大利、希腊、葡萄牙等27个欧洲国家均已与中国签订共建"一带一路"合作文件④。通过共建"一带一路"

---

① 黄茂兴等．"一带一路"沿线区域互联互通研究［M］．北京：经济科学出版社，2016：177.

② 第十七次中国欧盟领导人会晤联合声明（全文）［EB/OL］．http://news.cntv.cn/2015/06/30/ARTI1435676989278137.shtml，2015-6-30.

③ 曹颖．"一带一路"倡议下中欧合作的前景与障碍分析［D］．北京：外交学院硕士学位论文，2017.

④ 已同中国签订共建"一带一路"合作文件的国家一览［EB/OL］．https://www.yidaiyilu.gov.cn/xwzx/roll/77298.htm，2022-08-15.

倡议，中国与欧洲各国在政策沟通上取得了显著进展，双边伙伴关系提质升级，为双边持续深化务实合作奠定了坚实基础。

2. 在基础设施联通方面取得的成效

基础设施联通是共建"21 世纪海上丝绸之路"的重要支撑和关键载体。构建以陆海新通道、中欧班列和信息高速路为骨架，以铁路、港口、网管为依托的互联互通网络，是中欧双方在"一带一路"倡议下的优先合作领域。在推进共建"21 世纪海上丝绸之路"的十年历程中，中欧双方统筹谋划海陆空等基础设施的互联互通，在设施联通上取得明显的进展。在铁路联通方面，由中国铁路总公司组织，按照固定车次、线路、班期运行于中国与欧洲以及"一带一路"沿线国家的集装箱等铁路国际联运列车被称为"中欧班列"，也被誉为"一带一路"上飞驰的"钢铁驼队"。2011 年 3 月，首列中欧班列——"渝新欧"开行，为中欧班列建设作出了积极探索，2013 年"一带一路"倡议的提出极大推动了中欧班列的建设发展。历经"中欧班列"统一品牌标识、顶层设计《中欧班列建设发展规划（2016-2020 年）》的实施，国内重庆、武汉、成都等 7 家班列平台公司成立中欧班列协调委员会，中欧班列建设发展逐步实现常态化、规模化运行[1]，取得了显著的建设发展成效。截至 2021 年 5 月底，中欧班列已累计开行39622 列，运送货物 354.1 万标准箱，通达欧洲 22 个国家的 160 多个城市[2]，为推动中欧双方以及沿线国家互联互通做出突出贡献。在港口联通方面，南欧港口被视为联通中欧陆海快线的"桥梁"，西北欧港口则被视为联通中欧班列的"枢纽"。中国主要是通过对欧港口投资来推进双方在海运上的互联互通。地中海沿岸的希腊、西班牙和意大利，大西洋沿岸的法国、德国、比利时以及荷兰等国家是中国企业在欧进行港口投资的主要目的地国家。其中，希腊的比雷埃夫斯港作为跨地中海海上运输的枢纽港，尤其受中国企业重视。中远海运在获得比雷埃夫斯 2 号、3 号码头 35 年的特许经营权后，又在中欧推进共建"21 世纪海上丝绸之路"的过程中先后收购比雷埃夫斯港 67% 的股权、集装箱码头 100% 的股权，将其打造成东地中海地区最大的集装箱港口。此外，中国企业还积极参与西班牙瓦伦西亚港、意大利瓦多港、比利时泽布吕赫港、荷兰鹿特丹港、德国汉堡港口等港口码头的投资、运营或建设。由此，将覆盖面日益扩大的港口投资与日益多

① 许英明，邢李志，董现垒．"一带一路"倡议下中欧班列贸易通道研究［J］．国际贸易，2019（2）：80-86.

② 中欧班列累计开行近 4 万列　通达欧洲 22 个国家 160 多个城市［EB/OL］．https：//www.gov.cn/xinwen/2021-06/14/content_5617524.htm，2021-06-14.

元化的中欧海路快线、中欧班列紧密地结合在一起，形成更大的中欧互联互通网络[①]，共同服务于促进 21 世纪海上丝绸之路核心区协调发展的目标。

3. 在经贸合作方面取得的成效

消除贸易壁垒、拓宽经贸合作领域、深化经贸合作层次，从而提升中欧人民福祉是中欧共建"21 世纪海上丝绸之路"的重要目标。在"21 世纪海上丝绸之路"倡议的推动下，中国与欧洲各国和地区在经贸合作上取得了较快的发展，在促进"海丝"沿线区域协调发展中发挥了积极作用。表 3-6 的统计数据显示，2013~2021 年中国与欧洲国家的进出口贸易总额从 2013 年的 7308.11 亿美元提升至 2021 年的 11800.39 亿美元，增幅达 61.47%。尽管在此期间中欧贸易规模受贸易保护主义抬头影响而有所下跌，但自 2017 年起中欧经贸合作进一步深化，贸易规模呈现持续扩大态势，至 2021 年已突破万亿美元大关。欧盟作为欧洲乃至世界上最大的经济组织，涵盖了欧洲一半以上的国家。乘共建"21 世纪海上丝绸之路"倡议的东风，中国与欧盟的贸易规模近年来也有所扩大，由 2013 年的 5587.61 亿美元提升至 2021 年的 8280.34 亿美元，增幅达 48.19%%。十几年来欧盟均保持着中国第一大贸易伙伴地位，直到 2020 年英国脱欧，才导致其滑落到第二的位置。中国也常年保持欧盟第二大贸易伙伴地位，并于 2020 年中国首次超越美国成为欧盟第一大贸易伙伴。中国与欧盟在经贸合作上潜力巨大，随着"21 世纪海上丝绸之路"倡议走深走实，双方必将取得更大的成效。

表 3-6 2013~2021 年中国与欧洲部分国家和地区的贸易规模概况

单位：亿美元

国家/地区	2013 年	2014 年	2015 年	2016 年	2017 年	2018 年	2019 年	2020 年	2021 年
德国	1614.98	1777.16	1567.78	1513.68	1680.75	1838.14	1848.76	1919.19	2350.90
俄罗斯	892.59	952.70	680.16	696.16	842.21	1071.07	1109.40	1081.89	1471.60
荷兰	701.40	742.69	682.31	672.69	784.04	851.67	851.81	917.96	1164.37
英国	700.21	808.68	785.01	744.02	790.42	804.14	863.56	924.34	1126.99
欧盟	5587.61	6148.25	5645.78	5476.74	6170.01	6817.12	7054.50	6495.68	8280.34
欧洲	7308.11	7758.74	6969.42	6785.56	7566.84	8545.40	8774.71	9093.47	11800.39

资料来源：国家统计局。

---

① 邹志强. 中国对欧港口投资与中欧互联互通伙伴关系 [J]. 太平洋学报，2022，30（12）：64-75.

再从国别来看，自共建"21世纪海上丝绸之路"倡议提出以来，中国与欧洲诸多国家的贸易规模整体呈现扩大趋势。其中，德国、俄罗斯、荷兰以及英国是我国在欧洲众多国家中贸易规模排名前四的合作伙伴。2013~2021年，中德间的进出口贸易总额由2013年的1614.98亿美元提升至2021年的2350.9亿美元，增加了0.46倍；中俄间的进出口贸易总额由2013年的892.59亿美元提升至2021年的1471.6亿美元，增加了0.65倍；中荷间的进出口贸易总额由2013年的701.4亿美元提升至2021年的1164.37亿美元，增加了0.66倍；中英间的进出口贸易总额由2013年的700.21亿美元提升至2021年的1126.99亿美元，增加了0.61倍。可见，共建"21世纪海上丝绸之路"倡议有利于深化中欧关系，有利于促进区域协调发展，有利于提升中欧人民的福祉。

4. 在资金融通上取得的成效

着力提升中国与欧洲国家的资金融通水平，是促进中欧基础设施联通和贸易畅通的重要推动力。在"21世纪海上丝绸之路"倡议的推动下，中欧在多个层面强化金融合作，使双方贸易投资自由化和便利化进一步提升，在资金融通上取得了明显的成效。在共同基金合作方面，我国与欧盟领导人于2015年就提出了关于成立欧洲共同投资基金的倡议。3年后这一倡议得到落实，丝路基金与欧洲投资基金于2018年签署《中欧共同投资基金共同投资协议》，设立中欧共同投资基金，有效促进了中欧资金融通水平的提升。在投资初期，中欧共同投资基金就完成对若干子基金的投资，覆盖了法国、爱尔兰、奥地利、波兰、匈牙利等多个欧洲国家近10个中小企业，初步发挥协同效应，合作共赢正在逐步体现[1]。在货币互换和清算方面，2018~2019年中国人民银行与欧洲中央银行、英国中央银行和匈牙利中央银行在续签本币互换协议的基础上，将协议金额扩大了一倍。中国人民银行还与英国、法国、德国和卢森堡央行签署人民币清算安排备忘录，并在这四个国家设立人民币清算中心[2]。在设立金融机构方面，中国与欧洲国家近年互相设立多家金融机构，截至2018年，18家欧洲银行在华设立23家分行；多家欧洲保险公司在华设立19家保险公司。

中国与欧洲国家通过宽领域、深层次的金融合作，有效提升双方资金融通水平，中国对欧洲国家的直接投资显著增加。如表3-7所示，2013~2021年中国对欧洲直接投资规模持续扩大，直接投资总额由2013年的531.62亿美元提升至

---

① 鲁元珍. 中欧共同投资基金：深化互利合作 促进资金融通 [EB/OL]. https://m.gmw.cn/baijia/2019-04/25/32776451.html，2019-04-25.

② 刘曙光. 中欧经贸合作：成效、挑战与机遇 [J]. 当代世界，2020 (6)：39-47.

2021 年的 1347. 94 亿美元，增幅达 60. 56%，累计直接投资总额已高达 8887. 04 亿美元。其中，荷兰、英国、卢森堡、瑞典、德国和俄罗斯是欧洲国家中受中国企业欢迎的排名前六的投资目的地。2013~2021 年中国对这六个国家的累计直接投资规模达 7019. 86 亿美元，占中国对欧洲国家累计直接投资总额的 78. 99%。可见，中国对欧洲国家的投资相对集中，仍存在较大的上升空间，未来随着共建"21 世纪海上丝绸之路"倡议的进一步推进，中欧在资金融通方面将取得进一步的发展。

表 3-7　2013~2021 年中国对欧洲部分国家和地区的直接投资情况

单位：亿美元

国家/地区	2013 年	2014 年	2015 年	2016 年	2017 年	2018 年	2019 年	2020 年	2021 年
荷兰	31. 93	41. 94	200. 67	205. 88	185. 29	194. 29	238. 55	260. 41	284. 88
英国	117. 98	128. 05	166. 32	176. 12	203. 18	198. 83	171. 44	176. 46	190. 05
卢森堡	104. 24	156. 67	77. 4	87. 77	139. 36	153. 89	139. 02	159. 95	181. 31
瑞典	27. 38	30. 13	33. 82	35. 54	73. 07	68. 97	85. 79	106. 01	170. 32
德国	39. 79	57. 86	58. 82	78. 42	121. 63	136. 89	142. 34	145. 5	166. 97
俄罗斯	75. 82	86. 95	140. 2	129. 8	138. 72	142. 08	128. 04	120. 71	106. 44
欧洲	531. 62	694	836. 79	872. 02	1108. 55	1127. 97	1143. 84	1224. 32	1347. 94

资料来源：《2022 年中国对外直接投资统计公报》。

5. 在人文交流方面取得的成效

推动民心相通、广泛开展中国与欧洲国家的人文交流，是中欧共建"21 世纪海上丝绸之路"的社会基础。中国历来重视与欧洲国家的人文交流，2010 年，时任国务院总理的温家宝在首届中欧文化高峰论坛上提出，"文化是沟通人与人心灵和情感的桥梁，是国与国加深理解和信任的纽带。文化交流比政治交流更久远，比经济交流更深刻"。① 中欧双方深刻认识到人文交流对中欧关系的重大意义，将建立人文交流对话机制视为深化中欧关系的重要抓手，于 2012 年建立起中欧高级别人文交流对话机制，与中欧高级别战略对话、中欧经贸高层对话一道，形成中欧关系的三大支柱。进入新时代，乘"21 世纪海上丝绸之路"春风，

---

①　温家宝总理在中欧文化高峰论坛上的致辞（全文）［EB/OL］. https：//www. gov. cn/govweb/ldhd/2010-10/07/content_1716439. htm，2010-10-07.

古丝绸之路东西两端文明交流再放异彩，在文化交流、教育等方面取得了丰硕成果。

在文化交流方面，中国与欧洲各国开展了一系列形式多样的文化交流活动，例如，中俄自 2013 年以来先后举办"体育交流年""媒体年""地方交流年""科技创新年"等主题年，进一步加强了两国各个领域和行业的民间交流；2013~2014 年中德彼此互办语言年，以促进两国语言教学和文化交流；2014 年巴黎举办中法文化高峰论坛，以促进中欧思想界与文化界的对话交流；2015 年英国首次举办"春节文化周"，以宣传介绍中国传统文化；2018 年四川成都展出意大利庞贝古城出土文物，意大利那不勒斯国家考古博物馆也举办了四川古蜀文明展；2023 年大连举办中欧国际文化交流艺术节研讨会，为促进中欧艺术文化与教育教学、科技互联发展助力。此外，中欧还通过"中欧文化对话"等平台，借助"东亚文化之都"和"欧洲文化之都"在文化遗产领域的交流，在保护文化遗产等领域不断加强合作。

在教育交流合作方面，中欧双方通过签署互认协议、开展院校合作等多种方式，推动学生、学者双向流动。在互认协议上，当前我国与欧盟 22 个成员国签署相互承认学位、学历和文凭的协议，并发布《中欧高等院校学分互认指导纲要》，为促进中欧教育交流合作提供政策支持。在院校合作上，欧盟国家在华建立法语联盟、歌德学院、塞万提斯学院等语言教学机构，我国高校已开齐欧盟 24 种官方语言课程。中国也在欧洲设立大量孔子学院，全球 525 所孔子学院中有 173 所开设在 41 个欧洲国家[①]。此外，中欧还支持建立了中欧国际工商学院、中欧法学院、中欧清洁与可再生能源学院等合作办学项目，中国与欧盟各成员国在华合作举办本科以上层次的办学机构 33 个，项目 239 个。这些举措有效推动了中欧双方学生学者双向流动，截至 2019 年，中国有 19.3 万人在欧盟国家（不含英国）留学，2020 年在华学习的欧盟国家（不含英国）学生总数近 1.8 万人[②]。总而言之，随着共建"21 世纪海上丝绸之路"倡议在欧洲逐步推进，中欧双方在人文交流上取得进一步的发展，在促进区域和平与繁荣上发挥了积极作用。

---

① 欧洲孔子学院增进中欧人民友谊 ［EB/OL］. http：//www.scio.gov.cn/31773/35507/35510/Document/1630419/1630419.htm，2018-05-31.

② 推动中欧人文交流合作行稳致远 ［EB/OL］. https：//baijiahao.baidu.com/s? id = 1719268819020963980&wfr=spider&for=pc，2021-12-16.

三、21世纪海上丝绸之路核心区
协调发展的十年建设经验总结

共建"21世纪海上丝绸之路"倡议提出十年来，我国坚持开放合作、和谐包容、互学互鉴和互利共赢，与沿线各国全方位推进务实合作，打造政治互信、经济融合、文化包容的命运共同体，在基建、贸易及融资等方面取得了令人瞩目的合作成效，沿线参与各方的经济社会得到了极大发展。通过政策沟通、设施联通、贸易畅通、资金融通和民心相通五个方面，总结"21世纪海上丝绸之路"倡议的十年建设经验，这对我国全面建成社会主义现代化强国、进一步推进共建"21世纪海上丝绸之路"、增进沿线各国人民福祉有着重要的参考意义。

（一）"政策沟通"是21世纪海上丝绸之路核心区协调发展的战略支撑

习近平总书记在论述"21世纪海上丝绸之路"的"五通"模式时，将政策沟通列在首位，认为它是设施联通、贸易畅通、资金流通、民心相通的基础和保障。

在"21世纪海上丝绸之路"倡议实施初期，我国与沿线国家签署的部门间协议比较多，比如海关就通关便利化与相关国家达成协议，商务部就贸易方面与诸多国家签署了备忘录。2016年10月，中国和哈萨克斯坦联合发布了《"丝绸之路经济带"建设与"光明之路"新经济政策对接合作规划》。这是在"一带一路"下签署发布的第一个双边合作规划，为引导"一带一路"倡议下国家层面的政策沟通迈出了重要一步。此后，很多国家开始寻求战略对接，随着战略对接的成功，政策沟通的高度也在不断上升。

21世纪海上丝绸之路的建设涉及中亚、西亚、东南亚、南亚和欧洲等多个国家和地区，人口众多，其中有许多是欠发达地区。在共建"21世纪海上丝绸之路"倡议刚提出的时候，国际社会正面的声音虽然多，但也曾有过不解与疑虑。然而，随着"海丝"沿线国家政策沟通的不断深入，共建"21世纪海上丝绸之路"倡议为参与各方带来的红利与机遇逐渐凸显，其所秉持的和平合作、开放包容、互学互鉴、合作共赢的核心价值理念，所遵循的共商、共建、共享的建设原则受到国际社会的广泛认可。尤其是中国政府特别强调，中国的设想是要同

"海丝"沿线相关国家的发展战略和规划进行对接。这些理念都使沿线国家意识到，中国的共建"21 世纪海上丝绸之路"倡议惠及世界。正如习近平总书记在中共中央政治局第三十一次集体学习时所说，"'一带一路'建设不应仅仅着眼于我国自身发展，而是要以我国发展为契机，让更多国家搭上我国发展的快车，帮助他们实现发展目标"。① 因此，随着越来越多的双边协议和多边协议的签署、重大项目的投入建设，沿线国家关于"21 世纪海上丝绸之路"的疑虑越来越少，在国家领导层面达成的共识也越来越多。

在"21 世纪海上丝绸之路"倡议提出以来，中国已经同 151 个国家和 32 个国际组织签署 200 余份共建"一带一路"合作文件，与沿线国家对经济发展战略和对策进行充分交流对接，政府间通过建立不同层次、不同领域、不同方式的政策沟通渠道，形成了许多趋向一致的战略、决策、政策和规则，结成了更为巩固的"命运共同体"，为其他领域的进一步发展打下了良好的基础。

（二）"设施联通"是 21 世纪海上丝绸之路核心区协调发展的重要前提

设施联通是 21 世纪海上丝绸之路建设的五大合作重点之一，其中基础设施互联互通更是 21 世纪海上丝绸之路建设的优先领域。习近平总书记指出：如果将"一带一路"比喻为亚洲腾飞的两只翅膀，那么互联互通就是两只翅膀的血脉经络②。我国将与周边国家的跨境基础设施互联互通作为"21 世纪海上丝绸之路"建设的重点领域以来，极大程度上促进了基础设施领域补短板、强弱项，促进了国内、国际市场和要素联通互动，加快了新发展格局的构建。

基础设施是经济社会发展的重要支撑，也是人民群众生活的基础条件。高质量的现代化基础设施建设和互联互通有助于扩大有效投资需求并带动相关地区的经济社会发展。我国与周边国家的跨境铁路、公路、水运、能源电力等基础设施互联互通建设相对滞后，短板和瓶颈制约效应比较突出，制约了沿边省份尤其是边境接壤地区的经济社会发展。我国很多边境接壤地区之所以成为相对偏远、相对封闭落后的内陆地区，除了与沿海发达地区地理位置相距较远、交通物流不便以及信息相对闭塞等客观原因外，很大程度上在于受到与周边国家基础设施互联互通的制约，影响了这些地区人流、物流、信息特别是相关重要资源和要素的可

---

① 习近平. 借鉴历史经验创新合作理念让"一带一路"建设推动各国共同发展 [EB/OL]. https：//www. gov. cn/xinwen/2016-04/30/content5069523. htm，2016-04-30.

② 习近平. 在"加强互联互通伙伴关系"东道主伙伴对话会上的讲话 [EB/OL]. https：//www. yidaiyilu. gov. cn/xwzx/xgcdt/6703. htm，2014-11-08.

获得性及其成本。而加强基础设施的互联互通后，我国沿边地区更大程度发挥了地缘优势，与邻近国家开展贸易等活动更加便捷，不仅促进了沿边省份的经济发展和与接壤国家地区的人文交流，更推进了我国东、中、西部协调发展战略的实施。比如，中老铁路开通为云南贸易经济发展带来了巨大机遇，其在我国和东盟之间构建起一条便捷的国际物流大通道，使云南农产品及电子元件和东南亚特色水果等商品运输更加便利，运输时间和物流成本都大幅压缩①。

十年来，中国与众多国家一道共搭合作之桥、友谊之路，在港口、铁路、公路、航空、能源输送、通信等领域开展了大量卓有成效的合作，取得了实质性进展，互联互通水平实现质的飞跃，各国走上了一条共同繁荣发展之路。

（三）"贸易畅通"是 21 世纪海上丝绸之路核心区协调发展的核心内容

贸易畅通为共建"21 世纪海上丝绸之路"打造了高效配置资源的平台，不仅是共建"21 世纪海上丝绸之路"倡议的重点和核心内容，还是推动沿线各国经济持续发展的重要力量。

就传统货物贸易而言，沿线各国全面地了解彼此的发展思路，探讨贸易便利化问题并作出了相关安排。2013~2022 年，我国与"一带一路"沿线国家货物贸易额从 1.04 万亿美元扩大到 2.07 万亿美元，年均增长 8%②。贸易规模的扩大和稳定增长得益于贸易壁垒的逐渐降低，使各国优势资源能够被重点开发，从而加速发展本国具有比较优势的产业，在国际市场上实现货物的自由流通。同时，服务贸易作为对外贸易的组成部分，利用基础设施互联互通带来的物流便利，进一步打破了自然和人为形成的贸易壁垒。2021 年，我国与"一带一路"沿线国家和地区服务进出口贸易突破 1100 亿美元，并且出口与进口均超过 560 亿美元，基本实现平衡。服务贸易畅通化有效降低了各种生产要素跨境流通带来的风险，使我国和相关国家的贸易结构得以进一步优化，实现贸易领域"量"和"质"的双重提升。

十年来，我国与"海丝"沿线国家之间的贸易方式不断创新，贸易畅通迈上了新台阶。例如，中柬西哈努克港经济特区等境外合作工业园区项目稳步推进，一大批园区凭借自身优势迅速发展，成为经贸合作的重要载体。截至 2021

---

① 中老铁路开通 18 个月："黄金通道"客货两旺［EB/OL］. https：//www. yidaiyilu. gov. cn/xwzx/hwxw/323706. htm，2023-06-14.

② 我国与"一带一路"沿线国家货物贸易额十年年均增长 8%［EB/OL］. https：//www. yidaiyilu. gov. cn/xwzx/gnxw/309732. htm，2023-03-03.

年末，境外经贸合作区分布在 46 个国家，累计投资 507 亿美元，上缴东道国税费 66 亿美元，为当地创造 39.2 万个就业岗位[①]。这些境外经贸合作园区在承接中外企业合作、解决当地民众就业、带动东道国经济发展等方面发挥了积极作用。总的来说，贸易畅通改善了口岸通关条件，提升了通关能力，创造了良好的营商环境，使各种经济要素资源有序、快速、自由地流动，贸易自由化和便利化水平稳步提升，不仅促进了我国的经济发展，而且极大保障了沿线各地区人民的美好生活需要。

（四）"资金融通"是 21 世纪海上丝绸之路核心区协调发展的物质保障

21 世纪海上丝绸之路建设不仅需要战略上的共识、设施的联通，资金的融通也是必不可缺的，在沿线庞大的基础设施建设过程中，需要巨额的资金支持，我国充裕的资本在一定程度上弥补了资金缺口，同时资金融通也推动了国内各类金融机构的发展。因此，资金融通将成为共建"21 世纪海上丝绸之路"的重要支撑和保障。

21 世纪海上丝绸之路沿线许多国家工业化还未完成，其发展存在着产能缺口，迫切需要完善基础设施，而这一切的实现，离不开资金的融通。在各方共同努力下，我国发起的亚洲基础设施投资银行、丝路基金等多边金融合作机构相继成立，为"21 世纪海上丝绸之路"建设和双多边互联互通提供投融资支持。截至 2021 年 10 月，亚投行的成员数量由启动运营时的 57 个增至 104 个，成员数量仅次于世界银行，覆盖亚洲、欧洲、非洲、北美洲、南美洲、大洋洲六大洲。截至 2021 年末，亚投行已批准 158 个项目，累计投资总额达 319.7 亿美元[②]。这些资金的注入缓解了相关国家的融资压力，促进了基础设施的互联互通，加速了沿线地区的建设进程。目前，包括我国在内的 29 个国家财政部门共同核准了《"一带一路"融资指导原则》，其宗旨是发挥好政府和市场两种力量，推动沿线国家、国际组织、金融机构、投资者共同参与，建设长期、稳定、可持续、风险可控的多元化融资体系。我国与国际货币基金组织建立了联合能力建设中心，为优化宏观经济金融框架提供智力支持；与世界银行、亚洲基础设施投资银行、亚洲开发银行等共同成立多边开发融资合作中心，推动了国际金融机构及相关发展

---

① 商务部就 2021 年我国对外投资合作有关情况等答问［EB/OL］. https：//www.gov.cn/xinwen/2022-01/20/content_5669535.htm，2022-01-20.

② 党的十八大以来经济社会发展成就系列报告："一带一路"建设成果丰硕 推动全面对外开放格局形成［EB/OL］. https：//www.gov.cn/xinwen/2022-10/09/content_5716806.htm，2022-10-09.

伙伴基础设施互联互通。在各方的积极参与和努力下，金融机构协同能力逐步增强。

不仅如此，共建"21世纪海上丝绸之路"倡议也为我国商业银行发展提供了诸多新机遇。"海丝"沿线国家经济发展相对落后，基础设施薄弱，商业银行可通过银团贷款、项目融资、股权融资等方式提供信贷支持，这就为商业银行开展人民币相关业务提供了条件。商业银行通过提供融资支持沿线国家21世纪海上丝绸之路建设，不仅推动了我国的资本金融市场发展，也加速了人民币国际化的进程。

（五）"民心相通"是21世纪海上丝绸之路核心区协调发展的桥梁纽带

"国之交在于民相亲，民相亲在于心相通。"国际政治的历史和现实反复证明，民心相通是共建21世纪海上丝绸之路的根基和关键。国家间关系的交好既要有政府高层的硬支撑，也离不开人民心灵交流的软助力。也正因为如此，"民心相通"被视为21世纪海上丝绸之路建设的重要一环。民心相通作为"21世纪海上丝绸之路"建设的社会根基，建设的所有成果归根结底是要造福于各国人民，让普通人感受到真真切切的获得感。宽阔的柏油路、高大的发电站、顶尖的工业园都是实实在在的项目，都切实能为当地带来巨大的变化。沟通民心，让"海丝"沿线各国人民打心底认识到"21世纪海上丝绸之路"是一条光明之路，才是消除各种误解猜忌的解决之道。

"21世纪海上丝绸之路"作为一项具有全球影响力的重大倡议，涵盖的地理范围前所未有，各种文明相互交织，沿线国家的国情可谓千差万别，对其接纳度也层次不一。大部分国家张开臂膀、满怀期待，有的国家则半信半疑、犹豫观望。但"21世纪海上丝绸之路"的建设却不能挑肥拣瘦、知难而退，毕竟要实现大家期待的美好愿景，就必须正视差异，打通各种心结。这些年来，我国在民心相通建设方面取得了不菲的成绩，与沿线国家人文交流往来不断深入。截至2019年末，我国已与24个"一带一路"沿线国家签署高等教育学历学位互认协议，共计60所高校在23个沿线国家开展境外办学，16所高校与沿线国家高校建立了17个教育部国际合作联合实验室①。教育上的交流加强了相互了解和沿线国家的教育水平，促进了人才的流动，使国际上的先进知识和我国的文化价值理念

---

① 教育部．全面推进共建"一带一路"教育行动［EB/OL］．https：//www.gov.cn/xinwen/2019-02/20/content_5367017.htm，2019-02-20．

借助"21世纪海上丝绸之路"得以迅速传播，让国外的青年真正认识到了中华民族文明，一定程度上打击了海外炒作的"中国威胁论"。同时，在新冠肺炎疫情冲击下，截至2021年末，我国已累计向120多个国家和国际组织提供超过20亿剂新冠疫苗，其中很大一部分面向"一带一路"沿线国家。这切实保障了"海丝"沿线人民的生命安全，使他们切身体验到了共建21世纪海上丝绸之路带来的利好，从而加强了文化和价值认同。

"唯以心相交，方能成其久远。"实际上，与21世纪海上丝绸之路沿线国家民众交上好朋友不光是锦上添花，更应当是题中之义。实现民心的相通，是"21世纪海上丝绸之路"的愿景之一，也应当是建设的路径之一。无论是具体项目的前期评估、推进过程，还是后期运营和社会评价，没有一个阶段能够离开民心二字。如果当地民众不满意或有误解，再好的项目也无法落地。只有当越来越多的沿线国家民众真心拥护、赞同"21世纪海上丝绸之路"倡议，"21世纪海上丝绸之路"才能行稳致远。

第四章　21世纪海上丝绸之路核心区协调发展的前景展望

自 2013 年习近平总书记擘画"一带一路"建设蓝图以来，共建"21世纪海上丝绸之路"倡议已经走过了十年的建设历史，在政策沟通、设施联通、经贸合作、资金融通和人文交流等方面取得了卓越的成效，在促进"海丝"沿线核心区协调发展中发挥了极为重要的作用。随着共建"21世纪海上丝绸之路"倡议走深走实，21世纪海上丝绸之路核心区协调发展既面临一些新的机遇也面临一些挑战，为了共建互联互通、共同富裕、生态文明、科技进步、包容共进的"21世纪海上丝绸之路"，应在识别这些机遇与挑战的基础上，从畅通合作交流渠道、深化经贸合作程度、提高科技创新水平、夯实人文交流基础等方面入手，加快21世纪海上丝绸之路核心区协调发展的合作进程。

一、21世纪海上丝绸之路核心区协调发展面临的机遇

百年未有之大变局下，"21世纪海上丝绸之路"沿线国家之间关系正在经历深度调整。共建"21世纪海上丝绸之路"，既承载着深厚的历史渊源，又有着坚实的现实基础。在此基础之上，"海丝"沿线国家在政治关系、生态文明合作意识、海洋相关合作以及能源安全与合作等方面的持续发展，又为21世纪海上丝绸之路核心区协调发展带来前所未有的机遇。

（一）沿线国家间政治关系持续巩固

"21世纪海上丝绸之路"倡议体现了中国传统外交原则，包括尊重国家主权

和不干涉内政等。这一倡议展示了沿线参与各方对于基本价值观和发展观的认同。更进一步地看，中国与"海丝"沿线国家之间建立蓝色伙伴关系，签署海上合作备忘录，并积极参与多边合作组织，共同推动新政策制定，达成新共识，这些行动又为"21世纪海上丝绸之路"沿线国家持续发展加深了政治互信的基础，推动21世纪海上丝绸之路核心区协调发展。

具体来看，2015年，中国与非洲国家在中非合作论坛峰会上达成共识，明确加强中非蓝色经济合作。在此基础上，中国于2017年发布的《"一带一路"建设海上合作设想》指出，将进一步加强与非洲等"一带一路"沿线国家的战略对接和合作，共同推动中国—印度洋—非洲—地中海蓝色经济通道的建设①。2018年，习近平主席在中阿合作论坛第八届部长级会议开幕式上，基于中国与阿盟政治互信，首次提出打造中阿命运共同体的倡议，双方同意提升中阿合作关系，打造升级版的中阿合作关系——"战略伙伴关系"，并签订了中国—阿曼产业园区的建设项目协议，拓宽了"21世纪海上丝绸之路"合作领域。2019年，在布鲁塞尔成功举办了首届中国—欧盟"蓝色海洋伙伴关系"论坛，中国与欧盟国家政治互信持续加深，进一步促进了双方海上丝绸之路合作。东南亚地区是"21世纪海上丝绸之路"建设的重点区域和连通"一路"的重要节点，2021年中国与东盟建立了"全面战略伙伴关系"，双方不断深化合作，成为彼此最重要的贸易伙伴和最具活力的合作伙伴，为中国与东盟新发展阶段下"21世纪海上丝绸之路"的合作打开新世界大门。回顾中国与"海丝"沿线国家之间合作交流的历程，21世纪海上丝绸之路核心区协调发展需要沿线各国政府通力合作，共同开创"双赢"的局面。

总而言之，信任是合作的基石。随着"21世纪海上丝绸之路"建设的不断深入，"海丝"沿线国家之间的互信基础也随之稳固。正因为"海丝"沿线国家之间建立了充分信任，所以参与各国才能稳中向前，追逐更远大的目标，塑造更加美好的"海丝"未来。只有消除分歧、汇聚共识，各方的务实合作才能更加顺利推进，为"21世纪海上丝绸之路"建设带来更多的发展机遇。

（二）全球生态文明合作意识持续强化

自党的十八大倡导"人类命运共同体"意识以来，以应对人类共同挑战为

① 张春宇. 蓝色经济赋能中非"海上丝路"高质量发展：内在机理与实践路径［J］. 西亚非洲，2021（1）：73-96.

目的的全球价值观逐步成为国际社会共识。其中，生态保护已经成为国际社会构建人类命运共同体的普遍共识。中国不仅在现代化建设过程中积极践行绿色发展理念，还将生态文明理念融入"21世纪海上丝绸之路"建设过程中，致力于完善绿色"一带一路"政策体系。近年来，随着全球生态文明合作意识持续增强，"海丝"沿线国家之间不断深化在生态保护领域内的合作，绿色已经成为共建"21世纪海上丝绸之路"的鲜明特征，这为促进21世纪海上丝绸之路核心区协调发展带来重要机遇。

"21世纪海上丝绸之路"生态文明合作进程正在不断推进，为"海丝"沿线地区协调发展注入新活力。2017年，中国积极倡议建立"21世纪海上丝绸之路"绿色发展国际联盟，与国际合作伙伴共同推动绿色发展理念，促进"海丝"沿线国家共同致力于实现2030年可持续发展目标①。2018年，中非合作论坛北京峰会发表的《关于构建更加紧密的中非命运共同体的北京宣言》中强调了中非在环境领域的合作，双方致力于环境友好，共同应对气候变化，并加强保护海洋生物多样性②。2019年，中国金融协会绿色金融专业委员会同伦敦金融城合作发起了《"一带一路"绿色投资原则》，14个国家和地区积极参与其中，还包括国家开发银行、中国工商银行等重要金融机构，这标志着中国银行业首次联合欧洲等国外金融机构，共同引导各行各业相关机构关注投资项目的环境和社会影响③。2022年，中国作为《生物多样性公约》第十五次缔约方大会的主席国，促使大会通过了名为"昆明—蒙特利尔全球生物多样性框架"的倡议，加强保护生物多样性，促进人与自然和谐共生，该框架已经成为21世纪海上丝绸之路核心区生态文明协调发展的重要内容④。此外，中国还在中国—东盟、上海合作组织和大湄公河流域等区域合作框架下积极推动环境保护合作，为"海丝"沿线地区生态环境协调发展提供新方案。

综上所述，全球对于生态文明合作的认识日益增强，为共建"21世纪海上丝绸之路"开辟了"绿色航道"，加强了21世纪海上丝绸之路核心区生态文明和绿色领域双边、多边对话与合作。因而，全球生态文明合作意识的提升不仅可

---

① 曲如晓，李婧，杨修. 绿色合作伙伴建设下中欧绿色贸易的机遇与挑战［J］. 国际贸易，2021（5）：32-40.

② 孟宏虎，高晓阳. "一带一路"上的全球生物多样性与保护［EB/OL］. http://cn.chinagate.cn/news/2019-07/22/content_74994350_7.htm, 2019-07-22/2023-05-29.

③ 傅聪. 中欧绿色合作：伙伴关系的历史演进与面临的机遇挑战［J］. 太平洋学报，2021，29（11）：79-92.

④ 王珩. 中非合作新向度：保护非洲生物多样性［J］. 当代世界，2021（11）：22-27.

以助力"海丝"沿线国家建立密切的绿色发展伙伴关系，还为其携手解决生态环境问题以促进"海丝"核心区生态文明协调发展带来了新契机。

（三）全球海洋相关合作持续深化

海洋蕴含着无尽财富，蓝色经济在推动全球经济复苏和发展方面发挥着重要作用。中国提出的"蓝色伙伴关系"为全球海洋治理秩序和格局的发展提供了新思路，是新形势下应对全球海洋治理体系变革的"中国方案"，为"21世纪海上丝绸之路"沿线国家海洋领域的合作提供了互助协作的平台。"蓝色伙伴关系"的推进有力地推动了"21世纪海上丝绸之路"沿线国家全方位展开涉海合作，进一步加强了我国在"海丝"沿线国家双边和多边海洋治理体制中的地位，同时为中国与"海丝"沿线其他国家参与全球海洋治理创造了更多的机遇和条件。

"蓝色伙伴关系"与"21世纪海上丝绸之路"倡议密切相关，是推动"21世纪海上丝绸之路"建设和构建人类命运共同体的重要组成部分。在全球范围内，中国基于"蓝色伙伴关系"积极推进海洋生态环境治理的国际合作，分享在海洋生物多样性保护等领域的经验。例如，中国与泰国科研人员合作开展布氏鲸调查技术、调查方法以及其他海洋哺乳动物的研究。同时，中国还与其他沿线国家基于"蓝色伙伴关系"开展海洋其他领域相关合作，如中国与阿曼联合开展贻贝幼虫附着机理和新型海洋防污技术研发，支持牙买加等国实施水文气象观测技术项目，协助佛得角制定海洋经济特区规划，为意大利首个海上风电项目提供关键设备，满足当地近两万个家庭的用电需求等①。在"共商、共建、共享"原则的指导下，"海丝"沿线各国形成了"蓝色经济"多元化合作项目，涵盖多个领地。例如，中国积极参与的马来西亚马六甲临海工业园项目正在加快推进，缅甸皎漂港综合一体化开发项目也取得进展；与荷兰在海上风力发电项目上的合作有所突破，与印度尼西亚、哈萨克斯坦等国家推进海水淡化项目②；与国际海事组织合作，促进沿线发展中国家海运人才培育；同时，发挥中国—东盟海上合作基金作用，为相关合作项目提供资金支持。可见，"蓝色伙伴关系"为"海丝"沿线国家海洋领域合作提供了重要的基础和支持。除此之外，中国—欧盟

---

① 推动全球海洋事业发展不断开启新篇章［EB/OL］. https://baijiahao.baidu.com/s? id=1764048709062727716&wfr=spider&for=pc，2023-04-24/2023-05-29.

② "一带一路"建设海上合作设想［EB/OL］. http://www.xinhuanet.com/politics/2017-06/20/c_1121176798.htm，2017-06-20/2023-05-29.

"蓝色海洋伙伴关系"论坛、中国与东南亚国家海洋合作论坛、中国与非洲海洋科技论坛等平台也取得一系列成果。

总之，新型"蓝色伙伴关系"是海上丝绸之路的载体，"21 世纪海上丝绸之路"倡议是海上丝绸之路的灵魂。如果"21 世纪海上丝绸之路"倡议离开了载体便只能是空中楼阁，而新型"蓝色伙伴关系"的构建必须以"21 世纪海上丝绸之路"为依托，如果离开了这"一路"，便有可能实现不了构建人类海洋命运共同体的终极目标。"蓝色伙伴关系"的提出，是与"21 世纪海上丝绸之路"倡议的有机衔接，为进一步推动 21 世纪海上丝绸之路核心区海洋领域协调发展带来十足信心。

（四）沿线地区能源安全与合作持续推进

能源安全与合作是"21 世纪海上丝绸之路"建设的重点关注领域之一，也是核心内容之一。在全球面临气候变暖、人与自然可持续发展等重大挑战时，能源安全与合作提供了有价值的思路和方向。"21 世纪海上丝绸之路"是一条穿越马六甲海峡、深入印度洋和地中海的重要通道[①]，其沿线经过一些能源丰富的国家，如沙特阿拉伯、科威特、印度尼西亚等，同时也穿过能源消费大国，如日本、韩国、印度、越南等。可见，"21 世纪海上丝绸之路"不仅是沿线能源消耗大国对外能源需求来源地，是沿线能源富产国供给的重要通道，还是国际能源地缘政治竞争的中心舞台。这种供求双方的互补性为"21 世纪海上丝绸之路"能源合作奠定了重要基础。

以"一带一路"为依托，推动构建能源合作共同体，有助于国际社会共同应对全球环境问题、维护国际能源安全、拓展能源合作领域、解决能源贸易争端，最终实现互利共赢[②]。2017 年，国家发展和改革委员会联合国家能源局发布了《推动丝绸之路经济带和 21 世纪海上丝绸之路能源合作愿景与行动》，旨在为"海丝"沿线国家能源合作领域注入新动力，激发新活力。中国作为"21 世纪海上丝绸之路"能源合作的倡议者、推动者和参与者，积极应对中亚、中东、北非等能源富产国的理念冲突，并参与其合作网络构建，协调中国与沿线国家之间的各方利益，在推进多边能源合作与协调能源利益中发挥正向作用。目前，许多

---

① 夏启繁，杜德斌. 21 世纪海上丝绸之路能源贸易结构及与中国的贸易关系演变 [J]. 地理研究，2022，41 (7)：1797-1813.

② 华侨大学海上丝绸之路研究院，许培源. 海丝蓝皮书：21 世纪海上丝绸之路研究报告 （2020~2021） [M]. 北京：社会科学文献出版社，2022：137-154.

"海丝"沿线国家正处于工业化的初期阶段或是从农业国向工业化国家的过渡阶段。在这些国家中，部分能源短缺国家由于经济蓬勃发展而引发能源需求旺盛，而部分能源富足国家则希望提升能源的勘探、开采力度，以增加能源产量和出口量为国家发展准备充足资金①。显而易见，不少"海丝"沿线国家仍然面临能源匮乏问题，而解决这一问题的关键在于以更低的成本获得能源资源。

综上所述，构建互利共赢能源合作共同体为21世纪海上丝绸之路核心区能源领域协调发展带来了极大可能性。过去，国际能源安全与合作主要依赖于双边机制，局限于两个地区内或者是两个国家之间的合作。然而，自中国提出共建"21世纪海上丝绸之路"倡议以来，中国与"海丝"沿线国家之间建立了一个多边能源合作框架体系，形成了能源供给、能源消费和能源运输为一体的综合能源合作网络，使"21世纪海上丝绸之路"的多边能源合作更加深入，并具有广阔的前景②。

二、21世纪海上丝绸之路核心区协调发展面临的挑战

在这股"海丝热潮"下，我们不仅应该看到21世纪海上丝绸之路核心区协调发展的重大机遇，还应该对其所面临的潜在挑战进行"冷静思考"。

（一）沿线地区港口发展不均衡

从整体上看，"21世纪海上丝绸之路"沿线地区港口存在发展不均衡的情况。与沿线发达地区港口相比较，沿线地区部分港口在基础设施方面较为落后。另外，不同地区港口建设的技术标准化程度和信息化建设水平也存在差异。这些问题都有可能制约"21世纪海上丝绸之路"沿线地区港口的互联互通，进而对21世纪海上丝绸之路核心区协调发展产生负向影响。

"海丝"沿线地区港口基础设施条件差异制约着沿线港口互联互通的发展。

---

① 舒先林，黄橙．"一带一路"能源合作与命运共同体构建［J］．学校党建与思想教育，2019（16）：87-88.

② 欧庭宇．"一带一路"能源命运共同体的构建探讨——兼论中国石油与中亚油气合作［J］．中外能源，2021，26（3）：7-13.

"21 世纪海上丝绸之路"辐射区域涵盖了约 70 个国家和地区,其航线分为东南亚航段、南亚及波斯湾航段、红海及东非航段三段。根据对"海丝"沿线地区港口发展现状的观察,整体上呈现出区域间发展差异大、个别地区发展差异较为明显的状况。东南亚航段延续古代丝绸之路路径,起始于中国沿海港口,途经越南、泰国、菲律宾、马来西亚、新加坡、印度尼西亚、文莱、柬埔寨、缅甸,该航线港口基础设施条件较好,如 2022 年新加坡港和巴生港吞吐量分别为 59964 万吨和 23543 万吨,分别在全球排第 6 位和第 28 位①;而南亚及波斯湾航段沿线港口数量最多,但是由于战争、政变等因素的影响,部分国家的港口发展进展缓慢;红海—东非—地中海航段港口基础设施条件最为不平衡,如希腊具备出色的运输业务和成熟的临港产业,其港口在运营模式和管理模式方面已达到国际领先水平,但是东非和北非部分港口设施条件与希腊等港口相比差距明显。此外,沿线地区港口的整体发展状况和运营结构也存在不均衡的现象。因此,在"21 世纪海上丝绸之路"项目投资建设过程中,沿线地区港口发展不均衡会加大双方的对接难度,各方发展的利益诉求很难达成一致,并且"海丝"沿线地区港口发展、基础设施水平差异性大导致港口生产效率的差异性,这对港口互联互通建设产生了不利影响。

此外,"海丝"沿线不同地区港口信息化建设的差异性也对港口间互联互通产生影响。东南亚与中东欧地区的港口在信息化建设方面较为发达,2021 年新加坡港港口班轮运输连通性指数为 112.2,位居全球第二。然而,东非与北非地区部分港口情况相对较差,其中一些港口在信息网络建设方面处于孤立状态,严重影响港口间信息交流,制约了港口互联互通的建设。构建高效的海上运输通道需要依托"海丝"沿线各国港口技术标准和信息管理的有效衔接和协调,但由于各地区港口信息化水平存在差异,缺乏完善和高效运行的国际信息化合作机制,这给沿线港口间的交流与合作带来不便。

总的来说,港口基础设施条件和港口信息化建设的差异性都是港口发展不均衡的关键因素。而沿线港口发展不均衡产生的最直接影响便是抑制"海丝"沿线国家之间的合作与交流,阻碍沿线港口的互联与互通、繁荣与进步。如若在新形势下,"21 世纪海上丝绸之路"仍然无法有效地解决港口不协调发展问题,海上丝绸之路在经贸、科技等方面就难以取得重大突破。

---

① 2022 年全球港口吞吐量排名发布!福州港、厦门港、泉州港纷纷上榜[EB/OL]. https://baijia-hao.baidu.com/s? id=1765642581109574328&wfr=spider&for=pc,2023-05-12/2023-06-03.

（二）海洋相关法律制度有待健全

由于"21世纪海上丝绸之路"沿线通道漫长，受多种错综复杂因素的影响，存在诸多风险，因此海洋通道的安全保障较为脆弱。尽管目前针对"21世纪海上丝绸之路"沿线海洋通道安全治理的合作在法律上具有一定的依据，但总体而言，相关法规数量较少。由于这些法律规定本身存在缺陷和限制，并且"海丝"沿线国家在理解和应用这些法规的过程中存在差异，因而"21世纪海上丝绸之路"沿线海洋通道在非传统安全治理合作方面面临一些法律上的挑战。

首先，由于相关规定的缺失，导致沿线国家海上安全治理合作存在缺位的情况。目前，一些安全治理合作问题在相关规定方面存在漏洞、缺失或不完整，导致合作进展不顺利。例如，《联合国海洋法公约》规定的可执行登临权的情形中并未包括涉嫌海上恐怖犯罪的船舶，这意味着在很大程度上船旗国需要肩负着预防海上恐怖活动的任务。然而，在"21世纪海上丝绸之路"沿线许多地区存在大量旗船的情况下，实际上几乎无法有效地执行这一项任务。另外一个例子是关于海洋生态安全问题，"海丝"沿线重要海域如地中海、波罗的海、北海、波斯湾等都已经建立了关于生态环境、防治污染等方面的合作公约或者协议，然而由于南海复杂的地缘政治问题和部分国家间对于南海权益的争端，导致该海域缺乏类似的区域性协议框架，因而在联合国环境规划署的区域海洋合作项目中南海属于发展较差的海域之一，这种缺乏有关组织、项目与计划协调的情势造成了南海海上安全治理合作的缺位[①]。

其次，海洋有关规定不合理，成为沿线国家海上安全治理合作的障碍。根据《联合国海洋法公约》，在国家所管辖的海域内对海盗进行追捕是对海盗行使紧追权的要求，不能跨过海上边界进行追踪。也就是说，紧追行动必须始于一国的内水或领海，有时也可以在毗连区与专属经济区开始追踪，并在进入他国管辖海域时停止。然而这种限制对于沿线国家，尤其是海域狭小的国家在联合打击海盗方面面临着法律上的困境。以东南亚为例，该地区拥有众多岛屿，海盗往往选择在海上边界附近发动突袭，这便利于海盗突袭后能够迅速逃离一个国家的领海并进入另一个国家的领海，从而让执法舰艇难以对其进行有效追捕和实施法律

---

① 薛桂芳."一带一路"视阈下中国—东盟南海海洋环境保护合作机制的构建［J］. 政法论丛，2019（6）：74-87.

制裁①。

最后，沿线国家在加入海洋相关法规方面存在不同，这也影响着海上安全治理合作的效果。由于历史、政策、经济发展和利益诉求等因素不一致，以及存在海洋权益争端等问题，"海丝"沿线国家会考虑各自情况的差异性，权衡是否加入相关公约和协议，从而海洋有关合作在一定程度上会受到影响。例如，东盟只有越南、文莱、新加坡、菲律宾、缅甸成为《制止危及海上航行安全非法行为公约》的成员国，而马来西亚和印度尼西亚这两个马六甲海峡沿岸国家并未加入该公约。这必然对马六甲海峡沿岸国家在防范和打击海上恐怖主义方面的合作产生影响，而这两个国家的海上恐怖活动也相对较为猖獗。另外，印度尼西亚和马来西亚至今为止尚未与其他亚洲地区签署《亚洲地区反海盗及武装劫船合作协定》，这在一定程度上对该合作机制的有效性产生影响②。

（三）"中国威胁论"的舆论阻碍

随着中国经济持续发展和综合国力的提升，中国创造了独特的创新发展和成功转型模式，打破了一些以美国为首的西方模式的优越论。然而，一些西方国家受到传统殖民主义思维的影响，不断强调和宣扬"中国威胁论"，试图通过舆论手段歪曲中国形象并抑制中国发展。针对"21 世纪海上丝绸之路"倡议，这些西方国家利用政府、媒体等媒介进行歪曲性炒作，在经济、政治和文化等方面对中国进行舆论压制和抹黑，以维护自身的霸权地位和强权政治，进而遏制 21 世纪海上丝绸之路核心区协调发展。

从经济角度来看，一些西方国家利用所谓的"经济掠夺论"对中国的"一带一路"倡议进行经济抹黑，在一定程度上挫伤了中国与"海丝"沿线部分国家的经贸合作。这些西方国家之所以能够取得如今的成绩，其中一个至关重要的原因是通过殖民加速了其资本积累。因此，它们错误地断定中国也将走上殖民运动的道路，将中国"共商、共建、共享"的经济合作意愿曲解为"经济殖民运动"，并扭曲"21 世纪海上丝绸之路"倡议为中国的"新殖民主义运动"。然而，事实上，中国始终秉持合作共赢发展理念，坚持与"海丝"沿线国家在经济合作中探寻双方利益契合点，寻求沿线地区合作的最大共识，为推动区域性经

---

① Michael Bahar. Attaining Optimal Deterrence at Sea: A Legal and Strategic Theory for Naval Anti-Piracy Operations [J]. Vanderbilt Journal of Transnational Law, 2007 (40): 71-72.

② 史春林. "21 世纪海上丝绸之路"建设的安全保障——海上通道非传统安全治理合作法理依据及完善 [J]. 亚太安全与海洋研究, 2021 (2): 3+49-71.

济发展和全球化注入中国智慧和中国力量。

从政治角度来看，一些西方国家受到"国强必霸"思维定式的影响，离间中国与"海丝"沿线部分国家合作伙伴关系。以美国为首的部分西方国家难以客观地看待和理解中国提出的"21世纪海上丝绸之路"倡议，将中国视为威胁，其不断加强在印度洋等关键区域的战略拓展，与军事盟友和伙伴国展开合作，对中国进行军事威慑和战略遏制，限制中国在印度洋至西太平洋海域内的海上行动，削弱中国与该区域沿线国家的政治互信。

从文化角度来看，一些西方国家无端地将中国文化描绘为具有侵略属性的文化，使21世纪海上丝绸之路沿线部分国家文化交流合作渐行渐远。本是不同文化之间的差异，却被一些别有用心的西方国家歪曲为中西文化之间的绝对对立，将中国与沿线各国文化交流解读为中国文化的强制输出。还有一些西方国家甚至直接否认中国文化多样性的理念，将中国与其他国家的文化交流视为中国强制将中华文明输出到全球，以构建西方国家所认知的中国文化帝国①。这些西方国家对于中国与"海丝"沿线其他国家文化交流的恶意解读，引起"海丝"沿线部分文化不自信国家的担忧与恐惧，甚至出现文化交流"失联"状况，这对21世纪海上丝绸之路沿线部分国家间的民心相通带来严峻的挑战。

三、21世纪海上丝绸之路核心区
协调发展的趋势展望

（一）建立多边机制，构建互联互通的21世纪海上丝绸之路

中国和其他沿线国家在实践中积极探索平等、互利和合作的新模式，并通过制度化建设来丰富21世纪海上丝绸之路的内涵。习近平主席在亚太经合组织第二十二次领导人非正式会议上曾强调，"互联互通是一条规则之路，多一些协调合作，少一些规则障碍，我们的物流就会更畅通、交往就会更便捷"②。由此可知，21世纪海上丝绸之路通过联结并协调沿线国家间政策、制度和规章，将构

---

① 孟献丽."中国威胁论"批判［J］.马克思主义研究，2021（3）：110-119+160.

② 学习习近平外交理念 理解十大"关键词"［EB/OL］. http：//www.xinhuanet.com/politics/2015-08/11/c_128117313.htm，2015-08-11/2023-06-05.

建成为一条多边互联互通的规则之路。未来，外交与安全以及海洋港口与城市等多边合作机制的建立和完善是"海丝"建设的重要任务。

一方面，外交与安全合作机制将成为 21 世纪海上丝绸之路沿线地区政治关系的调和剂。21 世纪海上丝绸之路为沿线国家协调发展提供了千载难逢的机会，多边外交与安全合作机制的建立也将为"海丝"沿线国家互联互通提供基础保障。近年来，"海丝"沿线地区愈加重视外交工作的高层引领作用，形成经济和外交相互促进的良性机制。"海丝"沿线国家共建的信息传输、处理、应用等信息标准规范体系和信息安全保障体系，为畅通沿线国家网络、保障网络安全、共享信息资源提供公共平台。随着"海丝"沿线国家合作深入推进，需要更加广泛的战略平台和多边合作协商机制，这将有利于共同商讨和解决与 21 世纪海上丝绸之路建设相关的经济、外交和安全问题，并增进沿线国家和地区之间的政治互信，提高国家领导人和外交高级官员的互访和交流频率。

另一方面，海洋港口与城市合作机制将成为进一步促进 21 世纪海上丝绸之路沿线国家协调发展的催化剂。目前，中国与东盟部分"海丝"沿线国家已经签署了双边海洋领域合作谅解备忘录，包括印度尼西亚、马来西亚、泰国等，未来计划继续推动与更多其他沿线国家签订关于海洋合作机制的双边或多边合作协议，共同开展海洋经济、运输、环保和科技等各个领域的合作。另外，利用中国各地区港口、城市的比较优势，建立与"海丝"沿线地区的海洋、港口与城市合作机制是未来"海丝"沿线地区合作的重点。21 世纪海上丝绸之路将进一步以港口互联互通建设为依托，加快推进海洋、港口与城市互联互通布局，构建"21 世纪海上丝绸之路"互联互通合作机制支撑框架，加快与沿线国家或地区在港口领域的深度合作，形成完整的、系统的海上互联互通港口网络①。

通过发挥外交与安全、海洋港口与城市等多边合作机制的作用，中国与海丝沿线国家间将进一步构建互联发展、互通合作的 21 世纪海上丝绸之路。另外，借助沿线主要多边合作机制宣传"一路"，可以得到国际社会的高度重视，吸引各国政商精英的关注，为"一路"积蓄势能，也利于化解国际社会和各国国内阶层对"一路"的误解，使 21 世纪海上丝绸之路建设更加畅通。

（二）推进经贸合作，构建共同富裕的 21 世纪海上丝绸之路

共同富裕既是中国式现代化的重要特征，也是"21 世纪海上丝绸之路"倡

---

① 李亚东．"21 世纪海上丝绸之路"互联互通港口节点选取研究［D］．大连：大连海事大学硕士学位论文，2022．

议的重大理念支撑之一。21世纪海上丝绸之路开启了中国与世界经贸往来深度互动的新模式，是沿线国家共谋发展、共同富裕的崭新平台。作为21世纪海上丝绸之路建设中的重要组成部分，经贸合作是实现21世纪海上丝绸之路共同发展的重要着力点。为此，"海丝"沿线各国将深化经贸合作，形成国内国际经贸合作双循环发展格局，构建共同富裕的21世纪海上丝绸之路。

推进21世纪海上丝绸之路核心区经贸协调发展，须打造21世纪海上丝绸之路增长极，进而形成经贸辐射与要素资源联动，这是21世纪海上丝绸之路经贸协同发展的重要前提。法国经济学家佩鲁在其经济发展极理论中提出，区域经济的发展主要依靠具有区位优势或资源优势的增长极，并通过资源整合或技术应用培植以获得相应的区域产业群、区域产业链及区域商业群，进而带动落后地区发展，达到区域协同优化最终促进区域经济协同发展①。共建21世纪海上丝绸之路旨在促使中国与"海丝"沿线其他国家更好更快地融入全球经济一体化，促进沿线国家国内经济和对外贸易的均衡化与高质量发展。当前，"海丝"沿线国家已经通过海上港口枢纽、中欧班列等交通大动脉加强海上经济贸易往来，进而带动沿线各国经贸发展，并与我国长三角、粤港澳大湾区、长江中游城市群等区域增长极形成经贸协同之势，由此提升沿线经济贸易效率。21世纪海上丝绸之路着力于沿线区域增长极打造，将为沿线各国经济贸易高质量发展提供必要且丰富的产能和资源，成为"海丝"沿线国家实现共同富裕的重要动力源。

由此可见，21世纪海上丝绸之路联通的不仅仅是"海丝"沿线不同国家间的商品交换，还有沿线不同国家间的经济生活。当前，21世纪海上丝绸之路建设已经进入经贸务实合作新阶段，坚持"合作共赢、计划共商、项目共建、收益共享"，不断创造更多利益契合点和合作增长点，定能使21世纪海上丝绸之路通向共同富裕的光明道路。

（三）深化绿色协作，构建生态文明的21世纪海上丝绸之路

"绿色丝绸之路"建设是以习近平同志为核心的党中央推动构建人类命运共同体的重要实践，也是推进共建"一带一路"高质量发展的重要方向。近年来，"海丝"沿线国家更加重视生态文明理念，加强海上生态环境、生物多样性和海洋领域应对气候变化等合作。随着绿色协作不断深入，携手打造生态文明的"21

---

① 王国平，胡景祯. 基于共同富裕的"一带一路"产业协同发展研究［J］. 理论探讨，2023（2）：155-160.

世纪海上丝绸之路"成为"海丝"沿线各国的共同期望。

关于生态环境合作，在"21 世纪海上丝绸之路"倡议下，目前中国已经与部分非洲及小岛屿国家合作开展大陆架调查、共建海洋环境监测站等海洋合作项目①，致力于联合更多"海丝"沿线国家促进海岛及周边海域生态系统健康。关于生物多样性合作，中国科学院已经在"海丝"沿线国家成立了多个涉及生物多样性研究的科研教学基地，包括中科院联合缅甸环保部成立的东南亚生物多样性研究中心、中科院与哈萨克斯坦农业部共同建立的中亚生态与环境研究中心、中科院联合肯尼亚乔莫·肯雅塔农业技术大学共建的中—非联合研究中心等研究机构，进一步跨越西亚、大洋洲、北美、南美、东欧和中欧等地区展开生物多样性联合研究将成为"海丝"沿线国家生物多样性保护未来趋势。关于海洋领域应对气候变化合作，中国政府鼓励"海丝"沿线的小岛屿国家积极应对全球气候变化，并且中国正持续在应对海洋灾害、海平面上升、海洋生态系统退化等方面为"海丝"沿线国家提供技术援助②，有联合"海丝"沿线其他有海洋相关经验的国家开展海洋领域循环低碳发展的趋势。

除此之外，2022 年国家发展改革委、外交部、生态环境部和商务部联合发布《关于推进共建"一带一路"绿色发展的意见》中的内容覆盖绿色基础设施互联互通、绿色金融、绿色产业、绿色贸易、绿色能源、绿色交通、绿色科技、绿色标准、应对气候变化等重点领域，统筹兼顾经济发展与生态环境保护、政府引导与企业主体作用、风险防控与依法依规合作，强调将绿色低碳理念融入经济社会发展的各领域全过程③。这为"海丝"沿线国家互学互鉴、携手合作，务实推进共建 21 世纪海上丝绸之路绿色发展走实走深、行稳致远指明了重点方向。

21 世纪海上丝绸之路核心区协调发展注重环境可持续发展，强调绿色发展和生态保护。在生态文明建设中，"21 世纪海上丝绸之路"倡议着眼于环境友好型项目和海洋领域的合作，以减少对环境的不良影响。共建海上丝绸生态文明之路，有助于人类更好地认识海洋、利用海洋、保护海洋，推动构建合作共赢的海

---

① 金昶. 托起蓝色希望——中国海洋事业改革发展 40 年综述［EB/OL］. http：//app. hnsx. gov. cn/sxq/sxqgtj/17794/17804/18130/content_2850225. html，2018-12-18/2023-05-30.

② "一带一路"建设海上合作设想［EB/OL］. https：//www. gov. cn/xinwen/2017-06/20/content_5203985. htm，2017-06-20/2023-06-09.

③ 推进共建"一带一路"绿色发展系列解读之二｜系统谋划　突出重点　推进绿色丝绸之路建设不断取得新成效［EB/OL］. https：//www. ndrc. gov. cn/xxgk/jd/jd/202203/t20220324_1320198. html，2022-03-28/2023-06-09.

洋命运共同体，实现人与自然和谐发展①。因此，"海丝"沿线各国深耕绿色合作，是建设生态文明的海上丝绸之路的必然之路。

（四）践行创新驱动，构建科技进步的"21世纪海上丝绸之路"

随着"21世纪海上丝绸之路"美好蓝图渐行渐近，一条由大数据、云计算、人工智能、纳米技术、物联网等现代科技连接成的21世纪海上丝绸创新之路正缓缓呈现在世人的眼前。习近平主席在"一带一路"国际合作高峰论坛上指出，创新是驱动发展的重要力量，要将"一带一路"建成创新之路。可见，未来21世纪海上丝绸之路核心区协调发展要走一条和以往都不一样的创新之路。在这条创新道路上，中国同"海丝"沿线其他国家加强创新合作的意愿强烈，沿线国家之间的科技进步行动计划未来可期。

一方面，随着数字技术突飞猛进，"数字丝路"已经成为推动21世纪海上丝绸之路科技进步的重要动力。中国与"海丝"沿线国家共建"数字海丝"大有可为、前景可期。其一，中国与南亚国家的"数字丝路"正在有条不紊地推进，为丝路发展增添了活力。目前，大量中国资本已经投资于印度的科技和数字企业，2015~2020年中国企业参与投资了印度30家独角兽企业中的18家。其二，中国与阿盟国家共同探索数字治理，促进中阿"数字丝路"迈入新征程。2021年，中国外交部与阿盟秘书处联合发布了《中阿数据安全合作倡议》，为广大发展中国家在全球数字治理领域树立了典范，并为中国与阿盟国家进一步实现数字合作奠定了基础。其三，中国与东盟以《区域全面经济伙伴关系协定》生效为契机，将数字合作作为新的增长点，新加坡、泰国、马来西亚、印度尼西亚等东盟国家先后制订了"工业4.0"计划，致力于促进产业数字化、数字产业化发展，为中国与东盟共谋"数字丝路"发展打开了新思路。当前，"数字丝路"不只是"21世纪海上丝绸之路"倡议的重要组成内容，更重要的是它反映了社会发展日渐信息化、数字化的客观趋势，是顺应数字全球化潮流的必然选择。

另一方面，21世纪海上丝绸之路创新发展将更加注重海洋领域的创新合作。其一，深化海洋科学研究与技术合作。中国与"海丝"沿线国家共同发起海洋科技合作计划，联合开展21世纪海上丝绸之路重点海域科学调查与研究、观测季风—海洋相互作用研究以及海洋气候异常预测与影响评估等重大项目，

---

① 21世纪海上丝路建设成果丰硕［EB/OL］. https：//baijiahao. baidu. com/s？ id = 17367532126 77772840&wfr=spider&for=pc，2022-06-27/2023-06-09.

将进一步深化在海洋调查、海洋观测、海洋食品安全、海水淡化、海洋可再生能源、海上无人机等领域合作，"海丝"沿线国家展开了海洋技术标准体系对接与技术转让合作①，部分沿线企业和相关科研机构共同建立了海洋技术示范基地。其二，共建海洋科技合作平台。"海丝"沿线国家之间逐步形成海洋研究基础设施互联和科技资源平台互享，初步建成了海洋科技合作园，共同研发海洋大数据和云平台技术，建设服务于经济社会发展的海洋公共信息共享服务平台。接下来将向更深层次推进亚太经合组织海洋可持续发展中心、东亚海洋合作平台、中国与东盟海洋合作中心、中马海洋联合研究中心、中泰气候与海洋生态系统联合实验室、中巴联合海洋研究中心等建设，共同提升海洋科技创新能力。其三，共同推进智慧海洋应用平台的建设与共享。"海丝"沿线国家间通过建立海洋数据中心合作机制和网络，实现海洋数据和信息产品共享，共同开展海洋数据统计分析研究与应用，建设满足 21 世纪海上丝绸之路需求的海洋气候和海洋相关数据中心②。

创新是引领 21 世纪海上丝绸之路科技进步和可持续发展的原动力，而现代新兴技术为"海丝"创新之路提供了强有力的支撑。未来创新驱动发展的趋势将不断推动"海丝"沿线各国科技进步和社会进步，改变其生活方式与产业格局。然而，随着科技的快速发展，沿线国家也需要更加重视其伦理、隐私和安全等问题，确保科技的发展符合人类的利益和社会的可持续发展目标。通过探索创新与科技进步，构建一个更智慧、更先进与可持续的 21 世纪海上丝绸之路。

（五）强化人文交流，构建包容共进的 21 世纪海上丝绸之路

2019 年，习近平主席在亚洲文明对话大会上指出，文明因多样而交流，因交流而互鉴，因互鉴而发展。"21 世纪海上丝绸之路"倡议不仅关注经济合作，也注重文化交流和人文合作。古代海上丝绸之路亲历了"海丝"沿线国家人民通过海洋交流融通、互利互惠的悠久历史。在当前和今后一段时期，"海丝"沿线国家教育交流、旅游合作、文化艺术交流等人文领域交流会更加频繁，沿线国家之间的相互了解与友谊会更加深入，不同文化之间的交流与融合会更加

---

① 什么是 21 世纪海上丝绸之路 ［EB/OL］. https：//www.imsilkroad.com/news/p/45882.html，2021-04-08/2023-06-09.

② "一带一路"建设海上合作设想 ［EB/OL］. https：//www.gov.cn/xinwen/2017-06/20/content_5203985.htm，2017-06-20/2023-06-09.

密切，这将进一步促进"海丝"沿线国家文明共同进步，推动人类命运共同体的构建。

古代海上丝绸之路既是经贸往来之路，又是文化沟通交流、文明交往对话之路。同样，21世纪海上丝绸之路建设既是基础设施互联之路，又是实现沿线人们心灵互通之路。人类历史进入21世纪，如果不同文明之间仍抱着霸权主义、零和博弈的思维，无疑将摧毁人类文明。因此，以对话取代冲突已成为历史发展的必然趋势，应在接受人类文明多样性的客观现实基础上，坚持"交流互鉴应该是对等的、平等的、多元的、多向的"原则，从不同文明之中汲取智慧，解决人类共同面临的各种问题和挑战。通过文明交流互鉴，增进"海丝"沿线国家人民之间的友谊，推动人类社会的进步，并维护世界和平①。

中华文明在漫长的历史进程中以其亲仁善邻、和衷共济的处世之道，惠民利民、安民富民的价值取向，革故鼎新、与时俱进的精神气质著称。在继承和弘扬联合国宪章宗旨与原则的基础上，中华文明与"海丝"沿线其他文明相互尊重、平等相待，共同追求美的境界，共同致力于构建人类命运共同体的目标②。中国人民历来倡导"己所不欲，勿施于人"的价值观，强调以和为贵，追求和气致祥。海上丝绸之路所开创的和平航海模式使来自不同种族、信仰和文化背景的国家能够共享和平与发展，这成为海上丝绸之路持续繁荣的基石。中国始终是世界和平的坚定维护者，在发展壮大后，中国仍然是维护世界和平和推动世界进步的中坚力量。为此，在中国人民与"海丝"沿线其他国家人民的共同努力下，维护人类良知和国际公理，和平、和谐、和睦将成为21世纪海上丝绸之路的主旋律③。

从古至今，人文交流都是海上丝绸之路的重要内容，强化21世纪海上丝绸之路沿线国家的人文交流将有利于推动沿线各国文化资源共享、思想文化交流、多维度文明交融，进而增强对彼此文化的认同感。通过强化人文交流，不同肤色、不同语言、不同信仰的人们携起手来，将共同构建更加美好的、开放的、和谐的、包容的21世纪海上丝绸之路。

---

① "21世纪海上丝绸之路"建设的时代价值与意义［EB/OL］. https：//aoc. ouc. edu. cn/2020/1013/c9821a301954/page. htm.

② 王华锋. "21世纪海上丝绸之路"建设的时代价值与意义［J］. 学理论，2020（2）：38-39.

③ 蒋建国在21世纪海上丝绸之路国际研讨会开幕式致辞［EB/OL］. http：//www. scio. gov. cn/m/xwbjs/zygy/32310/jh32312/Document/1394773/1394773. htm，2015-02-11/2023-06-11.

四、新发展阶段促进21世纪海上丝绸之路核心区协调发展的战略举措

（一）进一步畅通21世纪海上丝绸之路核心区协调发展的合作交流渠道

针对21世纪海上丝绸之路核心区协调发展所面临的沿线地区港口发展不均衡、海洋相关法规不健全等问题，中国应与21世纪海上丝绸之路沿线国家相关政府或非政府组织加强磋商协调。从港口基础设施互联互通建设、沿线港口政策和制度安排以及沿线港口企业多元化合作等港口设施联通、政策沟通方面，畅通21世纪海上丝绸之路沿线国家间合作交流渠道。

首先，完善港口基础设施和港口信息化建设。以东南亚、南亚为重点方向，加快与战略地位突出、合作基础扎实的国家进行合作。通过优化海上丝绸之路沿线港口布局、完善港口设施、加强物流体系建设、加快港航建设，增设港口综合服务业务与功能，提升辐射带动能力，促进区域港口群协调发展，强化主要港口在区域港口群中的引领作用。通过建立一个完善的、高效的、可运行的信息化合作方案，实现各部门信息系统的互联互通，进而加快互联互通港口运输信息化体系建设。应尽早推进以国际航运中心为重点的现代化航运服务体系建设，进而提高沿线港口竞争力，为深化21世纪海上丝绸之路互联互通港口建设合作创造良好条件。

其次，加强21世纪海上丝绸之路沿线港口政策和制度合作。在制度安排上，需要通过制定和谋划宏观政策以进一步加强21世纪海上丝绸之路沿线国家、港口以及航运企业之间的合作与分工，不断完善和提升港口合作机制，加强海上运输合作，建立高效的沟通协调机制，共同解决国际海上运输问题，积极推进港口投资合作，努力创造合作、发展和共赢的局面。除此之外，还要完善互联互通机制，充分利用中国—东南亚、中国—中东欧等合作机制，加强与沿线国家在运营管理等方面的合作。在政策措施上，需要建立和完善政策法规体系，优化港口合作环境。在"海丝"沿线国家合作的基础上，推动与周边国家签订港口合作协议，加快与沿线港口合作进度。

最后，推进港口多元化合作模式为沿线企业和相关机构长期合作提供关键支

持。从商业角度看，要加强沿线企业间的沟通与合作，同时也要加快推动21世纪海上丝绸之路港口互联互通建设。鼓励企业通过投资、参股、长期租赁等多元化投资合作模式，参与港口互联互通建设和运营管理，为更多领域的合作提供关键支持。以港口建设为依托，带动周边经济园区、自贸区等开发建设，力推"前港、中区、后城"开发模式。此外，鼓励我国港口经营企业跳出港口经营的地理区域限制，与海上丝绸之路沿线国家加强在港口建设、运营方面进行合作，输出港口管理方式，加快布局海外港口网络。

（二）进一步深化21世纪海上丝绸之路核心区协调发展的经贸合作程度

21世纪海上丝绸之路建设是中国"一带一路"倡议在海洋领域的重要组成部分，对世界海上经济和贸易格局具有重要影响。在推进"21世纪海上丝绸之路"建设过程中，既要积极应对全球经济形势的持续改善，又要遵循经济规律，满足沿线国家经济发展的需求，为深化21世纪海上丝绸之路核心区经贸合作程度做好充分的准备。

21世纪海上丝绸之路经贸合作重点涵盖了电子信息、数字经济、机械装备、现代农业、远洋渔业、能源矿产等领域，中国应争取在产业、贸易、投资等领域率先突破与沿线国家现已取得的成绩，抓紧完成对经贸平台的建设工作。一是在境外设立若干产业合作园区和制造基地。在促进产业转型升级的同时，支持各类企业拓展境外投资业务，鼓励先进装备、技术标准、管理理念走出国门，培育一批跨国公司和国际知名品牌。二是推动建立远洋渔业基地。引导、支持有能力的企业在"海丝"沿线地区加快建设境外远洋渔业和水产养殖基地，同时配套冷藏加工设施和服务保障平台。三是建设跨境电子商务和国际物流服务平台。从创新监管机制出发，协调好有关部门工作，持续推动跨境电子商务和国际物流服务平台的建设，以促进企业与"海丝"沿线国家开展电子商务合作。同时，支持企业在境外建立仓储及物流基地，并鼓励它们自建或利用第三方跨境电子商务平台扩大对外贸易[①]。另外，在数字经济领域，"海丝"沿线国家之间存在广阔的合作空间。双方应加强沟通交流，重点推动数字基础设施建设、数字领域人才培养以及数字安全治理等方面的合作，共同将21世纪海上丝绸之路数字贸易发展推向新阶段。

---

① 尤权. 加快建设21世纪海上丝绸之路核心区［EB/OL］. http：//www. 71. cn/2016/0912/909616. shtml，2016-09-12/2023-06-11.

除此之外，在丝绸之路经济带建设方面，我国已形成比较好的规划并取得了显著成果。其中一项成功的做法是与相关国家合作建设经济走廊，如中巴经济走廊、中蒙俄经济走廊、中国—中南半岛经济走廊等。深化 21 世纪海上丝绸之路核心区协调发展的经贸合作，可以借鉴丝绸之路经济带建设的成功经验，将"海上丝绸之路"打造成为联通世界的海上经济走廊。同时，发挥陆上或沿海的经济走廊现有优势，将其与"海丝建设"联结在一起，或者以 21 世纪海上丝绸之路重要港口为依托建设新的海上经济走廊。例如，青岛作为连接陆上和海上丝绸之路的枢纽城市，注重与邻国朝鲜、日本、韩国的交往，推动彼此的贸易和经济发展，促进海上经济走廊的拓展。另外，还可以通过国际合作共同应对"海丝"建设重要节点地区所面临的风险，为 21 世纪海上丝绸之路经济走廊的建设提供有力支持。

（三）进一步提高 21 世纪海上丝绸之路核心区协调发展的科技创新水平

海洋经济的发展以及海上综合保障都依赖于海洋科技的基础支持。21 世纪海上丝绸之路建设的推进，对海洋科技创新领域提出了新的要求和挑战。海洋科技领域需要根据建设海洋强国和创新驱动发展的战略，明确自身在 21 世纪海上丝绸之路建设中的目标与任务。通过提高"海丝"沿线各国海洋技术创新能力，推进海洋技术转化，加快数字技术在海洋领域的应用等，在 21 世纪海上丝绸之路建设中发挥科技创新驱动作用，使"海丝"沿线地区涌现出一批具有国际竞争力的企业及产品。

第一，提高沿线国家海洋技术创新能力，加快海上丝绸之路建设。技术创新能力在决定生产成本、产品质量和产品碳含量方面起着关键作用。促进 21 世纪海上丝绸之路沿线国家实现零碳和负碳绿色技术创新，应提高碳捕集、利用与封存等领域的能力，推动沿线国家生产符合排放标准的产品，这不仅有助于降低产品的碳含量和生产成本，还有助于畅通沿线国家间产品流通。目前，海丝沿线各国企业在研发投入方面存在较大的缺口，为满足企业融资需求，中国与沿线国家政府应充分发挥政策引导作用，在信贷业务上向各国优质企业提供一定的优惠；同时要充分调动银行等金融机构的金融产品创新作用，完善沿线各国金融体系建设，推动海丝基金、亚投行资助项目向沿线伙伴企业的科学技术创新倾斜。

第二，加强海洋绿色技术转化，提高沿线国家产品的国际竞争力。21 世纪海上丝绸之路沿线国家在节能环保产业方面的创新能力相对不足，导致其出口商品的国际竞争力有待提高，其中，沿线企业绿色技术的科技转化率较低是主要原因之一。一方面，要加强"海丝"沿线国家间"产学研"深度融合，支持中国与"海丝"沿线其他国家的科研院校合作，建立绿色技术创新项目孵化器，并与沿线各国先进产业园区构建绿色技术创新联合体。同时，加强"海丝"沿线国家绿色技术区域协调发展，从而提高21世纪海上丝绸之路环保产业产品的国际竞争力。另一方面，要强化丝路基金和亚洲基础设施投资银行在促进绿色技术转化方面的积极作用，通过信息平台、转化平台和金融平台，畅通"海丝"沿线国家绿色技术的评估、资金对接和产业合作，推动绿色技术顺利实现成果转化。

第三，加速数字技术融合，助力"海丝"沿线国家技术升级。中国在人工智能、5G等数字技术领域具有独特优势，关键数字技术研发应用取得积极进展。中国应凭借自身数字技术优势积极广泛地与"海丝"沿线其他国家开展数字技术合作，助推沿线国家技术升级。一是中国可以和"海丝"沿线部分数字技术先进的国家在绿色技术和数字技术领域形成优势互补，例如中欧双方可以加强数字技术在绿色发展方面的合作，将互联网技术与污染监测、资源利用等绿色技术相结合。这样的合作可以为中欧经济的绿色转型提供助力，促进双方在绿色技术水平上的提升，并增进双方贸易需求的契合度，进而扩大绿色贸易市场。二是中国对"海丝"沿线部分数字基建落后的国家应积极地施以援手，如中国正在推进的非洲国家数字基础设施建设。通过帮助这些落后的沿线国家完成数字基建，可以促进"海丝"沿线国家在数据信息服务、互联网业务和国际通信业务等方面的更好连接，进而实现21世纪海上丝绸之路核心区科技创新协调发展。

（四）进一步夯实21世纪海上丝绸之路核心区协调发展的人文交流基础

习近平总书记在提出"一带一路"倡议时将"民心相通"作为"五通"的重要内容之一，这源自中国传统文化，具有丰富的思想内涵。在21世纪海上丝绸之路建设中，文化建设应该被视为重要内容之一，以夯实沿线各国社会基础和文化基础，促进沿线国家广泛而深入的交流与合作。为此，中国需要抓住百年历史大变局的机遇，实现从负责任大国到文化引领国的转变。在这一过程中，加强21世纪海上丝绸之路人文交流是凝聚人心的重要举措。

首先，促进人文交流，要采取多种多样的活动形式。为了确保人文交流的顺利进行，需要制定灵活的政策，以避免可能遇到的阻碍。以下是一些具体的措施：一是要继续实施中国政府海洋奖学金计划，扩大"海丝"沿线国家学生来华研修和培训的规模。二是推动海洋知识与文化交流融通计划，支持中国沿海城市与"海丝"沿线其他国家城市结为友好城市，加强与沿线国家海洋公益组织和科普机构的交流与合作。三是弘扬妈祖海洋文化，推进世界妈祖海洋文化中心建设，促进海洋文化遗产保护、水下考古与发掘等方面的交流合作，举办海洋文化年和海洋艺术节等活动①。通过以上措施，可以促进"海丝"沿线国家人文交流，推动沿线国家之间的相互了解与合作，传承和弘扬 21 世纪海上丝绸之路的友好人文合作精神。

其次，促进人文交流，要在尊重沿线地区人文基础上开展多层次的互动交流。巴基斯坦中国理事会主任、国防大学教授哈玛洋·汗就中国文化和其他国家文化差异的访谈中，强调了中国在推进人文交流方面的重要性，除了应该加强中国文化在海外的传播，更关键的是要加强对"海丝"沿线其他国家文化的尊重和了解。在文化相互尊重的基础上，一方面，"海丝"沿线企业和机构应该积极从各方面去努力探索，因地制宜，探寻与每个地区交流互通的金钥匙。另一方面，加强"海丝"沿线国家的文化交流和人员往来，特别是推进青年、智库、非政府组织、社会团体等的友好交流，鼓励沿线国家青年相互交流考察②。此外，青年是促进人文交流最好的途径和最有活力的主力军，因此，青年之间互办文化节、艺术节、交流会等活动值得大力推广③。只有通过相互尊重和深入了解，才能更好地实现交流效果。

最后，促进人文交流，要加强媒体合作，共建 21 世纪海上丝绸之路媒体朋友圈。中国可以提高与"海丝"沿线其他国家开展跨境采访活动的频次，共同推进涉海文化传播。同时，在现有的电视和网络媒体传播基础上，可以进一步创新传播方式，利用数字媒介共同打造多国文明和多语种融合的交流内容与形式。另外，"海丝"沿线各国可以积极合作，开展涉海文艺创作网络竞赛等媒体活动，共同制作展现沿线各国风土人情和友好往来的文艺作品，以加强民间交流，夯实人民之间的互信和友好基础。

---

① "一带一路"建设海上合作设想［EB/OL］. http://www.rmzxb.com.cn/c/2017-06-20/1603461_1.shtml，2017-06-20/2023-06-11.

② 蔡勇志. 高质量推进 21 世纪海上丝绸之路核心区建设［EB/OL］. http://fj.people.com.cn/n2/2022/1206/c181466-40221586.html，2022-12-06/2023-06-11.

③ 互鉴联动共赢的海上丝绸之路建设需要更紧密的人文交流［EB/OL］. https://news.cri.cn/20160909/b0a79b31-45a7-c274-5901-b9edca528e62.html，2016-09-09/2023-06-11.

第五章 福建省推进21世纪海上丝绸之路核心区协调发展的历程回顾

一、福建省推进21世纪海上丝绸之路核心区协调发展的历史渊源

（一）古代福建贸易的发展以及在海上丝绸之路中地位的变迁

1. 西汉至唐末时期：福建海外贸易的开拓与发展

海上丝绸之路萌芽于商周，发展于春秋战国，形成于两汉时期，按照地理方向的不同，通常分为东海丝路和南海丝路。海上丝绸之路的起点主要是广州和泉州，主要以南海为中心。早在西汉时期，由于丝绸之路的开辟，大秦（罗马）、安息（波斯）、身毒（印度）等地都与我国有海外贸易关系。福建地区海上丝绸之路也形成于西汉初期。当时闽越国由于经济、政治发展迅速，开始频繁与周边地区和海外诸国进行海外贸易。东汉末年至南北朝时期，人们从北方迁移的同时为南方地区带来了先进的生产技术，促进了福州港和泉州港的发展及早期福建的对外交流。三国时期，吴国在福州闽侯地区设"典船校尉"负责造船，也派遣使臣前往南海诸国发展海外贸易。福州开元寺东直港，当时是船坞。福建与外国有商船贸易往来的最早记载在魏晋南朝时期。早期踏上福建地界的外国人中，除商人外，还有僧侣，如印度僧人拘那罗陀（中名真谛）。据史料记载，他先后两次前往南洋，都从泉州乘大船出发，并在今泉州九日山延福寺翻译《金刚经》，推动了南朝时期福建地区佛教的发展。这也说明在南朝时期泉州已有大船开往南

海诸国，福建的海外贸易已经日渐兴盛，并且有大型船舶与南海诸国往来①。在隋唐前，福建地区经济已有很大发展。隋唐以来，福建海外贸易日渐兴盛，成为阿拉伯、波斯以及南海商人从海路来华经商贸易区。

唐朝时期，国力强盛、经济繁荣加上政府的重视和开明的对外政策使福建省的海外贸易和海上丝绸之路发展迅速。唐代政府对于海外商人来华经商贸易奉行开放政策，其收税也仅限于下碇税。对于蕃货的处理，实施"收市进奉"政策，即朝廷以市价收买珍奇舶货以供皇家贵戚使用，缴税、收市后，任其与百姓交易。这种政策对贸易发展有促进作用。此外，唐政府在福州和泉州都设置了市舶机构。福州由于造船业相对发达，成为当时诸多文化交流活动的历史"见证者"，并设有税课司衙门向外国贡船和运往东南亚的货船收税，成为主要港口之一。公元 9 世纪中叶，泉州港迅速崛起，发展成为唐代四大贸易港之一。唐政府还在泉州设"参军事四人掌出使导赞"专门负责接待外国使臣事务②。这些海外贸易同时也促进了一些传教活动在泉州的兴起。

在唐末和五代时期，福建相对稳定并有王审知等地方政权鼓励海外贸易，福建海外贸易有了较为稳定的发展，福建在海上丝绸之路中的地位较高。在这一时期，唐代四大贸易港中的交州、广州和扬州都因为遭受战乱而破坏或停滞，福建社会相对安定，成为了外国商人进行海外贸易的主要场地。不仅如此，王审知家族在治闽期间，很重视发展海外交通贸易事业。如实行"保境息民"政策，福建的农业和商业得以迅速发展，为海路贸易的发展创造了良好的经济环境；实行"尽去繁苛捐，纵其交易"的开放政策，为海路贸易的发展创造了良好的政治环境；在福州海口开辟甘棠港并扩建泉州城，为福州和泉州的海路贸易发展构建了良好的基础设施③。现存的怀安接官道码头、闽安邢港码头、迥龙桥等遗址，都是当时海外贸易繁盛的历史见证。由于官方鼓励商人出海贸易，这一时期，大量舶来品如象牙、犀角、香药、珍珠、玳瑁、龙脑、沉香等通过闽商输入中原。当地政府也从海外贸易中增加了财政收入，福州港和泉州港有了很大发展。东亚、东南亚和南亚的诸多国家均借助福州港和泉州港开展海路贸易。随着商船而来的各国使节、商人、传教士等不仅促进了经济的发展，同时也促进了文化的交流，特别是宗教文化方面。唐武德年间，穆罕默德弟子传道泉州。此后，印度、日本

---

① 唐文基. 福建古代经济史 [M]. 福州：福建教育出版社，1975：101.

② 唐文基. 福建古代经济史 [M]. 福州：福建教育出版社，1975：184.

③ 王少泉，谢国财. 福建在海上丝绸之路中地位变迁研究 [J]. 福建论坛（人文社会科学版），2016（10）：223.

的高僧也通过海上丝绸之路前来传教。由于来访人数众多，朝廷还指定福州开元寺专门接待外国僧人。伊斯兰教、摩尼教等也相继传入。

2. 宋元时期：福建海外贸易的繁荣昌盛

宋元时期，福建农业、手工业和商品经济的发展，成为了促进海外贸易发展的物质条件①。造船工艺、航海技术的进步以及宋元统治者对海外贸易的重视，也推动了海外贸易的发展。

北宋时期，市舶司的设立使福建省的海外贸易发展到新的阶段。北宋初期，宋太祖刚接纳陈洪进所献的漳、泉二州，就在京师置榷易院，管理泉州等地海外贸易。可以看出，北宋初期福建的海外贸易并没有因统治者的更换而受到损害，泉州港也逐渐在北宋时期成为东海航线和南海航线的交汇点。随着泉州港日益繁荣、地位日趋重要，未置司而造成的经济损失已十分明显。北宋哲宗元祐二年（公元1087年）十月六日泉州设立市舶司，成为继广州、杭州、明州后的全国第四大贸易港口，泉州也因此成为国家级对外窗口，标志着福建海外贸易发展到一个新阶段。泉州市舶司设置的第二年，即元祐三年（公元1088年），宋朝政府又先后在沿海地区设立11处新的市舶司或市舶务，但从规模看，均没有超过广州、泉州和明州。

南宋至元末时期，福建海外贸易稳步发展。南宋初期，泉州港与广州港实力相当。之后南宋迁都临安，丧失了半壁江山，且统治者的消费、军需民用造成了经费缺乏。宋高宗清楚海外贸易的重要性，意识到对外贸易有助于补给民生，因此从一开始宣示皇家声名威望的虚骄心理转变为开始重视实际的经济效益。再加上南宋时期政治经济中心南移，更多的泉州商船远航到亚欧非乃至拉美各国。泉州凭借宽松的流通环境和坚实的航运基础，在南宋末年超过广州港而成为全国第一大港，这一状态一直持续到元末。公元1275年，元朝派遣军队进攻南宋的沿海地区。公元1276年底，元兵入福建，攻占福州、泉州等城市。在占领泉州的第二年，即公元1277年，元政府便在泉州设置市舶司。蒲寿庚等人弃宋投元的决定，也使泉州港能在政权交替、战火纷飞的动荡年代里继续开展海外贸易。元初，管理市舶司的官吏采取兴建基础设施的措施。如建立泉州港的主要舶所——泉州湾后渚港，后渚港为东方大港，建有用以观察众多海舶的"望云楼"，附近的法石建有军用要塞，与后渚港隔海相望的小岛——乌屿也被辟为船舶寄泊地，便于货物的装卸和转运，是舶所的重要辅助港口；修建利于进行贸易活动的大型

---

① 唐文基. 福建古代经济史［M］. 福州：福建教育出版社，1975：339.

石桥，其中后渚港和乌屿之间就架起了两座 1300 多米长的跨海长石桥——盘光桥和无尾桥。为了改善交通条件，沿海地区还修建了许多石桥，包括著名的横跨洛阳江的万安桥，晋江的通济桥、顺济桥，九龙江的虎渡桥、南桥，木兰溪的濑溪桥，安海湾的安平桥。据不完全统计，福建的宋桥有 236 座，而修建桥梁的高潮时期在南宋。福建的桥梁建设与海外贸易的开展几乎同步，市舶贸易很快得到发展。

宋元两朝官府都直接经营海外贸易，其实质是在"贡""赐"名义下进行的一种官方贸易。泉州市舶司在 1087 年建立后，宋徽宗崇宁二年（公元 1103 年），宋朝政府就诏令其以政府的名义招纳占城、罗斛两国前来"进奉"，进而通过政府间的经济往来进行海外贸易；政和五年（公元 1115 年），宋朝于泉州置"来远驿"，使其成为接待外国朝贡使者的重要口岸；乾道三年（公元 1167 年），泉州官员接待的各国使者运来的物品很多，有一次运到泉州的货物就有乳香十万余斤（1 斤 = 0.5 千克）、其他香料数千斤、象牙七千多个等。元代继续实行"贡""赐"贸易，也经常派出包括泉州港人士在内的使者前往南海诸国"招谕"。元朝统治者重视商业活动，除官府经营的朝贡贸易外，私营海外贸易也得以迅速发展，这也在一定程度上促进了泉州港乃至福建海外贸易的发展。

中国是丝绸之乡，中国生产的纺织品历来深受世界各国人民的喜爱，宋元时期对外贸易的发展使福建与海丝文化结下深厚的历史渊源。宋代福建出口的纺织品种类众多，织造精美，有绢、绸、锦、绫、布等。南宋的《诸蕃志》载，泉州生产的木棉布染成各种颜色，织成各种花纹，销售国外。元代福建纺织品的生产更为发达。张星烺在《中西交通史料汇编》中记载，泉州制造的"刺桐缎"输入欧洲，其中到过泉州的摩洛哥旅行家伊本·白图泰说，刺桐城（唐五代时，泉州就以种满刺桐树而得名"刺桐城"）出产绸缎，较汉沙（杭州）及汉八里（北京）二城所产者为优[①]。

宋元两代通过海路同福建建立贸易关系的国家和地区很多，东至朝鲜半岛、日本，南至南洋群岛，西到阿拉伯半岛乃至东非海岸，都有福建商船的足迹。宋代地方官府常绘有用来进献朝廷和了解海外各国情况的海外地图。据《诸蕃志》一书所载，当时与福建通商的国家和地区高达 58 个，主要集中在东亚诸国（主要是高丽和日本）、南海诸国（东南亚地区）、南亚诸国（印度等国）、阿拉伯诸国（沙特阿拉伯、伊拉克）、欧洲和非洲。从福建到高丽，可由泉州港直接北

---

① 王育民. 福建古代经济史 [M]. 北京：人民教育出版社，1988：388.

上，沿东海沿岸、黄海海岸到达。从朝鲜史书《高丽史》记载的北宋中期前往高丽做生意的商人事迹中，可知从宋真宗大中祥符六年（公元 1013 年）至哲宗元祐四年（公元 1089 年）短短几十年到高丽贸易的有 16 批，每批少则数人，多则百人。他们名义上是"献土物""献方物""献珍宝"，事实上运去了大批货物从事买卖，开展贸易活动。福建与日本的贸易往来在《诸蕃志》中有载，日本商人常运载杉木板、罗木板到泉州进行贸易。与福建贸易的南海诸国包括中南半岛（主要有占城、真腊、罗斛、三佛齐、周婆、三无里、凌加斯加等国）、印度尼西亚和菲律宾。泉州到中南半岛上的占城（今越南南部），顺风二十余日可到达。南宋乾道三年（公元 1167 年）福建市舶司言"本土纲首应等，昨至占城番"，回返时载来了占城的使节和进奉物品。另一纲手吴兵的船舶也载来了香料、象牙等共十余万斤，这是福建与占城一次大规模的贸易活动。南海诸国往西是印度次大陆，被称为"西天诸国"。该地区到福建从事贸易活动的南亚商人不少，一些国家也是许多商人进行来往贸易时的暂时停靠点。在今印度西南部马拉巴尔一带有南毗国、奎隆一带有故临国、印度东南部沿海地区有注辇国，今孟加拉有鹏茄罗国，今斯里兰卡有细兰国等。其中，故临国位于阿拉伯地区与福建贸易往来的交通线上，阿拉伯商人往往先到故临国停留，然后再换乘大船，到南海群岛、中国福建来。阿拉伯诸国在宋代称为"大食"，从福建至大食，航行一次大约需要两年时间，通常是在冬天的十一月、十二月乘北风由泉州扬帆出发，行四十来天到兰无里（今印度尼西亚苏门答腊岛亚齐）过冬，第二年再启航，过马六甲海峡，横跨印度洋，顺风月余到达故临（今印度西南端沿阿拉伯海岸奎隆一带），再换乘小船航行一个多月，便能抵达波斯湾沿岸的阿拉伯诸国[1]。虽然两地距离遥远，但沿着海路到福建做生意的阿拉伯诸国商人仍很多。阿拉伯的"蕃客""舶主"经常贩运各种商品到中国，甚至还有不少大食（阿拉伯）商人定居在福建，其中福建泉州城南较为有名的有施那帏。南宋高宗绍兴六年（公元 1136 年），大食商人蒲罗辛造一艘船运载乳香到中国贸易，在泉州抽解，"直至三十万缗"，可见乳香贸易数量之多[2]。与阿拉伯半岛相连、地处北非的易斯里（今埃及开罗）、歇根陀（今埃及亚历山大港）、默伽猎（今摩洛哥）等，以及欧洲的斯加里野（今意大利西西里岛）等一些国家和地区也都通过海上贸易与福建有一定联系。

---

① 唐文基. 福建古代经济史［M］. 福州：福建教育出版社，1975：368.

② 唐文基. 福建古代经济史［M］. 福州：福建教育出版社，1975：369.

但在元末1353年，泉州发生饥荒，饥荒之后，又出现长达9年（1357～1366年）的战乱，泉州港受到严重破坏，泉州乃至福建在海上丝绸之路中的地位随之迅速下降。

3. 明清时期：福建海外贸易的艰难前行

明初，福建海外贸易主要受郑和下西洋活动的影响。郑和七次下西洋有四次驻泊福建，并在那里招募富有经验的船工、火长，同时补充给养和采办对外贸易的物品。由福建提供的对外贸易物品主要有茶叶、糖、雨伞、樟脑，以及绸、丝、纱、棉各种纺织品和瓷器①。这些物品通过郑和下西洋的活动而远销海外诸国。

明宣宗之后，明政府已无力举办下西洋的活动，朝廷官员也强烈反对此类活动的进行。这期间，明政府严格推行禁海政策，不允许私人海外贸易，同时限制外商来华贸易，福建的海外贸易活动遭受打击。明代政府为了加强对海外贸易的控制和垄断，实行一种招徕海外诸国入明朝贡贸易的制度，这一时期的贸易以朝贡贸易为主。政府准许这些国家以朝贡的名义随带货物由官方给价收买。为管理朝贡贸易，统治者在广东、福建和浙江设立了市舶司，凡外商入贡皆设市舶司以领之，"在广东者专为占城、暹罗诸番而设，在福建者专为琉球而设，在浙江者专为日本而设，其来也，许带方物，官设牙行与民贸易"②。福建市舶司于明初设于泉州城南水仙门内宋市舶务旧址，来远驿设在城南车桥村。琉球（在今中国台湾岛和日本九州岛之间）和吕宋（今菲律宾）等国的贡道位于福建，最初琉球贡船泊于泉州港，由设在泉州的市舶司接待。由于琉球贡船直驶福州更为便利，在福州驻泊也可直入闽江北上赴京，并且从事琉球朝贡贸易的大部分是明洪武、永乐年间移居琉球的福州河口人，政府为了加强对中琉贸易的控制和管理，在明成化年间，将福建市舶司从泉州转移到福州。在禁海政策推行期间，福建与琉球的朝贡贸易显露了突出地位。据学者统计，仅明成化至嘉靖末年（公元1465～1566年）的一百余年间，琉球来华朝贡就达78次，福州港接待贡使的次数位居各港之首③。福建与琉球的贸易也使福州港跃居各港之首，一时成为明代海外贸易中心。

---

① 卢平. 明代对外政策对福建海外贸易的影响探析 [J]. 福建省社会主义学院学报，2001（1）：45-48.

② 胡宗宪. 筹海图编卷十二影印文渊阁. 四库全书史部：第584册 [M]. 台北：台湾商务印书馆，1986：398-399.

③ 谢必震. 略论福州港在明代海外贸易中的历史地位 [J]. 福建学刊，1990（5）：71-73.

永乐年间，明政府设置了浙江、福建、广东、云南和交趾（今越南北部红河流域）五个市舶司（后两者存在时间很短），福建在海上丝绸之路中的地位再次稳固。在明中叶，受私人海外贸易的冲击，中琉间朝贡贸易的繁荣一去不复返，福建市舶司的职能也处于瘫痪状态，福州港也从繁荣的顶峰跌落。1523年，"争贡之役"发生后，福建和浙江的市舶司被撤销，仅保留广东市舶司，福建在海上丝绸之路中的地位有所下降。

明代后期，由于资本主义萌芽的出现，私人海外贸易飞速发展，这使福建的漳州月港逐步发展成为私营海外贸易的重要港口，至今留有响馆码头、容川码头等遗址。与此同时，私人海外贸易的发展也迫使统治者重新考虑调整其海外贸易政策。1560年，福建市舶司恢复，但福建在海上丝绸之路中的地位并未明显上升。1567年，福建巡抚御史奏请开海禁，明朝统治者才准许福建漳州月港民间单向进行有区域、有引数限制的海外贸易（如不允许到日本进行贸易，不允许外国商船到月港进行贸易，每年限定88船引，后增到110船引等）。禁止了近200年的海外贸易得以重现，福建的海外贸易得以迅速发展，漳州月港也从无名小港成为东达日本、西接暹罗（今泰国）、南通拂朗诸国（当时对欧洲诸国的泛称）的重要港口。同时，海禁的开放也实现了太平洋东部贸易航线与西部贸易航线的连接，成就了1565～1815年的"大帆船贸易"。1580年，福建市舶司再次被撤销。1599年，明王朝恢复福建和浙江的市舶司，使福建在海上丝绸之路中的地位再次迅速上升。

清朝在建立初期制定并实施了一系列更为严格的禁海令，但福建受到的影响较小。海禁政策对福建的影响较小的原因主要有：首先，郑氏势力构建了以厦门为基地的贸易船队，与日本以及一些东南亚国家开展贸易活动，一度成为以台湾海峡为核心的东亚和东南亚海上贸易霸主。其次，福建地方政权为了增强军事实力、增加财政收入而支持海外贸易。

清廷在平定郑氏集团、武装收复台湾后，1685年，清政府设闽、粤、浙、江四处海关，实行四口通商。将江苏松江（今上海）、浙江宁波、福建厦门和广东广州设为对外贸易港口①。1717年，清政府下令禁止与南洋贸易，但1718年解除广东同南洋贸易的禁令，福建在海上丝绸之路中的地位进一步下降，这一情况直到清政府于1727年解除福建同南洋贸易的禁令才得以改变。1729年，浙江同南洋贸易的禁令也得以解除，福建在海上丝绸之路中的地位再次受到影响。

---

① 丁溪. 中国对外贸易 [M]. 北京：中国商务出版社，2006：223.

1757 年，清政府撤销松江、宁波和厦门的海关，只留下广州一个对外贸易港口，实行一口通商。尽管厦门在某些时候可以与来自吕宋的西班牙商船开展贸易，但由于福建山多人多、地少且瘠，再加上海外贸易的缺失，福建在海上丝绸之路中的地位出现明显下降。清廷禁止英国、法国、美国等海上贸易强国到厦门贸易，马上导致了福建沿海经济的中衰。

（二）近代以来福建贸易发展以及在海上丝绸之路中地位的变迁

1. 晚清至改革开放前：福建海外贸易的曲折发展

第一次鸦片战争结束后，英国要求清政府开放上海、宁波、福州、厦门、广州五口通商①。其中，福建省占了两个口岸，这反映了当时福建在外贸中的重要地位。福建的两个口岸里，厦门是清代前期中国外贸的中心城市，只是在清廷禁止厦门港直接和英美法三国贸易后，它的地位才被广州取代。对英国人来说，厦门是给他们留下深刻印象的城市。福州港对英国人来说是有开拓远景的港口。当时在国际市场上，武夷茶是最热门的商品之一。在鸦片战争之前，武夷茶输出由于清政府的限制不得不绕道广州，这使英国人购买武夷茶付出了更多的代价。福州是距离武夷茶区最近的港口。也就是说，只要福州开放，他们便可以买到价格更低廉的茶叶。所以，尽管清廷官员在鸦片战争后的谈判中多次拒绝开放福州港，但英国侵略者坚持不肯让步，清廷最终不得不答应了他们的要求。

晚清福建的海外贸易可分成两个阶段：第一阶段是 1840～1889 年，第二阶段是 1890～1911 年。在第一阶段，由于福州开辟为茶市，福建武夷茶的输出港口转到福州，福建对外贸易高速发展。在当时的中国对外贸易中，茶叶占据重要地位。据统计，1871～1873 年，中国年平均出口约为 11000 万元，其中茶叶出口约为 5797 万元，占 52.7%②。在茶叶出口中，福建省出口值占很大比重。1853 年，福州出口茶叶占全国茶叶总出口的 5.7%；1854 年为 17.2%；1855 年为 14.0%；1856 年为 31.4%；1857 年为 34.5%；1859 年为 42.0%；1860 年为 35%③。在同一时期，厦门口岸出口的茶叶也有近 4 万磅（1 磅＝0.454 千克）。在福建茶业鼎盛时期，对外出口总量约占全国的一半。当时福建在国内海外贸易中的地位是很高的。如 1873 年全国进出口贸易总值为 13860 万海关两，其中福

---

① 徐晓望. 鸦片战争前后中英茶叶贸易的口岸之争 [J]. 福建论坛（人文社会科学版），2015（8）：99-106.

② 赵麟斌. 闽文化的前史今声 [M]. 上海：同济大学出版社，2011：161.

③ 林庆元. 福建近代经济史 [M]. 福州：福建教育出版社，2001：251.

州、厦门两口岸进出口贸易总值为 2016 万海关两，福建所占比重为 15%；1886 年全国为 16651 万海关两，其中福建为 2202 万海关两，占 13%。当时在全国各口岸中，福州仅次于上海、广州，排在第三位，厦门经常排在第五位或第六位；若以省为单位计算，福建省进出口总额和广东不相上下，排在第二位或第三位。此时，福建在海上丝绸之路中的地位也是较高的。

晚清后期福建海外贸易遭到很大挫折。从 1886 年开始，英国人改饮印度红茶，拒买福建红茶，这使福建茶叶失去了主要市场。与此同时，福建省其他货物出口跟不上全国前进的步伐。这使福建在国内对外贸易中的地位急剧下降。1894 年，国内进出口贸易总值为 29374 万海关两，而福建省的进出口贸易总值仅有 2218 万海关两，在全国所占比重为 7.5%，比鼎盛时期下降了一半。1901～1903 年，全国年平均进出口总值为 78400 万元，同期福建年平均进出口总值约为 4000 万元，在全国所占比重为 5%。而且，福建还从长期贸易顺差变为长期贸易逆差。19 世纪 90 年代，福建省对外贸易从顺差几百万元逐渐变为逆差 1000 多万元；20 世纪的前 10 年，福建省每年贸易逆差达到 1000 多万元，最高的年份达到 2000 万元，外贸情况日益恶化。这一时期，福建在海上丝绸之路中的地位显著下降了。

中华民国成立至改革开放前，福建由于地理位置等原因，海外贸易虽有发展，但总体来看仍没有跟上其他省份的步伐。中华民国成立后，前八年福建的对外贸易仍然陷于停滞，从 1919 年开始有所增长，1929 年达到近代史上福建对外贸易额的最高峰，该年福建出口为 2923 万元，进口为 4677 万元，进出口贸易总额为 7600 万元，贸易逆差为 1754 万元，以后逐年下降，1939 年进出口贸易总额为 3046 万元，比最盛期下降一半。抗战胜利后，福建经济贸易总值更低。但全国的对外贸易却有很大的发展。据统计[1]，1868～1933 年，我国出口贸易增加 6 倍，输入贸易增加 13 倍，贸易总额增加 10 倍。而福建对外贸易却增长不快，1873 年福建进出口贸易总值为 2016 万海关两，折合 3141 万元，1933 年贸易总值为 5093 万元，仅增长了 62%，60 年里，年平均增长率为 1%，基本停滞，福建经济也进一步地落后了。中华人民共和国成立到改革开放这段时间里，我国经济总体上处于相对封闭状态。货物进出口主要在国家的集中安排下根据计划要求进行，这使进出口始终徘徊在较低水平[2]。1950 年福建进出口总额只有 1034 万

---

[1]　严中平 . 中国近代经济史统计资料选辑［M］. 北京：科学出版社，1955：52.

[2]　黄晓玲，宋沛 . 中国对外贸易（第二版）［M］. 北京：对外经济贸易大学出版社，2002：386.

美元①。而且，中华人民共和国成立后，福建又因为地理位置等一系列原因，在国家整体发展战略中处于一种被战略放弃的状态。这些原因都使福建省这一阶段在海上丝绸之路中的地位处于较低水平。

以上情况表明，自19世纪90年代直至改革开放前，福建对外贸易的发展十分曲折，其间虽有发展，但总的来说是停滞的。相反，诸如广东、浙江等省份有相对良好的发展和扎实的经济基础，使福建在海上丝绸之路中的地位进一步下降。

2. 改革开放以来：福建海外贸易的拓展深化

改革开放初期，由于国家政策的支持，福建省在海上丝绸之路中的地位有小幅度上升。但随着改革开放进程的推进，由于其他省份也得到了不同程度的支持和建设，福建在海上丝绸之路中的地位再次下降。2009年平潭综合实验区和2014年福建自由贸易试验区的建立使福建具有了政策优势，其在海上丝绸之路中的地位又开始缓慢上升。虽然地位经过了几次变化，但总体来看，福建的海外贸易一直在拓展深化和稳步前行。

1979年，党中央、国务院批准福建在对外经济活动中实行特殊政策和灵活措施，通过设立厦门经济特区，给予了地方更多自主权。1981年10月15日，厦门经济特区在湖里动工，这就是著名的"湖里第一炮"。湖里是建设经济特区的理想之地。其位于厦门岛西北角，东、西、北三面邻海，港区开阔，水深不淤，海岸线长，地理位置优越，交通便捷②。1984年2月7日，80岁高龄的邓小平视察深圳、珠海，两日后来到厦门，在厦门特区管委会二楼厅堂里，挥毫写下13个大字——"把经济特区办得更快些更好些"。③ 同年3月，国务院决定将厦门经济特区的范围扩大至整个厦门岛（含鼓浪屿），共131平方千米，并实行自由港的部分政策。4月，福州被列为国务院批准的14个全国首批沿海开放城市之一。1985年1月，国务院批准设立福州经济技术开发区，开辟闽南厦漳泉三角地区为沿海经济开放区。福州经济技术开发区是全国唯一集国家级经济技术开发区、保税区、台商投资区、高科技园区和地方行政区于一体的特殊开发区域，其特色在于闽台经济技术合作，优势在于利用台商投资共同开发，潜力在于发展和

---

① 刘正英. 江泽民同志对厦门特区建设的指导与关怀 [J]. 福建党史月刊，2002（8）：5-7.

② 福建省统计局. 对外开放显成效　勇立潮头踏浪行——新中国成立70周年福建经济社会发展成就系列分析之二十 [EB/OL]. https：/tj. fujan. gov. cn/ztz/xzg70/201909/t20190910_5021476. htm.

③ 罗昱，高红霞. 忆邓小平同志为厦门经济特区题词 [EB/OL]. http：//cpc. people. com. cn/n1/2019/0621/c69672-31173251. html.

扩大两岸经贸关系和交流。号称"闽南金三角"的厦漳泉作为福建省经济最活跃的地区，是我国对外贸易的重要桥梁。随着进一步的开放和对外贸易的发展，福建在海上丝绸之路中的地位有所上升。

1988 年，国务院先后两次批准扩大福建沿海经济开放区范围，开放区由原先的 11 个县（市、区）扩大到 34 个县（市、区）。1989 年和 1992 年国务院共批准设立 4 个台商投资区，均在福建。福建率先进行点状开放，为我国对外开放基本国策积累了丰富经验。我国的对外开放在邓小平同志南方谈话后进入了新一轮高潮。1992 年，国务院先后批准设立福清融侨经济技术开发区、厦门和福州两个保税区及湄洲岛、武夷山两个国家级旅游度假区。同年，福建省委、省政府批准 237 个镇为沿海开放区重点工业卫星镇。1993 年，国务院批准设立东山经济技术开发区，将三明、南平、龙岩及宁德的福安、福鼎列入沿海经济开放区。福建对外开放的范围逐步由沿海向山区拓展。福建以开发开放区为基础，大力发展对外贸易，大规模引进外资，外向型经济迅速发展。但由于对外开放是一项基本国策，随着经济特区的增加、一些国家级新区的出现及开发城市的迅速增加，福建省的实力落后于江苏、广东、浙江等省份，福建在海上丝绸之路中的地位有所下降。

2001 年，随着中国加入世界贸易组织（WTO），全国各地的开放全面铺开，区域经济合作对各地经济发展的影响日益重要。为此，福建省在 21 世纪初提出了充分利用区位优势和先发优势，建设"全面繁荣、协调发展、对外开放的海峡西岸经济区"的战略构想。2009 年，国务院发布了《关于支持福建省加快建设海峡西岸经济区的若干意见》，并指出"在现有海关特殊监管区域政策的基础上，进一步探索在福建沿海有条件的岛屿设立两岸合作的海关特殊监管区域，实行更加优惠的政策"。根据这一精神，福建省委、省政府在深入调研的基础上，做出了设立平潭综合实验区的决定，提出积极探索两岸区域合作模式，建立更加紧密合作的两岸交流区域平台，努力把平潭建设成为探索两岸合作新模式的示范区和海峡西岸经济区科学发展的先行区[①]。2011 年 11 月，国务院正式批准《平潭综合实验区总体发展规划》，平潭的开放开发为福建对外开放注入了新的动力。建设海峡西岸经济区和平潭综合实验区，是福建构建对外开放、对内连接、山海协作三条战略通道，连接长三角、珠三角两大经济区，加强港澳台、东南亚的经

---

① 福建省人民政府发展研究中心课题组. 以 21 世纪海丝核心区建设为主线加快福建各市开放型经济错位发展、协调发展 [J]. 发展研究，2017（4）：21-29.

贸合作和人文交流的重大举措。通过海峡西岸经济区建设，福建已经基本形成了开放的格局和态势。2015 年，《国务院关于印发中国（福建）自由贸易试验区总体方案的通知》中指出，批准建立中国（福建）自由贸易试验区。这些政策的实行又使福建重新拥有了政策优势，其在海上丝绸之路中的地位再次上升。

总的来说，改革开放以来福建的对外贸易有四个特点①：一是对外贸易总量不断攀升。改革开放初期，我国国内市场化水平不高，对外经济交流活动十分有限，造成了与国际市场相对隔绝的状态。1978 年，福建省货物进出口总额只有 2 亿美元，2021 年已达到 2852.5 亿美元，货物贸易出口规模首次突破万亿元。二是商品结构不断优化。福建省对外贸易的重要支撑逐渐转化为机电、高新技术出口产品。改革开放初期，福建省出口商品以初级产品为主，随着改革开放的推进，出口商品附加值大幅度提高，国际竞争力大为提升。出口总额中初级产品所占比重不断下降，机电、高新技术产品出口比重逐步提升。2021 年，福建省机电产品出口 3985.4 亿元，同比增长 24.6%。其中，锂离子蓄电池、液晶监视器、自动数据处理设备及其零部件出口增幅分别达 180%、42.2% 和 31.1%。三是经营主体不断壮大，三资、民营的外贸企业比重大幅提高。外贸经营主体由改革开放时的几家省级专业外贸分公司和厦门支公司增加到 2007 年底的 12594 家。2017 年有出口实绩的企业达 18712 家，逐渐形成国有、三资、民营等多种所有制外贸企业共同发展的格局。2020 年，福建省有进出口实绩的企业达 2.6 万家，其中有出口实绩的企业达 2.2 万家。2021 年，福建省的民营企业保持领军地位，民营企业进出口总额达 9816 亿元，同比增长 38.1%，占比 53.2%。四是外贸市场更加多元化。改革开放初期，虽有 124 个国家和地区与福建省有贸易往来，但贸易规模都很小，且主要集中在中国香港、日本、东南亚及部分西欧国家。2007 年，福建省与 218 个国家和地区有贸易往来。福建省外贸市场持续扩大。2017 年，福建省出口的国家和地区共 226 个，其中，出口额在 5000 万美元以上的国家和地区共 98 个，出口额在 1 亿美元以上的国家和地区共 76 个，出口额在 10 亿美元以上的国家和地区共 28 个。

---

① 李锦秀. 福建省改革开放 40 年外经贸领域取得的成绩与主要经验 [J]. 对外经贸，2018（10）：38-39+82.

二、福建省推进21世纪海上丝绸之路核心区协调发展的历程

（一）从"一带一路"倡议到21世纪海上丝绸之路核心区（2013~2015年）

2013年9月和10月，习近平主席在访问哈萨克斯坦和印度尼西亚时分别提出建设"丝绸之路经济带"和"21世纪海上丝绸之路"。"一带一路"是这两者的简称。"一带一路"倡议旨在推动沿线国家和地区的经济发展、文化交流和区域合作，构建全球经济合作新格局。其中，"21世纪海上丝绸之路"圈定上海、福建、广东、浙江、海南五省（市）。在国际层面，其重点是在古代丝绸之路和海上丝绸之路发展的基础上，赋予其新的时代内涵和使命，延续中西方在经济、商贸和文化方面友好交流的传统，加强各国家和地区之间的深层次合作，努力共建中西连通、全球互动的新时代"桥梁"①。在国内层面，"一带一路"倡议有助于加强我国东、中、西部区域之间发展的协调性和内在联系，加强沿线省份的区域合作与联系，推动构建沿线"丝路"经济带和经济圈②。时任国务院总理李克强参加2013年中国—东盟博览会时强调，铺就面向东盟的海上丝绸之路，打造带动腹地发展的战略支点。加快"一带一路"建设，有利于促进沿线各国经济繁荣与区域经济合作，加强不同文明交流互鉴，促进世界和平发展，是一项造福世界各国人民的伟大事业。

为推进实施"一带一路"重大倡议，让古丝绸之路焕发新的生机与活力，以新的形式使亚欧非各国联系更加紧密，互利合作迈向新的历史高度，2015年，国家发展改革委、外交部、商务部联合发布《推动共建丝绸之路经济带和21世纪海上丝绸之路的愿景与行动》（以下简称《愿景与行动》）。文中指出，对于沿海和港澳台地区要利用长三角、珠三角、海峡西岸、环渤海等经济区开放程度高、经济实力强、辐射带动作用大的优势，加快推进中国（上海）自由贸易试验区建设；支持福建建设21世纪海上丝绸之路核心区；充分发挥深圳前海、广

---

① 孙志远．"一带一路"战略构想的三重内涵［N］．中国经济时报，2014-08-11（006）．
② 民进上海市委课题组．"一带一路"战略构想：意义与路径［N］．联合时报，2015-10-20（006）．

州南沙、珠海横琴、福建平潭等开放合作区的作用，深化与港澳台合作，打造粤港澳大湾区；推进浙江海洋经济发展示范区、福建海峡蓝色经济试验区和舟山群岛新区建设，加大海南国际旅游岛开发开放力度；加强上海、天津、宁波—舟山、广州、深圳、湛江、汕头、青岛、烟台、大连、福州、厦门、泉州、海口、三亚等沿海城市港口建设，强化上海、广州等国际枢纽机场功能；以扩大开放倒逼深层次改革，创新开放型经济体制机制，加大科技创新力度，形成参与和引领国际合作竞争新优势，成为"一带一路"特别是 21 世纪海上丝绸之路建设的排头兵和主力军；发挥海外侨胞以及香港特别行政区、澳门特别行政区独特优势作用，积极参与和助力"一带一路"建设；为台湾地区参与"一带一路"建设做出妥善安排。《愿景与行动》第六部分有六句话涉及福建省及其地区的发展目标，自此，福建正式确立为海上丝绸之路核心区。"21 世纪海上丝绸之路"囊括多个省份，唯独福建被定位为"海丝"核心区，福建省人民政府发展研究中心课题组认为，其原因主要有五个：一是福建是海上丝绸之路的起始点、发源地，作为"海丝"核心区，不仅传承了历史，而且是时代赋予其的新使命。二是福建作为海上丝绸之路的重要组成部分从未间断过，在改革开放以来的几十年中，不停地在扩大与"海丝"沿线国家及地区的交流及贸易。三是福建是"海丝"相关省份中少有的完整具备"五通"（政策沟通、设施联通、贸易畅通、资金融通、民心相通）优势的省份。作为侨乡，福建拥有"民心相通"的优势，为福建"引进来""走出去"提供了有利的条件。四是福建拥有广大凝聚力强的华侨，且他们的力量还在不断崛起中。五是南岛语系的主要发源地是福建，福建与南太平洋诸岛的关系源远流长。

同年，福建省编制《福建省 21 世纪海上丝绸之路核心区建设方案》。支持泉州建设先行区；福州、厦门、平潭打造战略支点；三明、南平、龙岩等市建设海上丝绸之路腹地拓展重要支撑。发挥华侨、华人作用，促进与"海丝"沿线国家双向投资，加快厦门大学马来西亚分校和华侨大学海上丝绸之路研究院建设，发挥东盟海产品交易所作用，推动实施中国—东盟海洋合作中心等一批合作项目。根据福建省发展改革委有关负责人介绍，基于《愿景与行动》的相关内容，《福建省 21 世纪海上丝绸之路核心区建设方案》提出了福建省建设 21 世纪海上丝绸之路核心区八项主要工作任务[①]：一是加快设施互联互通，加强海上通道、

① 温雅. 福建发布海丝核心区建设方案将从八个方面重点推进 [EB/OL]. https://www.gov.cn/xinwen/2015-11/17/content_2967233.htm.

航空枢纽和空中通道、陆海联运通道、口岸通关体系、信息通道等建设。二是推进产业对接合作，支持企业扩大境外投资，推进现代农业、主导产业、能源矿产、旅游等产业合作。三是加强海洋合作，积极发展远洋渔业，加强海洋科技、生态环境保护、海上安全等合作。四是拓展经贸合作，推进中国（福建）自由贸易试验区建设，努力提高对外贸易水平，强化贸易支撑体系建设，加强投资促进工作。五是密切人文交流合作，丰富文化交流，推进教育、医疗卫生合作，拓展友好城市，扩大劳务合作。六是发挥华侨华人优势，激发侨商参与建设热情，加强华侨华人情感联系。七是推动闽台携手拓展国际合作，深化闽台经贸合作，扩大人文交流交往。八是创新开放合作机制，强化政府间交流机制，建立国内合作共建机制，打造重大合作平台。

（二）"十三五"期间福建省推进21世纪海上丝绸之路核心区协调发展的历程（2016~2020年）

2016年，福建省稳步推进企业"走出去"。与国家开发银行、中国出口信用保险公司等机构签署合作协议，为海外投资项目提供融资、保险等全方位支持。中国武夷、紫金矿业、旗滨集团等企业对外投资加速。中肯（肯尼亚）东非经贸合作区、旗滨集团马来西亚工业园、紫金矿业刚果（金）铜矿等一批境外投资园区和项目建设取得积极进展，福建省投资集团与印度尼西亚、马来西亚有关部门和企业达成了投资合作共识①。2016年，福建省与"海丝"沿线国家和地区贸易额共计2697.5亿元，其中出口1822.9亿元。对"海丝"沿线国家和地区投资备案项目96个，对外投资额22.3亿美元，同比增长61.6%。成功举办9·8中国国际投资贸易洽谈会、6·18海峡项目成果交易会、5·18海峡两岸经贸交易会暨"海丝"博览会、21世纪海上丝绸之路建设暨国际产能合作研讨会等一系列展会，不断拓宽投资贸易信息渠道，营造支持企业对外合作的良好氛围。不仅如此，福建省还积极推进"海丝"旅游建设。福建省"海丝之旅"被国家旅游局列入2016年首批推出的中国十大国际旅游品牌，中蒙俄国际旅游品牌"万里茶道"列入《建设中蒙俄经济走廊规划纲要》的项目清单。成功举办了第二届"海上丝绸之路"（福州）国际旅游节、第十八届中国湄洲妈祖文化旅游节、国际海岛论坛等活动。

---

① 叶飞文. 海上丝绸之路铸就福建"丝路精神"［EB/OL］. http：//world. people. com. cn/n1/2017/0521/c1002-29289090. html.

2017 年，福建省加强了"海丝"核心区建设组织协调工作，落实并细化了该年福建省 21 世纪海上丝绸之路核心区建设工作任务及重点，取得了明显成效。初步建立"海丝"核心区建设重大项目库，按季跟踪。建立政策会商制度，召开"海丝"核心区建设工作例会，研究季度"海丝"核心区建设情况及部署下阶段工作，协调解决"海丝"核心区建设中的重大问题。建立福建省推进国际产能和装备制造合作联席会议制度，指导推动企业"走出去"。积极推进"海丝"智库及智库联盟建设。推进华侨大学、厦门大学等高校建立海上丝绸之路相关研究院。2017 年，福建与"一带一路"沿线国家贸易额为 3601.2 亿元人民币，同比增长 15.2%。截至 2017 年底，仅在商务部门备案的福建对外直接投资企业和境外分支机构已达 2533 家，中方协议投资额为 266.4 亿美元。

2018 年，福建省出台了《福建省开展 21 世纪海上丝绸之路核心区创新驱动发展试验实施方案》，部署了深化科技体制机制改革、推进海丝核心区创新发展试验、构建海丝协同创新网络、打造科技成果转化特区、深化两岸科技交流合作五方面重点任务。努力把福建 21 世纪海上丝绸之路核心区建成全面创新改革先行区、创新引领示范区、开放合作示范区和海峡两岸协同创新先行区。2018 年底开行的"丝路海运"，是中国首个以航运为主题的"一带一路"国际综合物流服务平台，现已成为"海丝"沿线港口、国际航商、跨国物流企业等共商、共建、共享的合作平台，是"海丝"核心区建设过程中迈出的里程碑的一步。同时，2018 年台闽欧班列发运 175 列、通达 30 多个欧亚大陆城市，世界妈祖文化论坛、海丝博览会等成功举办。截至 2020 年底，"丝路海运"航线持续增加、覆盖范围持续扩大，与境内外港口、航运企业的联动更加密切，与内陆省份的海铁联运更加通畅，与沿海港口的水水中转更加高效，"丝路海运"与"中欧班列"有机衔接的国际贸易大通道基本形成。

2019 年，福建省推进"丝路海运""丝路飞翔"等"海丝"核心区建设八大工程深入实施[①]。丝路海运突破 1800 个航次，丝路飞翔空中航线近 400 条，与共建"一带一路"国家和地区贸易额增长 16.3%，国际友城达 109 对，"朋友圈"进一步扩大。36 项自贸试验区创新成果在全国复制推广，率先建成国际贸易单一窗口 3.0 版，率先开展海关"两步申报"改革试点。积极应对中美经贸摩擦影响，支持企业拓展多元化市场，市场采购贸易、跨境电商等外贸新业态发展

① 唐登杰 . 2020 年福建政府工作报告［EB/OL］. https：//www.fujian.gov.cn/zwgk/ghjh/gzjh/
202001/t20200121_5184943.htm.

壮大。积极参加第二届中国国际进口博览会，采购成交和招商引资成果丰硕，全年亿元以上外资大项目增长 26.9%。外交部福建全球推介活动、2019 厦洽会暨丝路投资大会、海丝博览会成功举办。2019 首届海丝国际文化旅游装备展览会于 12 月 6 日至 8 日在福州海峡国际会展中心成功举办，发挥了福建省会城市文化和旅游资源优势，架起了与海丝沿线国家和城市间互惠互利的合作桥梁，同时为全球文旅装备制造供应商与采购商对接搭建交易平台，让科技赋能文旅融合。

2020 年，福建省实施海丝核心区建设提升行动，深化"丝路海运""丝路飞翔""数字丝路""丝路投资""丝路贸易""人文海丝""生态海丝""海丝茶道"八项重点工程建设。新冠疫情期间，外贸形势严峻，福建迎难而上，"丝路海运"航线达到 70 条，开行 2455 个航次，完成集装箱吞吐量 237.47 万标准箱。"丝路飞翔"不断推进，福州长乐国际机场二期扩建工程开工，厦门新机场用海手续获批。一整年来，福建对"一带一路"沿线国家和地区投资 19.5 亿美元，同比增长 45.9%。"一带一路"沿线国家和地区在福建新设外资企业 137 个，合同外资金额达 82.02 亿元，同比增长 6.1%。

在整个"十三五"期间，福州高位推进"海丝"核心区、福州自贸片区、国家自主创新区建设，发挥国家赋予的"八区叠加"优势，积极融入福州都市圈、闽皖浙赣经济协作区和"一带一路"建设，构筑协同创新、先行先试平台，打造东南沿海改革开放高地。福建省以推进海上丝绸之路核心区建设为抓手，构建更高水平开放型经济新体制成绩斐然。中国（福建）自贸试验区累计推出 196 项全国首创举措，进口规模提升到全国第 7 位，出口规模保持全国第 6 位，实际使用外资和对外投资年均增长 5.9% 和 7.4%。2019 年，福州全市海洋经济生产总值达 2680 亿元，提前实现"十三五"海洋经济发展目标。

（三）"十四五"以来福建省推进 21 世纪海上丝绸之路核心区协调发展的历程（2021 年至今）

当下，福建"海丝"核心区建设提升行动正在实施，"数字丝路""丝路投资""丝路贸易""丝路海运""丝路飞翔"等八大标志性工程成效明显。据官方披露，福建对"一带一路"沿线国家和地区进出口不断扩大，2022 年福建对"一带一路"沿线国家和地区进出口总额已达到 7337.3 亿元，同比增长了 13.8%。

2021 年，福建省深度融入共建"一带一路"。与沿线国家和地区贸易额同比增长 31.8%，"丝路海运"联盟成员突破 220 家。海丝中央法务区落地厦门。第七届海上丝绸之路国际旅游节、第八届丝绸之路国际电影节、第六届世界妈祖文化论坛顺利举行。金砖创新基地建设提速，金砖国家新工业革命伙伴关系论坛成功举办。对外交流合作更加深入，国际友城达 120 对。自贸试验区新推出 25 项全国首创举措，获批新型离岸国际贸易试点。第 21 届中国国际投资贸易洽谈会、首届中国跨境电商交易会、首届中国侨商投资大会成果明显，实际使用外资同比增长 6.1%，出口同比增长 27.7%，首次突破 1 万亿元，货物贸易规模创历史新高。

其中，在 2021 年 9 月初，厦门金砖创新基地挂牌。28 个金砖国家间项目签约落地，总投资金额达 134 亿元，涉及软件信息、技术服务、基金、物流运输、经贸、文化等多个产业。从顶层设计到具体探索实践，至 2022 年，厦门金砖创新基地已构建 7 个新工业革命领域赋能平台，推出了首批 39 个示范标杆项目，签约 33 个金砖合作项目。与此同时，厦门也出台了 26 条措施，加强与金砖国家在政策协调、人才培训、项目开发等领域的合作。金砖国家新工业革命伙伴关系创新基地落户厦门，各国将着力推动实施一批新工业革命领域示范项目，畅通供应链、产业链、创新链、人才链国际循环通道，打造创新合作新标杆。这为福建深化金砖合作、促进"海丝"核心区建设走深走实、扩大高水平对外开放注入了强劲动力。

海丝中央法务区的正式确立也是 2021 年福建省推进"海丝"核心区建设的重要一步。早在 2020 年底，福建省委书记就已提出在福建设立中央法务区的构想。福建省委十届十二次全会、省政府工作报告、福建"十四五"规划等重要会议、文件都把海丝中央法务区作为一项重点工作进行部署；福建省还成立省级层面的海丝中央法务区建设工作领导小组，统筹指导法务区的规划、建设和发展工作，对法务区的定位、命名等提出要求，并明确厦门市为海丝中央法务区建设落地城市。根据 2021 年 11 月 4 日审议通过的《海丝中央法务区总体建设方案》，经福建省委、省政府批准，"海丝中央法务区"为福建省中央法务区建设的统一标准称谓。厦门市为福建省委、省政府明确的海丝中央法务区建设落地城市，按照"一岛两片区互补叠加、自贸片区先行先试、思明片区全面示范"的总体思路布局，加快推进海丝中央法务区建设。11 月 5 日，海丝中央法务区落地厦门。营造法治化营商环境是海丝中央法务区建设的首要目标。厦门从打造现代化国际化法治高地、服务保障高质量发展的高度，承载起构建具有国际影响力、世界知名度的法治创新平台的重大使命。这是福建省 21 世纪海上丝绸之路核心区建设的重大举措，是建设法治强省、提升法治核心竞争力的重要抓手。创新打造"一平台、五中心"的国际法律服务矩阵，构建全链条国际商事海事纠纷解决体系，推动法务科技产业集聚发展。2022年，厦门牢记嘱托，勇立潮头，勇毅前行，全面激发探索海丝中央法务区建设的"活力细胞"，厚植法务机构集聚的法治生态，努力建设国际商事海事争端解决优选地、两岸融合发展法治实践地、法务科技创新聚集地、知识产权保护应用示范地、数字经济治理先行地①。

2022年，福建省在已有基础上，持续推进"海丝"核心区建设。成功举办第22届投洽会、金砖国家新工业革命伙伴关系论坛、首届中国侨商投资大会等重大活动。出台高质量实施RCEP的32条措施，签发原产地证书2.57万份，货值103.7亿元。海丝中央法务区建设稳步推进。中欧班列开行113趟。"丝路海运"联盟成员超270家。与"一带一路"沿线国家和地区贸易额同比增长13.8%。南平、宁德获批国家跨境电商综合试验区，晋江获批国家进口贸易促进创新示范区。闽港、闽澳合作不断深化，"侨"的优势有效发挥，国际友城合作取得新进展。发挥多区叠加政策优势，自贸试验区推出146项全国首创举措。"丝路海运"等标志性工程影响力不断扩大。与"一带一路"沿线国家和地区经贸合作、人文交流更加紧密，新增国际友城23个。外贸外资量质齐升，进出口总额年均增长11%，66种商品出口规模居全国第一。新设外资企业超1万家，高技术产业吸收外资年均增长12%。推介会通过宣传展示一些境外园区，为有意赴境外投资的企业提供多样化选择。促进优质境外园区与"走出去"企业对接交流，达成合作意向，实现互利共赢发展。2022年，由福建省商务厅主办、福建省对外经济合作中心承办的"丝路投资"园区开发对接会在厦门市成功举办。坦桑尼亚驻广州总领事介绍了本国发展情况、投资机遇和重点招商领域。福建企业投资建设的中柬（泰文隆）工业经济特区、加纳光明国际自由贸易区、尼日利亚华商工业园3个境外经贸合作园区负责人宣传推介了园区概况、招商需求和当地营商环境等情况。福建省商务厅工作人员向参会企业解读了福建省对外投资支持政策。推介结束后，参会企业积极与推介园区进行交流洽谈，现场氛围热烈，达成了多项初步合作意向。2022年6月，国内首条"丝路海运"电商快线在厦门港开通，自此，厦门港跨境电商海运快捷通道正式启动。它整合航运、港口、物流资源一体化服务跨境电商产业，助力企业以更高效率、更低成本"走出去"。"丝路海运"将厦门及周边地区的电商货物送达菲律宾马尼拉港仅需两天。

---

① 聚焦海丝中央法务区建设！厦门这样做……［N/OL］．思明快报，http：//www.siming.gov.cn/xxgk/xwgg/jrsm/202209/t20220902_864392.htm.

2023 年 1 月，国务院批复同意在福州、漳州分别设立中国—印度尼西亚、中国—菲律宾经贸创新发展示范园区。双方将探索产业链、供应链、价值链深度融合的国际分工合作模式。"两国双园"是我国近年来深化国际合作的一个新模式①。2021 年，中国商务部、福建省人民政府和印度尼西亚海洋与投资统筹部签署了《中国—印尼"两国双园"项目合作备忘录》。作为共建"一带一路"的旗舰项目，中印尼"两国双园"项目为福州与东南亚经贸合作构建了新平台。在中印尼"两国双园"福清元洪投资区，由丰大集团投建的技术领先、管理完善的元洪国际食品展示交易中心吸引了不少东南亚地区相关从业者前来学习。之前企业出海合作都是靠自身资源，能接触到的合作项目十分有限。"两国双园"平台让企业开展对外合作更加便利，洽谈的合作资源更丰富，合作领域也更广阔。目前，中印尼"两国双园"福清元洪投资区已成为福建与印度尼西亚经贸合作的新增长点。

截至 2023 年，"丝路海运"联盟成员单位达 304 家，命名航线 100 条，通达 43 个国家和地区的 117 座港口，全省开通"中欧班列"城市达到 6 个。福州长乐国际机场二期、厦门新机场飞行区等"丝路飞翔"工程有序推进。成功发射"海丝"一号、二号系列遥感卫星，为"一带一路"沿线国家和地区灾情研判决策提供支持。

如今，福建正积极推动"海丝"核心区建设高质量发展，共建国家基础设施"硬联通"、规则标准"软联通"、民众"心联通"，发展活力竞相迸发，在开放的道路上越走越远。

三、福建省推进 21 世纪海上丝绸之路核心区协调发展的重要价值

（一）承接古代海上丝绸之路

从唐朝至近代，福建都是海上丝绸之路最重要的参与者与见证者。在中国

---

① 左思. "一带一路"大道同行构建人类命运共同体之闽人力量系列报道［EB/OL］. http：//www.ccoic.cn/cms/content/38048.

"海丝"发展的不同历史时期，福州长乐太平港、泉州后诸港、漳州月港等都曾扮演过重要角色。福州长乐太平港是郑和七下西洋的重要基地，作为停留和补给港。泉州港是中国古代"海丝"的起点，元朝时成为"东方第一大港"。漳州月港是明朝后期唯一合法的对外贸易港口，明朝末年从月港出发的华侨华人遍及海上丝绸之路沿线的众多国家①。近代以来，厦门港的地位迅速提升，逐渐成为世界性大港。福建"海丝"历史文化遗存丰富，作为 21 世纪海上丝绸之路核心区，既是对古代海上丝绸之路的传承，也是新时代赋予福建省的新使命。

（二）推动自由贸易试验区深化探索

"21 世纪海上丝绸之路"的提出，既赋予了古代海上丝绸之路新的时代内涵，也为福建自贸区的发展提供了指引和新的历史机遇。福建作为"21 世纪海上丝绸之路"的重要发祥地和核心区，决定了福建自贸区在对接"21 世纪海上丝绸之路"过程中发挥着不可替代的重要作用。"21 世纪海上丝绸之路"为福建自贸区立足两岸、服务全国、放眼全球以及提高贸易便利化、金融国际化、投资自由化等提供了广阔的空间；同时也将构筑起福建新一轮区域经济全面增长的新动力，助力福建省与"海丝"周边国家和地区的贸易往来，促进区域的共同繁荣。

首先，"海丝"核心区和福建自贸区的建设在功能、战略定位和发展核心内容等层面存在一致性，两者均是我国实现对外开放的载体和开放战略的核心构成。福建自贸区作为 21 世纪海上丝绸之路核心区，可充分发挥古代"海丝"起点的历史、人文、侨乡优势。依托"21 世纪海上丝绸之路"重要平台，承载与其对接的任务，加大与沿线国家和地区国内发展战略的对接力度，加速福建自贸区拓展与升级发展，为福建经济社会发展提供新的动力和保障。福建自贸区可将"21 世纪海上丝绸之路"作为重要载体，形成与各地自贸区的战略集群，推动中国自贸区整体发展。

其次，自贸区是我国当前最重要的对外开放平台和载体，需要充分发挥其在服务"一带一路"建设中的重要作用。"21 世纪海上丝绸之路"是国家"一带一路"建设中的"一路"，且国家明确支持福建建设 21 世纪海上丝绸之路核心区。所以，福建自贸区应根据自身发展基础和优势，以"21 世纪海上丝绸之路"

---

① 吴崇伯. 福建构建 21 世纪海上丝绸之路战略的优势、挑战与对策［J］. 亚太经济，2014（6）：109-113.

建设为统领，有针对性地提出服务于"21世纪海上丝绸之路"建设的试验任务。"21世纪海上丝绸之路"建设将进一步引领福建自贸区的发展方向①。

（三）推动福建企业"走出去"

随着"一带一路"倡议引领效应的释放，福建企业对"一带一路"沿线国家和地区的投资热情持续高涨。"一带一路"沿线国家和地区处在工业化和城镇化加快发展阶段，有改善基础设施的需求，且生产要素丰富、市场空间大、投资机会多，福建企业"走出去"可以找到新的发展空间和机会。统计数据显示，2013~2022年，福建省累计备案对外投资项目2630个，覆盖全球104个国家和地区，中方协议投资额合计422.1亿美元，是2013年以前历史累计投资额的10倍以上。紫金矿业、象盛镍业、福耀玻璃、宁德时代、盛屯矿业等一批龙头企业跨国经营水平显著提升，国际竞争力、影响力大幅增强。对外承包工程累计完成营业额106.7亿美元，涵盖交通建设、电力工程、建筑工程、工业建设等多个领域。累计外派各类劳务人员48万人次，其中2020年以来外派劳务规模稳居全国第一位。2022年1~12月，福建省累计备案对外投资项目317个，中方协议投资额26.7亿美元，实际投资额18.6亿美元，规模居全国第10位。

"海丝"核心区的建设，使福建企业"走出去"的步伐加快。其中，推动"海丝"核心区建设八大工程之一的"丝路投资"拓展了企业生存发展的空间，促进了福建省内相关产业的转型和升级。不少"海上丝绸之路"沿线的境外企业从福建采购生产设备和原材料，带动了产业链上游企业的稳定生产和出口规模的扩大。同时，福建省相关产业优势明显，产业规模、技术水平和国际竞争力大幅提升，一批产业龙头已具备逐鹿国际市场的能力。卡塔尔世界杯比赛场馆等基建项目筹建期间，中阿共建"一带一路"的热潮处处涌现，其中不乏福建企业的身影，其中就包括来自福州的雪人股份。它已成为中东市场主要的混凝土冷却方案供应商，同时还为"一带一路"沿线国家和地区的重点项目提供一站式的温控解决方案，包括阿联酋迪拜CREEK新地标项目、巴林新国际机场等。除了提供优质产品，量身定制的配套技术和服务也是福建企业让沿线国家刮目相看的金字招牌。2023年3月8日，厦门金龙联合汽车工业有限公司（金龙客车）首批交付乌兹别克斯坦共和国的18米BRT公交车发车仪式举行。乌兹别克斯坦共

---

① 王婷，陈柳武，王笑君. 福建自贸区与"21世纪海上丝绸之路"深度对接研究 [J]. 福建论坛（人文社会科学版），2018（10）：189-196.

和国东部为山地，属严重干旱的大陆性气候，昼夜温差明显。为保证产品在性能上更符合当地公共交通的运营需求，金龙客车此次出口的公交车特别采用了多级过滤的供气系统，保障了发动机的燃气清洁可靠；使用碳纤维全缠绕保护的CNG-3气瓶，保障了气瓶系统的安全。乌兹别克斯坦交通部部长对金龙客车的品质、管理等给予了高度评价。

"21世纪海上丝绸之路"为福建企业带来了更为广阔的市场空间与合作机遇。福建企业应审时度势、顺势而为，把握历史新机遇。借助"21世纪海上丝绸之路"平台，福建企业应主动实施"走出去"战略，积极参与"21世纪海上丝绸之路"沿线国家和地区的经济建设，输出中国标准，拓展盈利空间，成功实现转型升级，提升国际竞争力和国际影响力。

第六章　福建省推进 21 世纪海上丝绸之路核心区协调发展的实践探索

2013 年，习近平主席在访问印度尼西亚时提出海上丝绸之路的建设意图，2015 年国务院发布了《推动共建丝绸之路经济带和 21 世纪海上丝绸之路的愿景与行动》，明确提出支持福建建设 21 世纪海上丝绸之路核心区。福建抓住作为核心区的机遇，经过 10 年实践探索，取得了一定建设成效，积累了丰富的宝贵经验，为服务国家"21 世纪海上丝绸之路"建设、推进海上丝绸之路核心区协调发展做出有力贡献。

一、福建省推进 21 世纪海上丝绸之路核心区协调发展的政策支持

（一）统筹协调与开放合作政策

福建作为"丝绸之路"的重要区域和重要节点，立足于以国内大循环为主体、国内国际双循环相互促进的新发展格局，与国内、省内各区域开放合作，与"海丝"沿线各国和地区友好往来，统筹协调发展。2015 年，福建自贸片区挂牌成立以后，率先在全国开展海峡两岸 AEO 互认、对台专业金融服务平台建设、启用电子台胞证等一系列利台举措，充分发挥其对中国台湾的特点。与此同时，成立大陆首个台湾社工服务中心，开辟台湾地区人才职称评聘绿色通道以及对区内就业台胞给予 20% 的个人所得税补助等措施，成功吸引大量台胞、台企在大陆生根。"惠台 31 条"和"惠台 66 条"等一系列惠台政策落地见效，进一步为两

岸经济深度融合奠定坚实的基础。同年 5 月，福建与多地旅游主管部门联合，包括中国香港、澳门旅游机构，共同成立"中国海上丝绸之路旅游推广联盟"；在有效整合"海丝"沿线区域旅游产品和市场资源的同时，又通过强化旅游战略来全方位推进与"海丝"沿线各省份的开放合作。2015 年 9 月，福建与陕西签署《关于共同推进"一带一路"建设框架合作协议》，多年来，双方在文化旅游、商贸合作、市县交流方面深化合作，取得一定的建设成效，双方投资规模也保持着较快的增长态势。2015 年初首次举办闽港合作会议，孕育出了闽港高层会晤机制，迄今为止已举办过 4 次，促进了福建与香港的产业合作园区建设及新型国际市场的建立，并进一步加强双方在经贸、环保、教育与人才等方面的交流往来，在海上丝绸之路新机遇下的闽港合作也将迈入新时代。2016 年，福建、澳门相继建立"闽澳合作会议"制度，双方高层通过频繁互访、不定期召开闽澳合作会议、签署一系列合作协议等形式，建立起日常紧密的联系机制。其后，2017 年，在福州举行的闽澳共建"一带一路"高层会晤上，双方更进一步交流互鉴，为闽澳"一带一路"建设再次提速。2020 年 12 月 22 日，福建首颗卫星"海丝一号"发射升空。它的成功发射，将以"海丝卫星"为切入点，通过基于微小卫星的卫星时空信息产业发展和服务的新模式，构建"遥感卫星+"产业融合应用生态圈。这意味着福建省将结合遥感卫星技术、地理信息系统以及云计算、人工智能等技术手段，实现对海洋环境、资源、灾害等方面的全面感知和数据应用。2022 年 7 月，福建大数据交易所正式成立，为福建省推进数据要素市场化流通注入了强大的新动力。交易所通过推动公共数据与社会数据的融合应用，打造一个全省共享、一体化的数据要素交易市场，从而助力福建打造全国大数据交易流通体制机制与应用服务的新高地，进而带动"海丝"沿线数字经济整体协同发展。

（二）基础设施与互联互通政策

基础设施与互联互通是打通福建作为核心区与"海丝"沿线各国家和地区合作经脉的重要前提和基础。经过多年的努力，福建在海上通道、陆海联运通道、现代信息通道等一系列立体交叉联通方面已初见成效，形成了一套较为完整的与"海丝"沿线国家和地区互联互通的立体网络枢纽。2016 年 2 月，北斗泉州分实验室的设立是国家助力福建作为"海丝"核心区的具体行动，有利于福建抢占全球时空信息领域制高点，进一步加强福建与"海丝"沿线各国互联互通。同年，国家国防科技工业局正式批复同意在福建设立高分辨率对地观测系统福建数据与应用中心。该中心作为福建首个卫星应用产业公共服务平台，有效推进福建高分遥感技术和卫星应用产业发展，能更好地服务于21世纪海上丝绸之路建设。目前，福州自贸片区还拥有全省唯一的物联网产业示范基地，超过220家物联网企业在这里聚集，是全省物联网企业最为密集的区域，充分助力福建与"海丝"沿线各国、各地区互联互通便利化。2018年12月，"丝路海运"在厦门港正式成立，成为福建省首个"一带一路"国际综合物流服务品牌和平台。这标志着福建开辟了通向世界的黄金水道。截至2023年，"丝路海运"航线总数已达94条，联通31个国家和地区的108座港口，覆盖了东北亚、东南亚、南亚、中东、非洲和欧洲等地，架起了中国经济和世界经济之间的强力纽带。福州江阴港于2020年6月开创了福州港铁路箱外贸货物"一箱到底"全程多式联运新模式，进一步推进福建与"海丝"沿线各国家和地区的交通便利化。福州港江阴港区凭借独特的区位优势，成为中西部省份内陆货物进出海的重要通道。2022年，龙岩中欧班列（"红古田号"）首趟开行，为龙岩市融入"21世纪海上丝绸之路"建设、发展跨境电商和国际物流提供了新的通道。同年，国内首条"丝路海运"电商快线在厦门港开通，通过整合航运、港口和物流资源，提供高效、低成本的跨境电商海运快捷通道。2022年9月，中国泉州—俄罗斯远东航线首航，标志着泉州直通俄罗斯远东航线正式开通。2022年11月，首趟直达白俄罗斯明斯克的中欧（厦门）班列从厦门自贸片区海沧站缓缓驶出，这意味着中欧互联互通再获新路线。2023年1月，宁德首开中欧班列，成为福建省第一列出口汽车的国际铁路直达专列，为福建省的汽车出口提供了更加高效和可靠的运输选择，助力宁德市汽车产业发展。2023年2月，泉州新增两条航线直达新加坡和马来西亚，进一步对接了《区域全面经济伙伴关系协定》（RCEP）的航线网络，这为泉州港口的经济发展提供了更广阔的发展空间和更方便的物流支持，同时也打开了通往中东和非洲等地区的通道。2023年5月，泉州—中东航线实现首航，这标志着泉州首条中东外贸集装箱航线的顺利开通，通过有效辐射中东主要国家，推动泉州与中东地区经贸合作与互利共赢。同时也打通了泉州第二条对俄贸易海运物流通道，进一步促进对俄经贸合作跨越式发展，建立起连接海上丝绸之路沿线国家和地区的远洋国际航线。

近几年来，福建的厦门、福州、泉州、龙岩、武夷山、宁德等地也相继开通了至欧美主要国家的洲际货运航线，中欧班列在八闽大地"多点开花"，大大拓展了"走出去"的福建企业版图。通过构建多种互联互通的新机制，福建与海上丝绸之路沿线国家和地区的产业合作更加紧密。

（三）贸易与投资便利化政策

自国家明确支持福建作为 21 世纪海上丝绸之路核心区以来，福建积极响应中央要求，主动融入 21 世纪海上丝绸之路建设。通过贸易和投资便利化的制度安排，降低贸易壁垒与投资限制，提高双边、多边贸易和投资的便利化水平，释放各国的贸易投资潜力[①]。在贸易方面，福州自贸片区挂牌成立八年来，为促进跨境电商产业加快发展，协同福州市商务局，研究制定了一系列跨境电商扶持政策：在全国首创跨境电商同业联合担保制度等创新举措，实现跨境直邮、海运快件等多元业务常态化运营；设立福州市跨境贸易专项补偿资金池，为企业提供 8 亿元以上的"跨境贷"额度；连续三年支持举办中国跨境电商交易会等，打响了福州跨境电商品牌。目前，福州自贸片区已实现 9610、1210、9810 等跨境电商业务模式全覆盖。跨境电商综合试验区、福州综合保税区、江阴港综合保税区、原油非国营进口资质、江阴港进境肉类指定监管场地资质及外资企业经营增值电信业务许可等重大政策接连落地，进一步优化了福建作为"海丝"核心区的贸易和投资便利化政策。同时，率先推出"三证合一，一照一码"，为全国"多证合一"的改革提供自贸经验。同时，厦门自贸片区挂牌八年来勇立潮头，勇毅前行，率先试行商事主体登记确认制，率先免除或降低集装箱查验费、港口设施保安费、货物港务费、引航费、锚地停泊费 5 项政府性费用，发布厦门口岸"全流程阳光服务"收费清单，降低企业运行成本。推出集装箱"卸船直提""抵港直装"等模式，使港口作业效率进一步提升。平潭自贸片区建立了覆盖台湾北、中、南地区的货运直航航线网络，通过直航提供便捷的物流通道，加强了两岸货物贸易的往来，为进一步拓展两岸贸易、促进区域经济发展提供了重要支持。2023 年 5 月，中印尼"两国双园"经贸合作交流洽谈会在福清市举行，一批重点项目落地，为中印尼"两国双园"加快建设注入强劲新动力，打造海上丝绸之路新旗舰。同时，泉州也积极承办"海陆丝绸之路城市联盟"筹备会，成为联盟 11 个创始成员之一，深度参与联盟具体事务，为广大民营企业牵线搭桥，助力企业"走出去"，深入"海丝"沿线国家搭建生产基地或营销网络。福建省叠加自贸试验区与"海丝"核心区，使福建自贸试验区与 21 世纪海上丝绸之路建设同频共振，为对外贸易便利化做出了重要贡献。

---

① 黄茂兴，贾学凯."21 世纪海上丝绸之路"的空间范围、战略特征与发展愿景［J］. 东南学术，2015（4）：71-79+247.

（四）金融与货币合作政策

加快金融赋能，通过进一步加强以福建核心区为主的"海丝"沿线各国家和地区金融与货币合作政策，持续释放高质量发展新活力。福州自贸片区身先士卒，率先开展本外币合一账户体系试点，开设 2 万个本外币合一账户，有效提高了地区间的货币合作。同时，在全国首创"反向风险参贷"业务，为企业"走出去"提供低利率跨境人民币贷款，有力推动了人民币国际化进程。2015 年 5 月，亚洲合作对话——共建"一带一路"合作论坛暨亚洲工商大会在福州海峡国际会展中心隆重举行。截至目前，大会已有 35 个成员国，共举行了 17 次外长会，首次领导人会议于 2012 年举行。多边金融机构优势、会展优势进一步得到充分利用，推进海上丝绸之路金融合作与亚洲经贸合作，加强"海丝"地区间和合共生。同年，即 2015 年，国内首家 21 世纪海上丝路文化金融交易中心成立实体机构并落地福建。国内外"海丝"相关文化无形资产可以通过这个平台进行交易和投融资，并通过开展海上丝路文化股权、物权、债权以及无形资产交易，推进福州现代文化市场体系建设，推动福州地区和东南沿海地区文化产业发展。与此同时，"海丝"核心区金融创新试验平台在福建成立，致力于深化金融体制改革，通过放宽市场准入、创新金融业务、优化金融服务等措施，推动金融业对外开放和创新发展，鼓励金融机构与实体经济相结合，探索金融资本和产业资本的融合发展模式，以自贸片区、自贸港等为载体，打造金融开放的示范区，加强与国际金融中心的交流与合作，提升福建省的金融国际化水平。为保障企业"出海"拓市场、觅商机，厦门自贸片区早在 2018 年 8 月即在全国率先探索并落地离岸贸易业务。2021 年 6 月，在厦门自贸委与人民银行厦门市中心支行、外汇局厦门市分局共同推动下，厦门正式获批国家外汇管理局新型离岸国际贸易试点城市，成为全国 5 个试点地区之一。

作为福建本土法人金融机构，福建海峡银行和福建省海洋与渔业厅共同启动了福建省远洋渔业股权投资基金，旨在扶持远洋企业走向深海，促进海洋产业的发展。这一举措为海洋产业做大做强提供了重要的资金支持。邮政储蓄银行福建省分行推出了"海丝一路通"中小微企业金融服务整体品牌，为中小微企业提供全方位的金融支持。民生银行福州分行通过"商行+投行""融资+融智"等综合金融服务方式，打造"海融通"品牌，助力福建渔业产业"走出去"。这些举措旨在为中小微企业的转型升级提供优质的金融服务和资金支持，铺设金融网络，打通金融通道，助力企业扬帆海丝路。

（五）环境保护与可持续发展政策

在全球新发展形势和我国新发展阶段下，环境保护与可持续发展问题在全球各国经济发展中占据着举足轻重的地位。2017年11月，由福建师范大学举办的"绿色丝绸之路"国际论坛指明了在"21世纪海上丝绸之路"倡议下所面临的绿色发展机遇与挑战，助力加快实现绿色海上丝绸之路2023可持续发展目标。从2018年开始，国家菌草工程技术研究中心就已在平潭用菌草技术开展防风固沙和改良盐碱地试验示范，并取得一系列重要研究成果。

2023年，福建正式获批设立全国首个菌草科学与技术国家林业和草原局重点实验室。该实验室的建立旨在加强对菌草科学研究和技术体系的探索，加快突破共性技术和产业化难题，提升菌草科技产学研用一体化水平。这将为林业事业的高质量发展提供有效支持，并为生态建设、乡村振兴、实现"双碳"目标以及推进"21世纪海上丝绸之路"倡议等方面发挥积极作用。该实验室的成立加强了科研机构、高校和企业的合作，推动科研成果的转化和应用，将为菌草产业在福建乃至整个"海丝"沿线国家和地区的发展提供有力支持，促进经济繁荣和技术创新。

（六）人文交流与教育合作政策

唯有文化，跨越国界、不分语言。文明交流互鉴是各国之间友好合作的重要纽带，能够显著提高各国间的发展关系。今天的福州、莆田、泉州、厦门、漳州等地，都以丰富的历史文化遗存而成为世界著名的"海丝之城"[①]。在福建省政府和当地市政府的努力下，海上丝绸之路国际艺术节每两年一届，永久落户泉州市。2015年，在泉州这座拥有悠久历史的"海丝"古城先后举办了海上丝绸之路文化特展、海上丝绸之路艺术公园·亚洲园，再次向世界展现了中国与海上丝绸之路沿线国家的文明历史和文化精华，继承着过去与现在"海丝"各国的丝绸之路的精神，具有深远的意义。此外，宁德市的福船也借力"海丝"的兴起，推动福船文化、海洋文化"走出去"。2016年，莆田举办"梦笔寻源——海上丝绸之路妈祖文化书法艺术展"活动，通过书法艺术传播"海丝"文化、莆阳文化以及妈祖文化，进一步推动海上丝绸之路沿线国家和地区的文化交流。安溪推

---

① 吴崇伯. 福建构建21世纪海上丝绸之路战略的优势、挑战与对策［J］. 亚太经济，2014（6）：109-113.

广的"闽茶海丝行"等一系列相关活动，更加有力地促进了福建与海上丝绸之路沿线国家和地区的茶叶经贸合作与茶文化交流互鉴。2023 年 2 月，泉州海丝国际传播中心揭牌成立，通过"海丝"这个关键平台，以闽南味、国际范、现代化的创新表达方式，讲好泉州故事、传播"海丝"声音，不断提升城市知名度、美誉度和国际影响力。

教育是弘扬"海丝"理念的重要途径。2015 年，海丝文化国际青年学者联盟论坛顺利成立。同年 6 月，福州大学 21 世纪海上丝绸之路核心区建设研究院揭牌。20 日，厦门大学法学院举行"一带一路"法律研究中心揭牌仪式暨"一带一路"——自贸区高端法律论坛。这一系列举措均是福建在成为"海丝"核心区后各高校主动融入"海丝"所采取的具体行动。2016 年 1 月，"海丝文化"游学基地在泉州揭牌，通过丝路文化展示、论坛、民俗学习以及加强与沿线各国和各地区青少年交流等使"海丝"文化的荣光再次发扬光大。2022 年 6 月 18 日，"丝路云"合作论坛强调通过打造国际共建的高质量产学研创新平台来持续推进福建省与海上丝绸之路有关国家的教育合作与交流。

二、福建省推进 21 世纪海上丝绸之路
核心区协调发展的建设成效

10 年来，福建坚持贯彻落实党中央决策部署，紧紧围绕 21 世纪海上丝绸之路核心区的总体规划和布局，坚持共商共建共享，依托独特的历史、人文、地缘等优势，"丝路海运"、自贸试验区、海丝中央法务区、厦门金砖创新基地、"丝路投资"、"丝路贸易"等一大批标志性工程成效明显，在共建"海上丝绸之路"中起而行之，勇挑重担，展现福建担当。

（一）海陆空通道建设不断完善，加快现代化基础设施互联互通

福建作为古代海上丝绸之路的重要起点，如今又被确定为 21 世纪海上丝绸之路的核心区，福建的丝绸之路精神从古至今从未中断过。作为"鲜活的丝绸之路"的重要区域和重要支点，西衔大陆、东邻汪洋、"闽在海中"，福建充分发挥其独特的区位优势，不断完善海陆空通道建设，进一步提高基础设施互联互通的现代化水平，从而更好地辐射带动"海丝"沿线国家及地区，发挥好核心区

的重要战略作用。

海运方面，"丝路海运"作为中国首个面向海上丝绸之路的国际综合物流服务品牌和平台，自2018年开行以来，航线业务持续增长。截至2023年4月，"丝路海运"命名航线已达100条，通达全球43个国家和地区的117座港口，目前，"丝路海运"联盟成员数量已突破300家。2023年6月，"丝路海运"电商快线迎来开通一周年。据厦门海关统计，该航线集装箱吞吐量近3万标准箱，总货值超103亿元，其中出口跨境电商货物3.9万票，货值约3.5亿元。以厦门港、福州港两个主枢纽港为核心的东南沿海现代化港口群是福建海上通道的重要节点。如图6-1所示，2015~2021年，福建沿海港口的货物吞吐量增长率均较为稳定，没有出现大幅度波动的情况。其中，2015年，厦门港货物吞吐量为21022.52万吨，居全省领先地位；截至2021年，福州港货物吞吐量为27352.42万吨，赶超厦门港的22755.99万吨，成为全省第一大港。

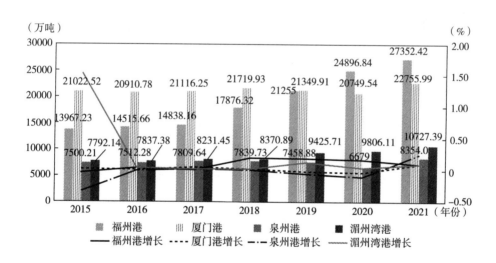

图6-1 福建沿海港口货物吞吐量及趋势

资料来源：历年《福建统计年鉴》。

陆运方面，福建省政府在2022年11月印发了《福建省综合立体交通网规划纲要》（以下简称《纲要》），明确了陆路交通发展的重点和目标。根据该《纲要》，福建将组织实施国家级主通道扩能工程，投资约2200亿元用于新建和改建包括沈海高速公路、京台高速公路等在内的18条高速公路，总长度达到1200千米；此外，还将投资约2720亿元加快推进沿海高铁、昌福厦高铁等高速铁路建设，总建设规模达到 1600 千米。在陆路交通的发展中，中欧班列成为福建对外贸易的重要通道。近几年来，厦门、福州、泉州、龙岩、武夷山、宁德等地陆续开通了通往欧美主要国家的中欧班列，为福建企业走向国际市场提供了便捷的货运路线。截至 2021 年 6 月，中欧（厦门）班列的开行数量突破了 1000 列。截至 2022 年 5 月底，中欧班列（厦门）已累计发运 1147 列，折合 47399 个 40 尺大柜，累计货值为 277.11 亿元。此外，中欧班列武夷山路线已累计发送 10 列，共计 8947.79 吨货物，出口总额为 2.73 亿元。泉州市已开行 9 列中欧班列，共计 4596 吨货物出口至俄罗斯，货值达到 9757 万元。龙岩也成功开行了首趟中欧班列，搭载大量生活日用品、电子产品等货物，总货值超过 1450 万元。这些中欧班列的开行对于推动福建的对外贸易和实现地区经济发展起到了积极的作用，不仅提升了福建在国际物流中的地位，还为当地企业走向世界市场提供了便利，扩大了福建制造业的影响力和国际竞争力。如图 6-2 所示，2015～2022 年，福建省铁路营业长度由 3197.00 千米增加至 4815.15 千米，年均增长率为 6%，总体上呈现较为平稳的趋势，体现了不管是在"陆丝"还是"海丝"的互联互通建设中，铁路运输始终占据着举足轻重的地位。由图 6-3 福建公路通车里程及货运量趋势中可以看出，自 2015 年福建成为"海丝"核心区后，政策逐渐向港口建设、海上通道建设倾斜。但从整体上看，陆路运输仍为福建"海丝"对外互联互通的重要通道。

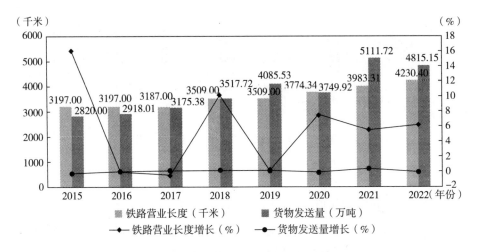

图 6-2 福建铁路营业长度及货物发送量趋势

资料来源：历年《福建统计年鉴》。

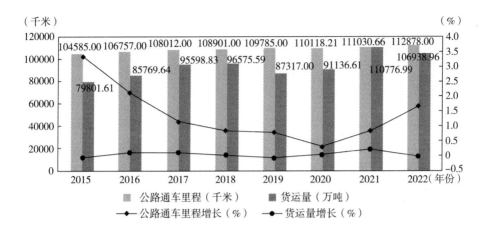

图 6-3　福建公路通车里程及货运量趋势

资料来源：历年《福建统计年鉴》。

空运方面，福建现有厦门高崎机场、福州长乐机场、晋江机场、武夷山机场和龙岩连城机场。其中，长乐国际机场已成为中国东南沿海最繁忙的机场之一，也被国家民航部门定为 21 世纪海上丝绸之路的门户枢纽机场，拥有通航点 82 个，其中国际航点 15 个，航线 119 条，在福建"海丝"发展中发挥了重要的桥梁和纽带作用。在航空客运方面，2022 年全省航空口岸共运行 41 条国际客运航线，复航 13 条航线，新增 11 条航线，通达日本、美国、新加坡、马来西亚、印度尼西亚、澳大利亚等 13 个国家（17 个城市）和 3 个地区，共输送出入境旅客 70.36 万人次，同比增长 45.91%。其中，福州航空口岸共运行 21 条国际客运航线，复航 8 条航线，新增 10 条航线，通达 8 个国家和 2 个地区，出入境旅客 14.51 万人次，同比增长 74.08%；厦门航空口岸共运行 20 条国际客运航线，复航 5 条航线，新增 1 条航线，通达 12 个国家和 3 个地区，出入境旅客 55.84 万人次，同比增长 45.35%。在航空货运方面，2022 年全省航空口岸共运行国际（地区）货运航线 38 条，复航 9 条航线，新增 9 条航线，通达美国、澳大利亚、日本、加拿大、法国、新西兰等 18 个国家和 2 个地区，内含 8 个 RCEP 国家 15 条货运航线、7 个海上丝绸之路沿线国家 8 条货运航线、5 个东盟国家 6 条货运航线，共完成出入境货运量 14.58 万吨，较 2019 年增长 7.5%。其中，福州航空口岸共运行 12 条国际货运航线，复航 3 条航线，新增 4 条航线，通达 7 个国家和 1 个地区，出入境货运量 2.12 万吨。厦门航空口岸共运行 26 条国际货运航线，复航 6 条航线，新增 5 条航线，通达 17 个国家和 2 个地区，出入境货运量 12.44 万吨。从图 6-4 福建民航空港数及货物发送量趋势中可以看出，在 2020 年新冠疫情发生之前，2015~2019 年，福建民航空港数及货物发送量总体呈稳定上升的趋势，表明空域通道在福建"海丝"建设中发挥着重要的桥梁和通道作用。

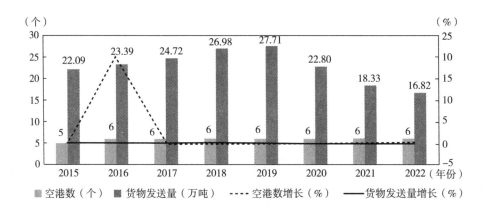

图 6-4　福建民航空港数及货物发送量趋势

资料来源：历年《福建统计年鉴》。

福建海陆空互联互通相辅相成，三位一体，进一步加强了福建作为核心区与其他地区的互联互通水平，共同构成了新时期福建对外开放的路线图。

（二）以福建自贸试验区发展新格局推进海上丝绸之路贸易畅通

福建自贸试验区于 2015 年挂牌成立，旨在建设改革创新试验田、深化两岸经济合作示范区，以及面向海上丝绸之路沿线国家和地区的开放合作新高地。成立 8 年来，福州自贸片区积极引进外资和对外投资，引进外商投资企业达 1138 家，实际利用外资约 12.87 亿美元；累计办理境外投资项目备案达 86 个，中方协议投资额约 19.3 亿美元，涉及多个海上丝绸之路重点合作项目，如宏龙远洋渔业和养殖加工基地、佳和印度尼西亚水电站和吉尔吉斯斯坦财富钢铁厂等。如今，福州自贸片区已经搭建了与全球各地贸易往来的畅通网络。片区的江阴港成为国际船舶登记船籍港，也是全省唯一的中资"方便旗"船舶登记船籍港。此外，福州片区开通了 29 条外贸航线，其中包括 13 条"海丝"航线；还引进了德国爱马仕物流，并开通了榕欧直飞航线，通过汉堡、莫斯科、巴黎等欧洲枢纽城市，形成了榕欧空中物流通道。截至 2022 年，福州自贸片区的港口货物吞吐量达到 6947 万吨，同比增长 81.9%，为建设对外开放的新高地做出了重要贡献。

　　立足于对台特色，福州自贸片区深化榕台各领域融合发展，挂牌以来，片区内对台经贸交流稳步发展，2022年全市对台跨境电商出口交易额达57亿元，同比增长90%。同时，两岸金融合作不断迈上新台阶，跨境人民币同业往来账户等9项业务填补两岸合作空白。两岸交流及青年创业如火如荼，十大台湾青创基地累计入驻台企198家，成为台青安居乐业的幸福家园。拥有全国跨境电商综合试验区和全国跨境电商保税进口试点，区内集聚300多家跨境电商企业，实现保税备货、跨境直邮、海运快件等多元业务常态化运营。2022年，全市跨境电商进出口807亿元，同比增长56%。

　　挂牌成立8年来，厦门自贸片区这片改革创新的热土上也逐渐开花结果。2015~2022年，厦门自贸片区行业增加值从385.28亿元增至1071.66亿元，年均增长15.7%，2022年度行业增加值占全市GDP的13.7%。融资租赁、航空维修、集成电路、跨境电商、文化创意等新业态、新模式蓬勃发展，新兴产业占地区GDP比重已超60%。目前，中欧（厦门）班列已稳定开行中欧、中亚、中俄三条国际货运干线，主要通达12个国家和34个城市。"丝路海运"平台已有100条命名航线，通达43个国家117座港口，促进片区跨境电商进出口突破100亿元。为保障企业"出海"拓市场、觅商机，厦门自贸片区早在2018年8月即在全国率先探索并落地离岸贸易业务。同时，通过设立业务推动和服务机制、建立多层次风险防范体系、出台财政扶持政策等系列组合拳，扎实推进离岸贸易业务健康稳定发展。2021年6月，在厦门自贸委与人民银行厦门市中心支行、外汇局厦门市分局的共同推动下，厦门正式获批国家外汇管理局新型离岸国际贸易试点城市，成为全国5个试点地区之一。2023年第一季度，新型离岸国际贸易业务量达34.21亿美元，同比增长39.3%。

　　8年来，平潭围绕以通促融、以惠促融、以情促融，进行了一系列探路性、试验性、开拓性的实践，累计推出对台创新举措83项，其中全国首创54项。闽台两岸货物贸易畅通，率先实现与台湾主要港口客货运直航全覆盖，累计运送旅客近100万人次，其中台胞约45万人次，台湾农渔产品和跨境电商对台出口均占大陆市场总额的50%以上。2019年，平潭率先实现到台湾北、中、南部客货运海上直航航线全覆盖，并且达到"天天有航班，班班有货运"的高效运营状态。2021年11月，全国首艘以平潭为母港的纯集装箱货轮"鲁丰"正式开航，截至目前，它已承运了7000个标准柜的集装箱货物。凭借对台航班密集、时效快且稳定的优势，如今的平潭口岸已经从过去的默默无闻成为许多企业开展两岸贸易的首选通道。

当前，福州自贸试验区、厦门自贸试验区、平潭自贸试验区已然成为推动福建"海丝"建设的新"三驾马车"。在自贸区的主导作用下，2022年，福建省总外贸进出口额达1.98万亿元，同比增长7.6%。其中，对海上丝绸之路沿线国家和地区外贸进出口额达7737.3亿元，占福建全省外贸进出口额的比重高达40%。东盟是21世纪海上丝绸之路空间范围内距离中国最近、与中国联系最紧密的部分，是21世纪海上丝绸之路建设的重中之重①。如图6-5所示，2015~2022年，福建与东盟的贸易额远高于其他地区，2022年福建—东盟贸易额达4426.6亿美元，同比增长17.9%，并且上升趋势明显，具备较好的发展前景。福建与欧盟、日本、韩国、沙特阿拉伯等地区的贸易伙伴关系也一直保持稳定，进出口增长一直处于较为平稳的趋势。随着RCEP的全面生效，RCEP成员国之间90%以上的货物贸易逐步实现零关税，成为福建外贸进出口持续增长的重要动力。RCEP的政策红利释放，也将带动福建与海上丝绸之路沿线国家和地区的交流合作迈向更高层次。

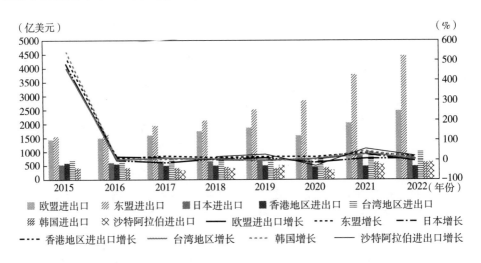

图6-5　福建与"海丝"重要国家和地区进出口总额和增长率

资料来源：历年《福建省国民经济和社会发展统计公报》。

（三）陆海统筹深度培育福建省与海上丝绸之路沿线国家和地区海洋经济合作

福建省在推进与海上丝绸之路沿线国家和地区的合作中，始终注重陆海统

---

① 黄茂兴等.　"一带一路"沿线区域互联互通研究　联通中国与亚欧非合作新未来的战略支撑［M］.北京：经济科学出版社，2016：86.

筹，致力于培育海洋经济合作，在深化远洋渔业合作、加强海洋科技合作等方面取得了显著的成效。

福建省通过加强港口建设和航运物流，建立了高效的海上通道，现拥有福州、厦门、泉州等众多现代化港口，是海上丝绸之路货物流通的关键节点，也是与沿线国家和地区进行人员、经济、文化交流的重要窗口。多年来，福建省以丰富的海洋资源和独特的海洋生态环境为依托，积极开展海洋产业合作，与沿线国家和地区在渔业资源、海洋能源、海洋旅游等领域进行了多元化合作，实现资源共享和优势互补；同时还与各国共同推动海洋科技创新，加强科研机构间的交流，进一步推动海洋科技的发展和实用化。以上举措不仅强化了海上丝绸之路的连接性，也提升了福建省的海洋经济和科技发展水平。

作为海上丝绸之路核心区，福建省将国家出台的一系列海洋政策与 21 世纪海上丝绸之路核心区建设相融合，从"大念山海经"到"山海合作，建设海峡两岸繁荣带"，再到"建设海洋大省"，福建不断加大力度推动海洋经济的发展。近年来，福建提出了"建设海洋经济强省"的目标，同时打造了福建海峡蓝色经济实验区，海洋经济规模不断扩大。由图 6-6 可以看出，2011~2019 年，福建省海洋生产总值从 4284 亿元上涨至 11409 亿元，增长了 1.66 倍，年均增长率为 13%，占全省 GDP 比重在 26% 左右波动，有效拉动了福建省经济增长，为"海丝"核心区建设做出重要贡献。与此同时，福建省海洋产业结构也在不断优化，第二、第三产业发展迅速。2019 年，福建省第二产业产值为 3618.7 亿元，较 2011 年上涨 94%，占总产值的比重为 31.7%，第三产业产值为 7119.9 亿元，较 2011 年上涨 246.2%，占总产值的比重为 62.4%，已成为福建省海洋经济的重要支柱，表明福建省海洋经济正从原有的粗放式发展向集约式发展转变。

在良性发展的福建省海洋经济中，海洋渔业占有举足轻重的地位。福建省与海上丝绸之路沿线国家开展了广泛合作，通过渔船联合作业、资源共享开发等形式，加强双方的渔业合作，实现了资源与利益的共享互惠。同时，通过技术协作和经验交流，福建在渔业生产、加工和销售等环节不断提升效率和质量，推动渔业持续发展。如表 6-1 所示，近年来，福建省渔业综合生产能力稳步提高，水产品总产量规模逐年扩大，2021 年已达 853.07 万吨，是 2011 年的 1.4 倍，位居全国第二。同年，全省渔业总产值 1621.5 亿元，较 2011 年上涨了 1.07 倍，其中海洋捕捞占比约 24%，水产苗种占比约 15%。2020 年，全省渔业经济总产值达 3135.6 亿元，近十年平均增长率为 6.7%，位居全国前列。此外，福建省还创建了 66 个国家级水产健康养殖示范场，对近 7000 亩养殖池塘进行了标准化改造，

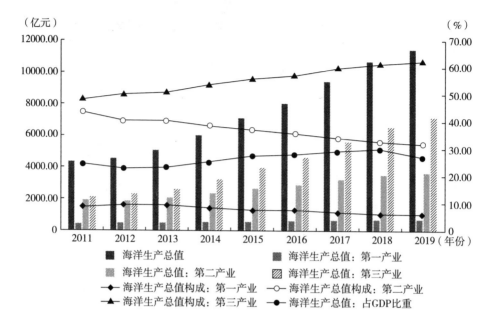

图 6-6 2011~2019 年福建省海洋产业生产总值

资料来源：Wind 数据库。

升级建设了 57.5 万口环保型全塑胶养殖网箱、4000 多口深水大网箱和 35 万多亩塑胶筏式养殖面积。

表 6-1 2011~2021 年福建省渔业总产值

指标名称 年份	水产品总产量 （万吨）	渔业总产值 （亿元）	渔业总产值： 海洋捕捞 （亿元）	渔业总产值： 水产苗种 （亿元）	渔业总 产值指数 （上年=100）	渔业经济 总产值（亿元）
2011	603.74	782.64	184.58	24.19	103.40	1767.01
2012	628.68	903.36	280.62	37.90	104.63	2017.32
2013	658.50	986.28	300.27	38.51	104.85	2197.51
2014	695.80	1025.20	307.87	41.15	105.70	2329.83
2015	733.90	1082.30	324.01	40.27	105.40	2463.94
2016	767.78	1235.48	359.78	46.16	104.63	2734.12
2017	744.60	1202.10	340.40	45.60	104.40	2800.01
2018	783.90	1318.20	352.23	46.37	105.10	3100.11
2019	814.58	476.50	341.87	50.72	104.30	3234.96

指标名称 年份	水产品总产量 （万吨）	渔业总产值 （亿元）	渔业总产值： 海洋捕捞 （亿元）	渔业总产值： 水产苗种 （亿元）	渔业总 产值指数 （上年＝100）	渔业经济 总产值（亿元）
2020	832.98	1373.12	336.95	49.52	101.90	3135.60
2021	853.07	1621.50			102.90	

资料来源：Wind 数据库。

随着21世纪海上丝绸之路的推进，福建现代渔业加快转型，远洋渔业蓬勃发展，海洋合作成效明显。2022年，福建省编制并实施了《福建省海洋经济促进条例》，旨在加快培育海洋生物医药、海洋工程装备、智慧海洋等新兴产业，推动海洋经济持续高质量发展。据国家发展和改革委员会发布的数据，2022年，全省海洋生产总值达到1.2万亿元，占地区生产总值的23%。福建省水产品总量在2022年达到862.4万吨，其中海水养殖产量为548.9万吨，位居全国第一。人均水产品占有量超过200千克，也居全国第一。同时，福建省水产品出口额达到85亿美元，连续十年居全国首位。渔民人均纯收入也继续保持在全国前列，达到2.75万元，同比增长6.6%。在境外拥有9个综合性远洋渔业基地和5个水产养殖基地，数量与规模继续保持全国第一。在印度尼西亚、缅甸、马来西亚建立渔业养殖基地，养殖面积超10万亩，境外水产养殖发展规模全国第一。

在海洋科技创新驱动力的提升上，福建省表现卓越，构建和推进了一系列重大创新载体。例如，自然资源部第三海洋研究所、近海海洋环境科学国家重点实验室、大黄鱼国家重点实验室及福建省水产研究所等创新平台的设立，为海洋科技研究提供了重要支撑。同时，福建省在海洋经济发展过程中充分重视技术创新，通过建立重要平台，如海洋生物种业技术国家地方联合工程研究中心、福建省海洋生物资源综合利用行业技术开发基地等，推动了海洋相关产业的技术创新联盟的发展，涵盖了海洋生物医药产业、海洋与渔业装备产业、大黄鱼产业、水产养殖尾水治理以及海湾养殖设施升级改造等领域。福建省以超过30项渔业科技成果赢得省科学技术奖，同时成功推动福建省协同创新院海洋分院的成立，让超过180项渔业技术成果得以成功对接。在海洋科技领域的国际合作方面，福建省与海上丝绸之路沿线国家在海洋观测、气象预报及海洋环境保护等项目上深度交流合作，引进国际先进的海洋科研成果，提升科技创新实力。如表6-2所示，2020年，全省海洋科研机构数量16个，海洋科研教育管理服务业占海洋生产总值的比重约为15%，为推动"海丝"沿线国家和地区共享科研资源、加强科研人员交流与合作项目推进提供了保障，为海洋科技的发展与应用注入了关键动力。

表 6-2　2010~2021 年福建省海洋科技与安全相关数据

指标名称 年份	海洋科研机构 数量（个）	海洋灾害直接 经济损失（亿元）	海洋渔业执法重量 （吨）	海洋生产总值构成：海洋 科研教育管理服务业（%）
2010	12	33.10		15.00
2011	12	5.32		14.70
2012	12	22.76		15.50
2013	12	45.08		14.90
2014	14	4.30		13.22
2015	14	30.79		13.60
2016	14	16.21		14.00
2017	14	1.27		13.90
2018	18	0.13	5450.00	14.20
2019	17	0.64	4966.00	14.90
2020	16	1.24	4779.00	
2021		0.50		

资料来源：Wind 数据库。

此外，福建省还致力于推进远洋渔业合作的法规和监管体系建设，以提升合作的规范化和可持续性，提升渔业的安全保障水平。通过实施渔港建设和整治维护工程，构建海洋观测监测体系，不断完善海洋与渔业应急指挥决策支持系统。通过加强海上执法、信息共享以及应急救援等合作，共同维护海洋安全与稳定。2018~2020 年，全省海洋渔业执法重量平均值为 5065 吨，近十年海洋灾害直接经济损失不断减少，2021 年降至 0.5 亿元，海洋安全建设水平显著提升。

（四）产业合作深度融合推动海上丝绸之路沿线国家和地区经济协调发展

福建省积极推进与海上丝绸之路沿线国家和地区的产业合作深度融合，在产业协同发展、境外投资和区域经济协调合作方面取得了显著的建设成效，为促进经济的协调发展和共同繁荣做出了重要贡献。

在产业协同发展方面，福建充分发挥自身的区位优势和产业特色，与"海丝"沿线国家和地区开展广泛合作，促进产业链的优化和互补，推动实现资源的高效配置和产业的协同发展。产能优势行业成为对外投资主力军，"十三五"期间，福建企业对海上丝绸之路沿线国家和地区投资涉及 13 个行业门类，其中制造业、批发和零售业、农林牧渔业项目数居前三位，占比为 68.7%。从投资金额看，制造业、采矿业和农林牧渔业中方投资额占比达 80.2%。制造业项目涉及行业主要是纺织鞋服、建材、家具、钢铁冶炼等，均为福建的产能优势行业。

与此同时，福建企业积极参与沿线国家和地区的基础设施建设和工业园区建设，推动境外投资的扩大和提升。福建与沿线国家和地区加强产业园区和经济合作区的合作，提供便利化政策和服务，吸引更多的外商投资。2023 年 6 月，泉州市召开首届海丝侨商投资贸易大会，其间共有 71 个项目在现场签约仪式上落地泉州，总投资额达到了 1195.11 亿元。投资领域也呈现多元化趋势，签约项目涵盖了一、二、三产业领域，不仅包括传统优势产业，如石油化工、装备制造、建材家居等，还涵盖了现代服务业和新兴产业领域，如文化旅游、商贸流通、高端酒店、新能源、新材料、大健康、人工智能、半导体等，进一步促进了福建作为"海丝"核心区与沿线各国和地区的产能合作多样化水平。

印度尼西亚是福建在东盟最大的贸易伙伴，为进一步深化合作领域，早在 2019 年，福建便提出中印尼"两国双园"设想，此后两国便开始了"双向奔赴"。该项目的中方园区——福清元洪投资区已经投产了 36 个项目，其中包括印尼海洋渔业中心示范项目，该项目总投资达 50 亿元。2023 年 2 月，印度尼西亚—福州经贸对接会暨项目签约活动在雅加达举行，现场集中签约了涉及食品、清洁能源、新型材料、纺织等多个领域的共 15 宗项目，总投资 216 亿元。福建与印度尼西亚之间的产业合作、经济合作不断推进，双方朝着产业链优化与协同方向发展。

福建拥有经济特区、自贸试验区、"海丝"核心区、平潭综合实验区等多区叠加优势，也一直重视与欧洲国家的经贸合作与交流。欧洲是福建省第四大外资来源地、第三大对外投资目的地。2020 年，全省引进欧洲投资项目 63 个，合同外资、实际使用外资分别比上年增长 4.1 倍、31.26%。截至 2021 年 8 月，欧洲国家在福建投资备案项目累计 1339 个，合同外资 70.5 亿美元，实际利用外资 47.3 亿美元；福建在欧洲投资备案项目 268 个，协议投资金额 65.3 亿美元；与欧洲国家进出口贸易创出新高，2021 年 1~8 月双方进出口贸易额累计 2120.6 亿元，同比增长 43.6%，其中出口贸易额 1548.7 亿元，同比增长 49%。福建与欧洲双向投资始终保持较快增长，投资规模持续加大，具有广阔的发展空间。

近几年来，福建与"海丝"沿线各国家和地区的区域合作成就引人注目，展现了合作双方巨大的发展潜力，对推动海上丝绸之路沿线国家和地区的产业协同发展具有积极的意义。

在境外投资方面，福建省实际利用外资持续增长，民营企业在境外投资迈开了前所未有的步伐。从 2016 年到 2020 年 11 月，福建省新增境外投资企业达到 1142 家，对 30 个海上丝绸之路沿线国家和地区的投资项目累计达到 399 个。中方协议投资额达到 291.3 亿美元，实际投资额为 170.2 亿美元，远远超过了 2015 年之前的历史累计总和。

2020~2022 年，福建省新设外商投资企业 7708 家，实际使用外资 143.2 亿美元，年均增长 5.3%。一批外资企业逐渐成为福建经济发展的中坚力量，有效推动了全省产业的转型升级和集聚发展。福建省在 2022 年还安排了 1.3 亿元奖励资金支持 107 个项目，并出台多项政策举措，鼓励外资企业加快到资，促进引进外资的数量和质量双提升。在多重政策的综合作用下，高技术产业和制造业吸收外资额增长显著。高技术产业实际使用外资增长 30.5%，其中高技术制造业增长 40.1%，高技术服务业增长 25.9%。制造业实际使用外资增长 63.1%，其中机械装备业增长 66%，电子信息业增长 41.9%。由表 6-3 可以看出，在 2015 年福建确立为"海丝"核心区以后，由于地缘政治、贸易摩擦等影响，福建对"海丝"沿线重要国家和地区的实际利用外商直接投资金额产生不同程度的下降。但随着"21 世纪海上丝绸之路"倡议引领效应的释放，福建企业对沿线国家和地区的投资热情开始出现上涨势头。

表 6-3　福建对"海丝"沿线重要国家和地区实际利用外商直接投资金额

单位：万美元

年份	中国香港	中国澳门	中国台湾	印度尼西亚	日本	新加坡	韩国	泰国
2014	451525	4624	36820	3213	6710	51836	2538	123
2015	469850	2649	55331	1396	12343	28795		166
2016	489206	5486	78296	36	8617	15114	444	478
2017	432060	2897	65886	512	30154	42479	5202	60
2018	249171	62	9054	33	7165	11122	3218	33
2019	298274	1588	9793	10	679	26808	2342	20
2020	355884	2779	16621		841	18987	450	110
2021	395924	1179	20019	40	15659	26542	1030	47

资料来源：历年《福建统计年鉴》。

在区域经济协调合作方面，福建省在 2022 年取得了显著的成绩。仅一年内，福建省共策划发布了 1112 个对外招商项目，总投资额达到 1.9 万亿元。其中，

2022 年 1~11 月，海上丝绸之路沿线国家和地区对福建的投资增长 185.6%，东盟地区增长 159.4%，RCEP 成员国增长 64.1%。此外，福建省商务厅为外资项目提供了全方位支持，共促成了 69 个项目到资，金额达到 153.7 亿元。福建省自由贸易试验区也在服务水平不断提升的背景下取得了显著成绩。2022 年 1~11 月，自贸试验区实际使用外资增长了 60.9%。其中，厦门片区增长 85.3%，福州片区增长 354.1%。高技术产业和制造业的重点项目以及其他重点项目对福建省的外资贡献率较高，并取得了良好的进展。2022 年前 11 个月，福建全省累计到资千万美元以上企业共计 107 家，到资金额占全省八成以上。由表 6-4 可以看出，2014~2021 年，福建对"海丝"沿线重要国家和地区外商直接投资合同数整体上呈现较为明显的上涨。其中，中国澳门涨幅趋势最为明显，从 2014 年的 13个上涨到 2021 年的 144 个。从表 6-5 可以看出，2014~2021 年，福建对"海丝"沿线重要国家和地区外商直接投资合同金额呈现出较为明显的增长趋势，其中中国香港、中国澳门、中国台湾、马来西亚和印度尼西亚等国家和地区的外商直接投资合同金额在几年间出现翻番甚至 10 倍增长的增幅，反映了福建省在吸引外资和促进经济发展方面取得的成就以及福建省对外开放力度和吸引力的提升。

表 6-4 福建对"海丝"沿线重要国家和地区外商直接投资合同数 单位：个

年份	中国香港	中国澳门	中国台湾	日本	菲律宾	泰国	马来西亚	新加坡	印度尼西亚
2014	382	13	447	7	9		7	28	1
2015	468	19	890	21	7	2	14	37	10
2016	531	23	1408	8	6	6	13	38	5
2017	530	25	1074	15	6	5	42	51	4
2018	684	50	1316	23	5	3	39	39	8
2019	531	43	1382	16	20	2	33	53	4
2020	617	83	1233	16	4	2	23	36	10
2021	757	144	1495	11	6	1	17	38	7

资料来源：历年《福建统计年鉴》。

表 6-5 福建对"海丝"沿线重要国家和地区外商直接投资合同金额

单位：万美元

年份	中国香港	中国澳门	中国台湾	日本	菲律宾	泰国	马来西亚	新加坡	印度尼西亚
2014	561081	5772	110092	11143	1909	-320	1750	21212	-539
2015	765753	8158	282112	4676	-421	53	6675	27949	462
2016	994003	15848	292840	10995	125	1971	2018	27411	-699

年份	中国香港	中国澳门	中国台湾	日本	菲律宾	泰国	马来西亚	新加坡	印度尼西亚
2017	803295	2034	307108	4994	1002	643	11943	39126	2172
2018	945726	4748	221977	4257	184	683	1541	116136	-189
2019	1129009	7145	225491	13038	2352	-100	19148	65333	354
2020	727939	18898	339565	3027	2047	9527	5130	89533	2327
2021	1080104	27384	307650	7795	1635	53	23744	148072	2757

资料来源：历年《福建统计年鉴》。

总的来说，福建省作为"海丝"核心区，在与沿线各国和地区的产业合作、境外投资、区域经济协调合作等方面表现出色，展现了强大的实力和发展潜力，为福建经济与"海丝"沿线各国和地区互利共赢与繁荣发展做出了重要贡献。

（五）以文明交流互鉴的福建贡献促进海上丝绸之路民心相通

2023 年 3 月，习近平总书记在中国共产党与世界政党高层对话会议上，首次提出全球文明倡议。全球文明倡议进一步拓展了构建人类命运共同体的方法与路径，丰富了推进"21 世纪海上丝绸之路"倡议的思想内涵，为推动文明交流互鉴、促进人类文明进步提供了中国方案，贡献了中国智慧。福建作为海上丝绸之路的重要节点和核心区，充分发挥其独特的地理位置优势和丰富的文化优势，积极致力于促进海上丝绸之路沿线国家和地区之间的民心相通。

福建"海丝"文化资源与文化遗存数量可观、人文底蕴深厚，极具文化保护与文化传播价值，已被列入海上丝绸之路申遗的首批遗产点有 17 个，占全国总数一半以上，其中泉州 14 个、漳州 2 个、莆田 1 个。在人文交流与文化产业发展方面，福建不断深化与沿线国家和地区的文化交流和合作，举办主题文化交流活动、展览和演出，传承福建的历史文化、传统艺术和民俗风情，不断增进人们对福建的了解和认同。同时，福建还积极培育和发展文化产业，推动文化产品和创意设计的输出，为沿线国家和地区提供更多的文化产品和服务，着力推动文化产业的繁荣发展。如表 6-6 所示，福建省与外交好情况有明显擢升之势，其中东南亚国家居多，近年来与西亚、北非以及俄罗斯对接紧密，举办了丰富多彩的文化交流活动，如艺术展览、文化节庆和文化遗产保护等，不断彰显地方的文化内涵，也为沿线国家和地区的人民提供学习福建当地文化的机会，进一步增进相互理解和友谊。

表 6-6　福建省近十年与外方城市结好情况

省（区、市）	中方省份或城市	外方城市	国家名称	所属板块	结好时间
福建省	厦门市	杜尚别市	塔吉克斯坦	中亚	2013 年 6 月 20 日
	漳州市	格德勒市	匈牙利	中东欧	2013 年 8 月 19 日
	福州市	鄂木斯克市	俄罗斯	俄罗斯	2015 年 5 月 18 日
	福建省	孔敬府	泰国	东南亚	2015 年 5 月 22 日
	福州市	三宝垄市	印度尼西亚	东南亚	2016 年 6 月 2 日
	厦门市	普吉府	泰国	东南亚	2017 年 5 月 11 日
	泉州市	古晋南市	马来西亚	东南亚	2017 年 10 月 19 日
	福建省	卡雷利阿共和国	俄罗斯	俄罗斯	2017 年 11 月 1 日
	福建省	奥洛莫茨州	捷克	中东欧	2017 年 12 月 14 日
	厦门市	伊兹密尔市	土耳其	西亚、北非	2018 年 1 月 18 日
	泉州市	迈科普市	俄罗斯	俄罗斯	2018 年 7 月 12 日

资料来源：中国经济金融数据库（CCER）。

在助推文化出海方面，厦门自贸片区国家文化出口基地作为福建省唯一的国家文化出口基地，自 2018 年以来发挥了"保税+""金融+""互联网+"等功能优势，推动了对外文化贸易的创新发展。该基地聚焦数字贸易发展，在两岸文化交流模式、数字化贸易等方面取得了突破。莆田积极拓展妈祖文化的独特优势，大力推进莆田木雕、工艺美术、绿色食品等传统特色产业与妈祖文化的融合发展，妈祖精神在中国、日本、菲律宾、马来西亚等 41 个国家和地区发挥着重要的影响与作用。据统计，五大洲华人集聚的地方都有妈祖庙，全世界现有妈祖庙约 1 万座，信众约 3 亿人。传承弘扬妈祖文化，等同于传播善美与大爱、和平与互助，促进中国与"海丝"沿线国家和地区民心相通。

在社会稳定和民生改善方面，福建省致力于为海上丝绸之路民心相通打造坚实基础。海丝中央法务区厦门片区立足区位优势，突出"海丝"特色，已初步构建了国际商事海事诉讼、仲裁、调解平台，搭建了国际法务运营平台，设立外贸企业合规服务中心、金砖法务特色专区、域外法查明中心，深入开展"法律服务进千企惠万企"等惠企便民法律服务，取得了阶段性成效。截至 2023 年 6 月，片区集聚了北京隆安、中审亚太等 115 个法务机构（项目），厦门全市共聚集相关企业（机构）近 900 家。通过建设云上法务区，开发上线云平台，加大"海丝法务通"小程序推广和服务力度，截至 2023 年 5 月，累计提供咨询和服务超17 万人次。

在教育合作与人才培养领域，福建省通过与沿线国家和地区深化教育合作，推动人才的互动与成长。共同签署众多教育合作协议，涵盖学术交流、学生互访及教师培训等方面，与沿线国家和地区的大学及研究机构建立广泛合作关系，促进知识共享和人才培育。同时，福建省对外开放，吸引沿线国家和地区留学生来福建学习，提供优质教育资源和良好学习环境。充分利用世博会、文化周、艺术节、展览会等各种综合平台，依托双边、多边、区域和国际的人文合作机制，与海外的中国文化中心、文化艺术团体、文化遗产机构以及华人华侨进行对外文化交流，并拓宽交流渠道。参与友好城市的文化活动，构建起共同参与、共同建设、共享利益和推动共识的文化交流与合作平台，通过双向互动来讲好"福建故事"、树立"福建形象"。重点组织福建特色文化精品赴"海丝"沿线国家和地区进行展览和展示，深化与青年、非政府组织、社会团体等的友好交流。同时，充分发挥移动互联网和新媒体在促进交流与沟通中的作用，打造线上线下交流的新平台。

三、福建省推进 21 世纪海上丝绸之路核心区协调发展的经验总结

（一）坚持有效市场与有为政府双轮驱动

福建省与海上丝绸之路沿线国家和地区的合作过程中，坚持有效市场与有为政府双轮驱动是取得显著成效的关键，在坚持政策导向与整体规划、充分发挥民营经济作用等方面积累了宝贵经验。第一，坚持市场引领，政府引导。坚持市场化导向，充分发挥市场在资源配置中的决定性作用，强调市场竞争和市场服务的双重作用。通过深化改革、优化营商环境、加强产权保护等措施，推动市场主体的活力释放和经济要素的自由流动。积极推进市场化改革，放宽市场准入，降低行政审批限制，鼓励企业创新和竞争，打造公平、开放、有序的市场环境。同时，政府作为市场的参与者和监管者，省部协同、省市联动并举，通过政策引导、市场监管、公共服务等手段，引导市场有效运转，推动企业发展，充分发挥有为政府的引导和服务职能，在制定产业政策、规划城市发展、引导投资等方面发挥重要作用。第二，鼓励创新创业，强化政策支持。注重政策导向与整体规

划，以引领经济发展方向和调整结构。制定并实施了一系列政策，如鼓励创新创业、促进产业升级、支持科技进步等，推动战略性新兴产业的发展，鼓励企业和科研机构加强合作，共同研发新技术、新产品和新业态。积极推动区域协调发展，加强与"海丝"沿线各国和地区的合作与协同，实现资源优势互补、协同发展。政府在此过程中发挥积极的引导和推动作用，通过财政支持、税收减免等政策，赋予企业更多的扶持，提高资源使用的效率。第三，注重发挥民营经济在"海丝"核心区建设中的积极作用，引导民营企业参与国际合作、开展创新创业，为民营经济参与"海丝"核心区建设、依托比较优势紧密布局海上丝绸之路沿线国家和地区的产业经贸、推动民营企业在"海丝"沿线国家和地区发展提供广阔的舞台和机遇。

（二）强化省内布局，整体参与引领国际合作

2015 年以来，福建省致力于 21 世纪海上丝绸之路核心区建设，充分发挥省内各地的地缘、人缘、历史文化、对外开放和产业发展等优势，加强内部协同，形成整体参与和引领国际合作的新优势①。第一，支持泉州市建设 21 世纪海上丝绸之路先行区，发挥海外华侨华人、民营企业和伊斯兰教文化等优势，在推动华侨华人参与核心区建设、民营企业"走出去"、海上丝绸之路文化国际交流、国际金融合作创新、制造业绿色转型等方面发挥先行作用，提升与东南亚、南亚、西亚、北非等国家和地区的开放合作水平。第二，支持福州、厦门、平潭等港口城市建设海上合作战略支点，通过建设海上丝绸之路国际交流平台，将福州、厦门、平潭打造成为核心区互联互通的重要枢纽、经贸合作的中心基地和人文交流的重点地区。利用这些城市的海上交通和港口资源优势，提升其国际影响力。第三，支持平潭综合实验区、厦门市深化两岸交流合作，依托平潭综合实验区和厦门的对台先行先试政策优势，通过深化两岸合作，拓展与沿线国家和地区的合作渠道和领域，构建两岸携手建设 21 世纪海上丝绸之路的新格局。第四，支持莆田、宁德、三明、南平、龙岩等市建设海上丝绸之路腹地拓展重要支撑，利用这些地区的生态、旅游资源和文化等优势，积极参与 21 世纪海上丝绸之路核心区建设，拓展与沿线国家和地区的经贸合作和民间交流，打造国际知名的生态文化旅游目的地、绿色发展示范区和客家文化、茶文化交流基地。

---

①　福建省发展改革委，福建省外办，福建省商务厅．福建省 21 世纪海上丝绸之路核心区建设方案［N］．福建日报，2015-11-17（004）．

国内联动方面，福建以泛珠三角区域合作为载体，联动区域内相关省份扩大与海上丝绸之路沿线国家和地区的交流合作，加强对外开放合作水平。在各种合作机制下，加强与广东、浙江、江西等省份的沟通与协作，积极扩大海上丝绸之路沿线国家和地区的重点区域合作范围，形成在海上丝绸之路建设中相互支持、协同发展的良好合作局面。构建国内海上丝绸之路建设协作网络，注重与浙江、上海、江苏等沿海省份的交流合作，建立政府之间、企业之间、学术机构之间的合作机制，加强信息交流，共同推动海上丝绸之路建设。加强海上丝绸之路经济带沿线省份如广西、海南等的沟通交流，共同推动经济合作带的建设，发挥各自的优势，实现互补共赢，提高合作水平和竞争力。

（三）搭建重点平台，全面拓展三大联通走廊

福建省作为海上丝绸之路核心区，多年来致力于搭建重大综合性交流合作平台、经贸合作平台、海洋合作平台、人文交流平台、丝路合作基金等重点合作平台，以经济合作区、自贸试验区、海洋经济试验区和人文交流区为依托，不断扩大与海丝沿线国家、地区和城市的合作范围，充分发挥福建省在海上丝绸之路上的地缘优势，为促进区域合作、实施贸易便利化政策、扶持企业发展、加强基础设施建设等提供了坚实的基础。抓住"海丝"沿线区域的关键利益契合点，为沿线国家和地区的企业提供资金支持。以政府引导和市场投资相结合的方式，助力海上丝绸之路上的产业合作和投融资合作，加速"海丝"经济带建设的推进。在不断推进海上丝绸之路建设实践的过程中，突出创新、多元、开放、共赢理念，成功实现多领域、多层次、多方位的交流与合作。时至今日，各大平台已成为各方合作的有效载体，大大促进了"海丝"沿线区域的资源共享和互利共赢。

与此同时，福建省重点拓展南线、西线、北线三条海上合作走廊①，旨在深化福建省"海丝"核心区的重要角色，推进中国与沿线国家和地区的合作。南线合作走廊从福建沿海港口南下，经南海至印度尼西亚、马来西亚、菲律宾等地，延伸至南太平洋。通过加强与沿线国家和地区的贸易、投资和人文交流，打造旅游、渔业、交通、物流、能源、电子商务等产业合作平台，并通过发展数字经济，推进智慧城市的建设，促进南线地区经济一体化。西线合作走廊从福建沿海港口南下，经南海至马六甲海峡，向西至印度洋，延伸至欧洲。重点打造以福州、泉州等港口为中心的物流枢纽，推进与沿线国家和地区的区域经济合作，重

---

① 吴娟，黄茂兴. 福建"海丝"核心区建设及战略思考［J］. 东南学术，2017（4）：138-145.

点支持海洋产业、数字经济、绿色金融等新兴产业发展，促进西线地区沿海城市的城市化进程。北线合作走廊从福建沿海港口北上，经韩国、日本，延伸至俄罗斯远东和北美地区。通过积极推进物流走廊建设，加强与沿线国家和地区的贸易与科技创新合作，推动能源、建筑、医疗、旅游等领域的务实合作，提升对接全球经济体系的能力。南、西、北三大走廊有效地构建起交通、物流、信息等重要的联通通道，形成了区域协同发展的新格局。南方走廊以港口经济为核心，成功推动沿海国家和地区与海上丝绸之路沿线国家和地区的互联互通。西方走廊以内陆开放为重点，加强了与中西部地区的合作，进而促进资源要素的流动和产业转移。北方走廊以航空物流为主要特色，加强与东北亚地区的联系，提升双方的经济合作水平。同时，福建省在南线、西线、北线的沿线国家和地区之间建立了全方位的合作机制，通过拓展海上丝绸之路合作网络，推进核心区内交流、合作、共赢，实现南线、西线、北线联动发展。

（四）以"五通"建设为抓手，深入推进产能合作发展海洋经济

多年来，福建省在五个联通相互促进、产业协同、资源优势互补以及海洋经济发展等方面积累了宝贵的经验。

在政策沟通方面，福建省秉持共商共建共享的原则，通过开展顶层设计，为国家形成发展战略和政策建言献策，构建中外合作发展格局。积极与沿线国家和地区之间的政府机构和领导层进行高层次的对话和沟通，推动海上丝绸之路建设的规划和实践。加强与沿线地方政府交流，积极推动与沿线国家和地区的省州市签订友好合作协议，建立省州市级政府沟通渠道，促进地方政府和经贸社团之间的交流互动。加强与沿线国家和地区的智库合作，推进智库资源的共享和交流，为海上丝绸之路的发展提供智力和智慧支持，并为政策制定提供参考和依据。

在设施联通方面，福建已形成连通东盟、辐射内陆、对接台湾的基础设施互联互通格局。福建省充分利用地理优势，推进海陆联运的发展，实现与沿线国家和地区的高效连接。福建沿海港口体系不断完善，福州、厦门、泉州、漳州等港口成为福建省沿海港口的核心，是海上丝绸之路的战略性港口。福建注重提高港口的装卸效率及安全性和绿色环保标准，为沿线国家和地区提供高效、安全、环保的服务保障。充分发挥福建省的物流枢纽优势，整合省内省外的物流资源，推出物流、供应链等综合性服务。通过升级航空、铁路等运输体系，推进物流信息技术应用，提高货运效率和服务质量，优化供应链配置，助力"海丝"沿线国家与地区的互联互通。

　　在贸易畅通方面，福建省积极扩大开放，强化海外投资平台建设，降低制度性交易壁垒，逐步实现制度和管理的互联互通，打造高效便捷的海外经贸服务体系，创新海外贸易模式和业态，推动绿色贸易和智能贸易发展。鼓励有条件的企业赴沿线国家和地区投建经贸合作园区和工业园区，充分利用中国—东盟自由贸易区等优惠政策，扩大双向贸易，促进沿线国家和地区与福建省在货物贸易、投资、金融、旅游等领域的合作，推动产业链和价值链的深度融合。通过推动跨境电商发展和设立综合试验区，引入大量跨境电商企业，加强贸易合作，实现产业链的延伸和资源整合。与此同时，发挥福建省与沿线国家和地区的经济互补性，实现产业链和产业集群的协同发展，加强行业合作和技术创新，共同推动"海丝"核心区互利共赢和协同发展。

　　在资金融通方面，福建省积极建设丝路基金平台，引导各国主权基金及商业性股权投资基金等社会资金共同参与重点项目建设。丝路基金已成为福建省开展海上丝绸之路建设的重要组成部分，为国内外企业和金融机构提供了高效便利的投融资服务，推动福建省与丝绸之路沿线国家和地区之间的合作交流。同时，出台一系列财税优惠政策，鼓励企业投资海外，推动福建省与沿线国家和地区之间的资金流动和贸易往来。积极开展国际金融合作，不断强化与亚洲开发银行、亚洲基础设施投资银行等国际金融机构的对接和合作。此外，福建省还充分利用沿海城市的金融优势，推动金融创新，积极推广金融产品和服务，为福建省及沿线国家和地区的企业提供融资、担保、支付结算等服务，促进福建省与沿线国家和地区之间的资金流动和贸易往来，为推动海上丝绸之路建设提供了有力支持和保障。

　　在民心相通方面，福建省积极推动与沿线国家和地区的文化交流，开展旅游、文化、教育、科技等方面的合作，扶持福建省的文化创意产业和文化旅游业，加强与东盟国家、印度等国家的创意文化产业合作，推动文化产业在沿线国家和地区的跨境合作发展。与沿线国家和地区的高校和专业院所开展多种形式的合作，推动人员流动和知识共享，为福建省及沿线国家和地区的人力资源交流和经济发展奠定了基础。通过加强人才交流、教育协作、文化交流等手段，促进人员联动与跨国交流。从提高人才国际化水平、增强人员互联互通和人际交往意识等方面，塑造福建省开放包容、多元文化的良好形象，推动福建省与沿线国家和地区的人文交流和共同繁荣。

　　此外，福建省注重海洋经济发展，提出海洋强省战略，大力推进海洋创新、海洋资源开发、海洋文化发展。积极发展沿海特色产业，特别是海洋渔业、海洋轮机工业、海洋能源、海洋旅游等产业，产业规模不断扩大，产业结构逐步优化。在此过程中，积极推进海洋工程建设，包括岸线防护、海洋牧场建设、能源开发利用等。通过加大对海洋渔业、航运物流、海洋科技等领域的投入和政策扶持，全面提升海洋经济实力和竞争力。与此同时，致力于发展港口经济，成功构建了一系列现代化、智能化的港口设施，提升港口的处理能力和综合服务水平。通过航运网络建设，开通更多的国际航线，加强与海上丝绸之路沿线国家和地区的联系，为海洋经济发展提供有力的物流支撑。在海上信息方面，运用实时船只定位系统和信息平台，极大地提高了海上信息流通和共享，为海洋资源开发、海洋环境监测等提供准确、及时的信息支持。

（五）大力推进福建自贸试验区与 21 世纪海上丝绸之路深度对接

大力推进福建自贸试验区与 21 世纪海上丝绸之路深度对接是福建省推动区域经济发展和实施"21 世纪海上丝绸之路"倡议的重要举措。福建自贸区作为 21 世纪海上丝绸之路的重要支撑，充分发挥着沿海门户、商贸中心、国际金融中心和创新创业中心的作用，成为连接华南和沿海地区与东南亚和南亚地区的重要通道和桥梁，为推进海上丝绸之路建设和区域经济的发展做出了积极贡献。福建省地处中国东南沿海，地理位置优越，是 21 世纪海上丝绸之路重要的入口和连接点。福建自贸区依托优良的港口条件和通航网络，构建了丝绸之路经济带上的物流通道，推动海上贸易繁荣。以福州、厦门、泉州、晋江、莆田等城市为核心，形成广泛的商圈网络，吸引大量国内外商业机构和投资者进驻。

福建省在自由贸易试验区与海上丝绸之路相互融合过程中，做出了许多实质性的努力，通过扩大开放、倒逼深层次改革，实现开放体制机制创新，形成参与和引领国际合作竞争的新优势[①]。主要表现在以下五个方面：一是福建自贸区加强了与东盟各国之间在物流园区、港口码头、配送中心和集散基地建设、经营、管理方面的合作，搭建面向东盟各国的跨境电商及物流信息共享平台，推动产业对接和发展，探索实现增值服务和第三方服务，提高了商品和人员的互联互通和通关便利化，减少了贸易壁垒和物流成本。二是福建自贸试验区积极推动制造业向智能化、服务化、绿色化、高端化转型升级，大力引进智能制造、大数据、物联网等新兴技术，提高产业附加值和创新能力，集聚发展平台经济、总部经济、

① 王婷，陈柳武，王笑君. 福建自贸区与"21 世纪海上丝绸之路"深度对接研究［J］. 福建论坛（人文社会科学版），2018（10）：189-196.

离岸经济等新业态，深化功能创新，打造福建产业发展新高地，吸引了众多优质企业的落户和发展。通过积极推动数字经济、跨境电商等业态的发展，为区域经济发展注入了新动能。三是大力发展海洋产业，逐步深化与"海丝"沿线国家和地区在水产养殖技术、水产贸易、海洋科技等领域的合作，共同促进区域海洋产业发展。坚持走可持续发展之路，推动海洋经济与高新技术、生态旅游等领域相融合，带动全球价值链和供应链的升级和转型。四是采取创新的负面清单管理模式，对外商投资的准入领域和方式进行限制和规范，实现了对境内外企业的公平待遇。取消一系列投资准入限制，采取放宽外资持股比例等措施，构建更加优质的投资环境。采取多种措施，优化口岸管理服务，加速通关流程，推动跨境电商、商贸物流等业态的发展，打造便捷、高效、便利的进出口环境，探索开展国际大宗商品交易，进一步拓展"海丝"沿线贸易空间。五是积极打造国际化营商环境，吸引国内外金融机构进驻，采取多项政策措施，如积极开展离岸人民币业务、创新金融产品和服务等，完善跨境贸易融资服务体系，不断加强与境内外金融机构的合作，打通外汇管理、海关监管、税务政策等环节，为福建"海丝"核心区的开放发展提供更为便利、灵活、规范的金融支持，推动福建自贸区建设成为海上丝绸之路的国际金融中心。同时，福建自贸试验区还重视科技创新，通过对创新创业的支持和投资，吸引了大量高端人才和科技项目，同时打造自身的创新创业生态系统，建立起雄厚的创新创业创投环境，形成了一批新兴的创新型企业和产业带，为21世纪海上丝绸之路的繁荣注入了新的发展动力。

（六）发挥华人华侨优势，构建开放型经济新体系

福建籍华侨华人大多分布在"海丝"沿线国家和地区，尤其是东盟十国，约有1234万人，占华侨华人总数的78%。福建与东盟地缘相近，习俗相似，文化趋同，民间交流量大面广。多年来，福建发挥海上丝绸之路沿线国家和地区华侨华人作用，吸引华商参与、促进沿线重要基础设施、产业园区等合作项目建设。积极拓展侨务引资引智渠道，重点对接闽籍重点侨团及华商，在各类招商引资活动中邀请侨商参与投资。同时，加大对侨资企业的投资促进和服务支持力度，为华侨华人在福建的创业发展提供帮助。分别在福州和厦门设立"海丝侨缘馆"，为沿线国家和地区华侨华人提供信息咨询、创业孵化、投融资服务等多种便民服务，以及举办文化交流、商务推介等活动。通过采访华侨华人、展示族谱和文献资料等形式，凸显华侨华人作为21世纪海上丝绸之路的参与者、建设者和见证者的重要作用，弘扬中华民族的民族精神和海外侨胞的爱国情怀。引导沿

线国家和地区华侨华人和华侨社团加强与国内"走出去"企业的交流、服务，共同关注社会责任。

借助华人华侨优势，福建省不断完善"海丝"核心区合作，构建互利共赢的开放型经济新体系。一是不断推进产业合作。福建省积极打造"亚洲食品之都"，树立"产业强省"品牌，推动与"海丝"沿线国家和地区的食品贸易，促进农产品加工和出口，构建互惠共赢的农产品供应链。同时，在医疗、教育、旅游等领域加快与海外的合作，推动产业合作多方面、深层次发展。二是大力拓展对外开放。积极构建以福州综合保税区、厦门自由贸易试验区、泉州海丝中心城区为核心的对外开放平台，在贸易领域深度参与海上丝绸之路沿线国家和地区的合作。同时，加强软硬件设施的体系建设，推进基础设施升级和互联互通，构建便利化的贸易通道和合作平台。三是促进"海丝"人文交流。加强与亚洲和东南亚国家的友好往来，扩大福建与海上丝绸之路沿线国家和地区的人文交流，推动福建与海外民间组织的合作，以文化交流为积极载体，营造区域共同繁荣的氛围。四是提高金融支撑能力。通过加大金融开放度、持续优化金融营商环境等方式，加强金融支撑能力，推动跨境金融创新，提高金融业对实体经济的支撑能力，为"海丝"核心区企业提供有效的金融服务和支持。

第七章 福建省推进 21 世纪海上丝绸之路核心区协调发展的战略定位

一、福建省推进 21 世纪海上丝绸之路核心区协调发展的核心优势

福建省位于我国东南沿海地区，地理位置优越，海洋资源丰富，拥有众多优良港湾，且具备较为完善的互联互通条件，是扩展与"海丝"沿线国家合作的重要区域。海上丝绸之路从古至今几千年的发展孕育了福建省独特的"海丝"文化底蕴，有利于促进其与 21 世纪海上丝绸之路沿线国家的文化交流。遍布全球的闽籍华侨华商是福建省参与 21 世纪海上丝绸之路核心区建设的人力资源优势。福建省海洋经济、民营经济的迅速发展给 21 世纪海上丝绸之路核心区的建设提供了坚实的经济基础，有利于推动其与"海丝"沿线国家的经贸合作向纵深发展。自由贸易区、海峡蓝色经济试验区、平潭综合实验区、福州新区等多区叠加优势为福建省推动 21 世纪海上丝绸之路核心区协调发展提供了战略机遇。这些比较优势决定了福建省在 21 世纪海上丝绸之路建设中必将大有可为、大有作为，必将在互联互通、经贸合作、体制创新、人文交流等领域发挥核心区的引领、示范、聚集、辐射作用。

（一）得天独厚的区位条件

1. 地理位置优越

福建省位于我国东南沿海地区，邻近港澳地区，东北与浙江省相接，西北横

贯武夷山脉与江西省交界，西南与广东省毗邻，东隔台湾海峡与台湾地区相望。福建省是连接长江三角洲与珠江三角洲的枢纽地区，具有承南启北、贯通东西的桥梁纽带作用，因此具有和长江三角洲和珠江三角洲开展广泛合作，与东南沿海区域联动发展的区位优势。除此之外，福建省还是中国距东南亚、西亚、东非和大洋洲最近的省份之一，而这些地区是 21 世纪海上丝绸之路的重要地区。独特的地理位置使福建省在推动 21 世纪海上丝绸之路核心区协调发展的进程中具有不可或缺的作用。

2. 海洋资源丰富

福建省港口优势突出、岛屿星罗棋布，全省海域面积 13.6 万平方千米，比陆地面积大 12.4%，海岸线长达 3752 千米，居全国第二位。福建省港湾众多，深水港口资源丰富，建设大型深水码头的条件优越，全省规划建港自然岸线 384.2 千米，其中 250 多千米岸线可建设万吨级以上超大型深水泊位；并拥有福州港、厦门港、泉州港、江阴港、肖厝港、湄洲湾、三都澳、罗源湾八大深水良港，开发潜力巨大，可建设 10 万吨级以上泊位。

福建省作为海峡西岸经济区的核心组成部分，港口建设得到了巨大的发展，港口运能得到了很大的提高，目前拥有生产性泊位 457 个，其中万吨级以上泊位 198 个，可停靠世界上最大的集装船、邮轮、油轮和散货船。[①] 2022 年，其港口货物吞吐量首次破 7 亿吨，达到 7.14 亿吨，集装箱吞吐量为 1800 万标准箱，并建成了首个 3 亿吨大港[②]，有力保障产业链、供应链稳步运行。这些港口不仅是连接 21 世纪海上丝绸之路沿线国家和地区的重要枢纽，而且是我国内陆地区和福建省发展外向型经济的重要支撑，是福建省加强对台经贸合作的重要口岸。

3. 互联互通条件日臻完善

基础设施的互联互通是福建省 21 世纪海上丝绸之路核心区建设的重要内容之一，福建省自 2015 年被确立为 21 世纪海上丝绸之路核心区以来，对内大力推进海陆空交通网络建设，对外不断加强与 21 世纪海上丝绸之路沿线国家和地区在基础设施建设方面的合作，帮助沿线经济发展水平落后的国家和地区加快基础设施建设，为沿线国家更好地融入海上丝绸之路建设提供强有力的支持。

近年来，福建省交通运输体系不断完善，形成了内外联通、协同发展的现代化综合交通运输体系。在陆路方面，随着兴泉铁路、浦梅铁路的开通，福建省出

---

① 2022 年福建省交通运输行业发展统计公报［EB/OL］. http：//itst.fujan.gov.cn/zwgk/tjxx/gbyjd/202307/t20230710_6202412.htm.

② 陈文婷，李源. 2022 年福建省港口货物吞吐量首破 7 亿吨［EB/OL］. https：//fj.china.com.cn/.

省铁路增加至 11 条，基本建成了"三纵六横"的铁路交通主框架，极大缩短了福建与东南沿海地区和中部及西北内陆地区的行程，为福建省与东南亚、南亚各国的陆上互联互通带来了极大的便利。

在海路方面，福建省"三面环山，一面邻海"的地势使其十分重视对海上交通网络的发展规划。为加强我国港口与"海丝"沿线国家与地区港口之间的贸易往来，福建省在 2018 年建立了国内首个以航运为主题的国际综合物流服务品牌和平台。截至 2023 年，"丝路海运"先后开通了 94 条命名航线，构建起联通中国、东北亚、东南亚、南亚、中东、非洲、欧洲的 31 个国家和地区的 108 个港口的航线网络，联盟成员突破 300 家①。

在陆海联运方面，2015 年厦门开通的中欧（厦门）班列，通过海铁联运把我国港澳台地区及内陆地区、东盟十国、中亚地区及欧洲相连，打造了"一带一路"沿线国家和地区物流新通道。目前，中欧（厦门）班列常态化运行，并开通了中欧、中亚、中俄三个方向路线。截至 2022 年，中欧（厦门）班列累计开行超 5 万列，运送货物超 455 万标准箱，货值达 2400 亿美元，铺画运行线 78 条，通达欧洲 23 个国家的 180 个城市②。福建省在开通"厦蓉欧""台平欧"等多条海铁联运班次的基础上，还开通了"天天班"（厦门—南昌）、"散改集"（莆田—吉安）等海铁联运新通道，极大地提高了福建与欧洲和亚洲地区货物的运输效率，真正实现了"海上丝绸之路"与"陆上丝绸之路"的完美衔接。

（二）底蕴深厚的历史文化

1. "海丝"文化遗迹丰厚

福建省"海丝"历史悠久，是世界公认的古代海上丝绸之路的发源地。从西汉至今，福州的甘棠港、长乐的太平港、泉州的后诸港、漳州的月港等都曾在中国不同历史时期的海上丝绸之路上扮演重要角色③。在"海丝"长期的发展历程中，福建省留下了诸如泉州、莆田、福州、漳州等一大批"海丝"历史文化遗迹。其中，曾有"东方第一大港"之称的泉州港，不仅是古代海上丝绸之路的重要起点，也是宋元时期海上丝绸之路的主港。唐末和五代时期，福州港成为

---

① 王小义."丝路海运"实现物流全程可视化［EB/OL］.http：//www.chinadevelopment.com.cn/sh/2022/0917/1798625.shtml.

② 金观平.中欧班列迎来新的里程碑［EB/OL］.https：//www.gov.cn/xinwen/2022-02/11/content_5672985.htm.

③ 吴崇伯.福建构建 21 世纪海上丝绸之路战略的优势、挑战与对策［J］.亚太经济，2014（6）：109-113.

我国与东亚、东南亚和南亚开展海路贸易的主要港口，并且福州的长乐太平港是郑和七下西洋的重要启航地。而到了明朝中后期，漳州月港成为唯一官方核准的"海上丝绸之路"始发港，是我国当时最大的对外贸易港口之一，当时从月港出海的华人华侨遍布"海丝"沿线的东南亚各国。改革开放以来，厦门港的地位迅速上升，目前已成为世界性的现代港口，港口吞吐量得到大幅提高。

2. 与沿线国家文化相似度高

福建省自古以来就是中华民族、中华文化与外来民族、外来文化融合的典范。自海上丝绸之路建立以来，具有中国特色的福建文化逐渐走出国门，传入东南亚各国，其中，妈祖文化、闽南文化及客家文化被誉为中华文化"走出去"的典型。经过长期的发展，妈祖文化在我国港澳台地区及东南亚各国拥有广泛信众，并成为海峡两岸同胞和众多海外侨民侨胞寻根怀祖、寻求文化认同感的精神载体和中华情感的寄托之所①。在福建文化沿海上丝绸之路向外传播的过程中，西方文化也开始传入福建省。唐宋以后，阿拉伯和波斯的宗教、建筑风格及商业文化便开始传入中国，而福建省也因此成为了域外文化入华及中华文化向东南亚传播的交汇地带。宋元时期，阿拉伯文化、东南亚文化、印度文化等域外文化传入福建之后，多种文化的交汇增添了福建文化的色彩。明中叶以后，欧洲文化随着传教士和商队进入福建，海上丝绸之路的东端延伸至日本，使福建再次成为东西文化的交汇点。

这些来自不同国家和地区的文化与福建当地文化的融合构成了包容性、多元性的"海丝"文化、"海丝"文化不仅是福建重要的文化品牌，而且是"海丝"沿线国家和地区共同的历史记忆。福建省与"海丝"沿线国家和地区文化趋同、习俗相近，更容易产生文化认同感，有利于推进文化融合，使其在促进与沿线国家和地区民心相通上具备天然的优势和氛围。"国之交在于民相亲，民相亲在于心相通。"因此，福建省底蕴深厚的"海丝"文化是推进构建"海丝"命运共同体的重要保障。

（三）特色突出的人文优势

1. 华侨华人数量众多

福建省是我国著名的侨乡，也是港澳台同胞的主要祖籍地。目前，旅居世界

---

① 蔡菲莹．福建省打造 21 世纪海上丝绸之路核心区的思考与建议［J］．中国物价，2020（1）：44-48.

各国的闽籍华人华侨有 1580 多万人，占全球华侨华人的 1/4 多，其中东南亚国家有 1200 余万闽籍华侨华人①。闽籍港澳同胞超 120 万人，并且祖籍在福建的台湾民众超过 80%。海外华社呈遍地开花之势，闽籍海外社团有 2000 多个，社团活动涉及商贸、文化、科技等领域的合作。改革开放以后，移居国外的华侨华人正逐渐由东南亚国家向澳大利亚、欧洲、美洲等地扩展，这些新华侨华人将成为海外华侨华人的中坚力量。遍布全球的华侨网络能给在海外经营的中国企业带来更多的投资机会，减少其商业风险和交易成本，在中国企业"走出去"的过程中扮演着重要的角色，并在海上丝绸之路的建设中发挥积极作用。

2. 闽商实力雄厚

闽商历史悠久，最早可追溯到唐宋时期，时至今日，闽商已成为全球不可忽视的商业群体，在世界华商 500 强中，闽商占据 1/10 以上。在"海丝"沿线的东南亚国家，闽商经济实力雄厚，在当地经济领域的地位举足轻重。不仅如此，海外闽商还具有在语言和文化上融通中外的优势，一代代的海外闽商传承祖上远涉重洋经商创业的无畏风浪、勇于拼搏、开放包容和回报故乡的优秀品质，在海外投资兴业后不忘回乡创业、报效桑梓，成为"21 世纪海上丝绸之路"的参与者、建设者和推动者②。他们的资金、技术、管理、商业网络，可以在"21 世纪海上丝绸之路"建设中大显身手、大有作为，在促进福建省产业转型升级、推动福建省与"海丝"沿线国家和地区经贸合作等方面可以发挥重要作用。

（四）不断完善的经济基础

1. 海洋经济发展迅猛

福建省依海而生，向海图强，发展海洋经济成为加快 21 世纪海上丝绸之路核心区建设的重要依托。依靠丰富的海洋资源，福建省制定各种政策促进海洋经济的发展，从"大念山海经"到"山海合作，建设海峡两岸繁荣带""建设海洋大省"，再到"建设海洋经济强省，打造福建海峡蓝色经济实验区"，不断优化的政策环境使福建省海洋经济发展水平稳步提高，区域海洋经济特色进一步凸显③。

---

① 王连香，陈键."活化"闽南语：留住乡音，唤起乡情（新时代·新侨乡）［EB/OL］.http：//ent. people. com. cn/n1/2022/0808/c1012-32496653. html.

② 蔡菲莹. 福建省打造 21 世纪海上丝绸之路核心区的思考与建议［J］. 中国物价，2020（1）：44-48.

③ 黄茂兴，季鹏. 福建积极融入 21 世纪海上丝绸之路建设的现实基础与战略方向［J］. 福建论坛（人文社会科学版），2015（7）：160-166.

一是海洋经济综合实力显著提高。由图 7-1 可以看出，2011~2022 年，福建省海洋经济生产总值总体呈稳步增长的态势，由 2011 年的 3682.9 亿元上升至 2022 年的 12000 亿元，增长了近 3 倍多，并在 2018 年突破 1 万亿元大关，达到 10659.9 亿元。海洋生产总值占福建省 GDP 的比重也不断上升，由 2011 年的 15.56% 提升至 2022 年的 22.59%，在 2018 年达到顶峰，占比为 23.92%。"十三五"以来，海洋渔业发展成效突出，涉海就业规模持续扩大，海水养殖产量、远洋渔业产量、水产品出口额和水产品人均占有量等指标均在全国排名前列，福州、厦门国家海洋经济发展示范区建设取得了阶段性成效。这说明海洋经济对福建省社会经济发展的贡献程度不断提高，已成为拉动福建省国民经济的重要引擎。

图 7-1　2011~2022 年福建省海洋经济生产总值变化情况

资料来源：根据《中国海洋经济统计年鉴》、《中国自然资源报》、《福州新闻网》、《福建日报》、东南网、新华网等公开的统计数据和资料整理而得。

二是海洋产业"走出去"步伐不断加快。远洋渔业是践行"海洋命运共同体"理念、全方位推进 21 世纪海上丝绸之路核心区建设和加快海洋强省建设的重要组成部分。近年来，福建省委、省政府加快实施渔业"走出去"战略。据福建省海洋与渔业局统计，"十三五"期间，福建省远洋渔业规模稳步增长，远洋渔业企业数量达 28 家，外派渔船总数 605 艘，作业海域分布在北太平洋、西南大西洋公海、印度洋及几内亚、几内亚比绍、毛里塔尼亚等国家，2020 年产量达60.79万吨，位居全国第一。除此之外，福建省水产品出口贸易也取得了突出成就，2020年，水产品出口量达81.81万吨，出口额达59.69亿美元，连续多年位居全国第一。

三是海洋新兴产业建设成效初显。福建省在推动21世纪海上丝绸之路核心区协调发展的过程中，海洋新兴产业是主要发展方向。"十三五"以来，福建省扎实推进福建省水产研究所、厦门南方海洋研究中心等海洋产业创新载体建设，积极支持大黄鱼产业技术创新等企业战略联盟建设，成立了4家省级海洋产业创新联盟，海洋科技成果转化率不断提升，海洋产业协同创新环境不断改善，有力推动了智慧海洋、海洋生物医药、海洋工程装备等战略性海洋新兴产业提速增效。《福建省国民经济和社会发展第十四个五年规划和二〇三五年远景目标纲要》提出，福建省将着力于推进海洋优势产业和新兴产业集群发展，重点发展海洋信息、海洋能源、海洋药物与生物制品、海洋工程装备制造、邮轮游艇、海洋环保、海水淡化七大新兴产业，做大做强海洋经济，有利于推动21世纪海上丝绸之路核心区建设与海洋开放开发协同互促。

2. 民营经济活力十足

福建省是我国改革开放的首批经济特区之一，改革开放以来的发展，使其形成了开放的经济格局和以民营经济为主导的经济结构，经济社会形态呈现出显著的依海聚集、开放的经济特征。21世纪海上丝绸之路的建设以古丝绸之路的历史文化底蕴为依据，以政治互信、经济融合、文化宽容、互利共赢为原则，搭建平台，构筑沿线各国和地区的利益共同体和命运共同体。福建省民营经济通过不断加强与海丝沿线国家和地区的经贸合作、社会组织之间的文化交流，发挥华人华侨在经济、政治、文化等领域的桥梁作用，积极广泛参与21世纪海上丝绸之路的建设，推动福建省"海丝"核心区的建设不断向前发展。

福建省当代民营企业发达，国际化进程呈现持续加速的特征，是推动福建省"海丝"核心区建设的生力军。一方面，民营企业"走出去"的意愿日益强烈。近年来，随着国内投资回报率的下降以及投资空间的萎缩，民营企业为了寻找新的发展空间和机会，对外投资的热情高涨。目前，福建省内民营企业，如紫金矿业、福耀玻璃等一大批行业龙头企业，为了实现合作共赢的战略目标，不断沿着"一带一路"进行产业布局。另一方面，民营经济具有"走出去"的能力。福建省民间资本雄厚，民营经济蓬勃发展。截至2021年，福建省私营企业和个体工商户数达662万家，民营经济总量占全省经济总量的比重达69.3%，对福建省GDP增长的贡献率为82%，且有18家企业入围全国民营企业500强，6家企业入围世界企业500强①。福建省民营经济具有扎实的产业基础、完备的产业结构以及雄厚的资金和技术力量，是推动"海丝"核心区协调发展的重要推动力。

3. 与沿线国家和地区的经贸合作深入扩展

福建省作为中国面向亚太地区的重要窗口之一，在经贸合作方面，积极开拓多元化的国际市场，不断提升开放型经济水平，与"海丝"沿线国家尤其是东盟国家的经贸往来稳中有进。2018年，福建省与"海丝"沿线国家和地区的交易额超过3000亿元，同比增长14.5%，实际吸收"海丝"沿线国家和地区的投资达36.3亿元，同比增长1.7倍，在"海丝"沿线国家和地区的投资项目增加了30多个，对外投资额达22.9亿美元，同比增长2.7%，这说明福建省与海上丝绸之路沿线国家和地区的经贸合作平稳发展②。

中国与东盟自古以来就是友好的邻邦关系，东盟不仅是古代海上丝绸之路南线的第一站，也是古代海上丝绸之路的重要中转地。"21世纪海上丝绸之路"的设想就是习近平主席在访问东盟时提出的，因此东盟国家在21世纪海上丝绸之路中的重要地位不言而喻。自2010年中国—东盟自由贸易区正式启动以来，福建与东盟之间的贸易往来一直保持着良好的合作势头。较为稳定的政治环境、优越的地理位置、丰富的侨务资源、互惠互利的双边关税优惠政策以及中国—东盟自由贸易区内实施的"零关税"待遇，促使福建与东盟的贸易往来愈加频繁，福建与东盟之间的贸易额持续扩大③。

如图7-2所示，2020年东盟已成为福建省第一大贸易伙伴国，是福建省对外经贸交流最频繁的地区。2021年，福建省对东盟进出口额排在第一位，对东盟的出口额达2630.27亿元、进口额达1596.35亿元，其中进口额远超美国、欧盟等其他国家和地区，对进口额排名第二的国外地区——欧盟进口额只有494.85亿元，与东盟的进口额是美国的近3倍之多。

图7-3展示的是2015～2020年福建省对东盟国家进出口的变动情况，从图中可以看出，2015～2020年福建对东盟的进出口总额稳步增长，发展趋势较为良好。2015～2020年进出口总额从1529.47亿元增至2831.01亿元，总体增长了85.1%。其中，2016～2017年进出口总额增幅较大，出口额增幅达到7.2%，进

---

① 龚雯 . 2022福建省民营企业100强发布［EB/OL］. https：//new. qq. com/rain/a/20220 926A0783700. html.

② 王沥慷 . "福建品牌海丝行"促闽货走出去［EB/OL］. https：//www. yidaiyilu. gov. cn/xwzx/dfdt/ 58082. htm.

③ 陈锦雯 . "一带一路"背景下福建—东盟贸易发展探析［J］. 现代商业，2022（4）：55-61.

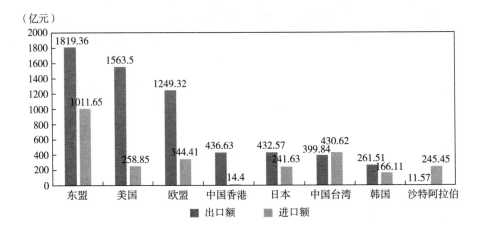

图 7-2　2020 年福建省对主要国家和地区进出口情况

资料来源：福建省统计局。

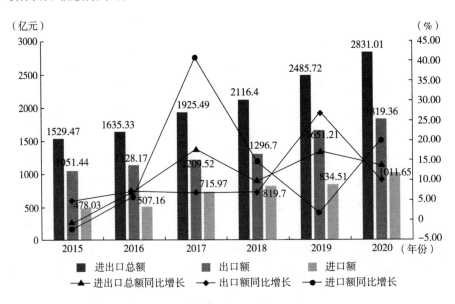

图 7-3　2015～2020 年福建省对东盟国家进出口情况

资料来源：福建省统计局。

口额增幅达到 41.1%。由此可知，福建省与东盟地区的双边贸易伙伴关系深度发展。

　　福建省与东盟国家在产业结构和产品结构方面都存在很强的互补性。从产业结构来看，福建省 2021 年三次产业比重为 5.9∶46.8∶47.3，第一产业占比较小，第三产业占比最大，达到了47.3%。而2019年东盟十国，除新加坡和文莱以外，三次产业结构的比重大致是：农业占比7%~21%，工业占比30%~39%，服务业占比39%~61%。和福建相比，东盟的农业比重更高，工业比重略低，服务业比重也略低。根据产业梯度转移理论，福建省与东盟国家的合作将有利于双方产业结构的优化，实现共同发展。

从产品结构来看，新加坡和马来西亚在技术密集型产品的生产上具有比较优势，如电子电气设备、自动化设备等，而福建省在非熟练劳动密集型产品如鞋类、服装和纺织品生产方面优势明显①。在农业比重较大的国家，可以发挥福建省机电制成品类和高新技术产品生产的优势。在人力资源方面，相比东盟国家，福建省在劳动密集型产品的生产上具有比较优势。产业结构和产品结构的互补优势，是推动福建省积极参与"21世纪海上丝绸之路"东盟航段建设的巨大动力。

（五）"多区叠加"的政策优势

自2011年国务院通过《海峡西岸经济区发展规划》，将福建省定位为海峡蓝色经济试验区后，国家不断加强对福建省的政策支持力度，先后确立了"中国（福建）自由贸易试验区""平潭综合实验区""福州新区"等。福建自贸区于2015年成立，包括厦门、平潭和福州三个片区，面积共118.04平方千米，为福建重点建设"21世纪海上丝绸之路"沿线国家和地区交流合作的重要平台提供了非常好的契机。近年来，福建省大力建设高水平自贸试验区，不断提升平潭综合实验区等特殊经济功能区的政策创新溢出效应和高端服务功能，推动与福州新区一体化发展，致力于将其打造成融入国际经济大循环的引领区和开放窗口。

多区叠加不仅是国家赋予福建省的先行先试政策，也是建设开放型经济新体制的显著优势。福建作为海峡蓝色经济试验区、自由贸易区、21世纪海上丝绸之路核心区，是政府在我国沿海打造的新的增长极，通过多层要素的累积，为省内产业结构的发展与创新带来新的发展空间，为福建省城市的发展和海上丝绸之路的建设提供政策上的支持，促进海上丝绸之路与陆上丝绸之路的联系贯通。

泉州作为海上丝绸之路的重要节点，其对21世纪海上丝绸之路的发展意义重大，因此国家也十分重视对泉州的政策支持。2014年，中国海洋产权交易中心落户福建泉州，开始探索我国与"海丝"沿线各国和地区开展海洋产权交易

---

① 黄茂兴，季鹏. 福建积极融入21世纪海上丝绸之路建设的现实基础与战略方向 [J]. 福建论坛（人文社会科学版），2015（7）：160-166.

的道路。此外，泉州不仅是"21世纪海上丝绸之路"的先行区，而且具有国家金融综合改革试验区、民营经济综合改革试点地区等多重身份。此外，"泛珠"区域通关一体化自2015年5月1日起正式启动运作，"21世纪海上丝绸之路"沿线的福建、广东、广西和海南四省份的11个海关实现"区域联动，多关如一关"，进一步密切了福建与广东、广西和海南的跨省合作，有利于加强海关跨区域的协同配合，从而推动21世纪海上丝绸之路的协调发展。

二、福建省推进21世纪海上丝绸之路核心区协调发展的战略定位

作为21世纪海上丝绸之路核心区，福建省应立足新起点、抢抓新机遇，根据"一带一路"倡议的总体部署，立足国家战略大局，从"海丝"核心区协调发展的角度出发，认真贯彻落实习近平总书记重要讲话和重要指示精神，找准定位，主动作为。重点应从开放型经济新体制的要求、"一带一路"倡议深入发展、区域海洋经济合作以及闽台两地融合发展的角度出发，明确福建省作为"海丝"核心区的发展定位，积极探索新形势下福建省参与"一带一路"建设、推动21世纪海上丝绸之路核心区协调发展的有效路径，努力把福建省建设成为21世纪海上丝绸之路的重要支点。

（一）开放型经济新体制的先行区域

21世纪海上丝绸之路核心区建设是我国新一轮高水平对外开放的重要载体，对加快构建开放型经济新体制至关重要，因此必须明确其开放前沿定位。建设更高水平开放型经济新体制要求实施更大范围、更宽领域、更深层次的全面开放。而福建省推进"海丝"核心区建设一方面有利于加强与"海丝"沿线国家和地区经济、社会和人文的全面融合，扩展与沿线国家和地区在港口航运、海洋能源、经济贸易、科技创新、生态环境等领域的全方位合作，打造全方位互联互通新格局[①]；另一方面与开放型经济新体制要求继续深耕发达经济体市场，拓展亚洲、非洲、拉美等市场的发展方向完美契合，有利于逐步提高自贸伙伴、新兴市

---

① 杨秀平. 福建加快融入"一带一路"支点建设研究 [J]. 中国经贸导刊（中），2018（29）：33-35.

场和发展中国家在福建省对外贸易中的比重，实现对外贸易多元化，进一步扩展对外开放的深度和广度。

在"十三五"期间，福建省以推进海上丝绸之路核心区建设为抓手，构建更高水平开放型经济新体制成绩斐然：福建自贸试验区累计推出 196 项全国首创举措，进口规模提升到全国第 7 位，出口规模保持全国第 6 位，实际使用外资和对外投资年均增长 5.9% 和 7.4%[①]。"十四五"期间，福建省在深化"海丝"核心区建设、加快建设开放强国战略中处于极其重要位置。其应该按照国家的战略部署，发挥自身"海丝"历史文化底蕴深厚与海外华侨华商网络资源优势，在对外开放与对外合作中先行先试，探索在与"海丝"沿线国家的互联互通、产能合作、人文交流方面形成新体制、创造新模式、积累新经验，在构建开放型经济新体制方面发挥引领作用。

（二）"一带一路"建设的重要支点

福建省作为 21 世纪海上丝绸之路核心区，拥有独特的区位和资源优势，在"一带一路"建设中处于突出地位。"十三五"期间，福建省始终围绕国家"一带一路"总体规划和布局，秉持"共商、共建、共享"的原则，制定并实施福建省 21 世纪海上丝绸之路核心建设方案，围绕政策沟通、设施联通、贸易畅通、资金融通和民心相通，大力实施"丝路海运"、"丝路飞翔"、国际合作示范区建设、境外经贸合作重点园区建设以及远洋渔业基地建设、文化旅游品牌塑造、扩大国际朋友圈七大标志性工程，实现了福建省"海丝"核心区建设从"大写意"到"工笔画"的转变。

福建省"海丝"核心区建设要从服务国家战略需求出发，因此"十四五"时期福建省要集中力量，整合资源，推动 21 世纪海上丝绸之路核心区建设向高质量发展走深走实，为"一带一路"建设贡献福建力量。这可从以下两个方面着手：一是要充分利用福建省包容、多元的历史文化和侨民侨商社会组织遍布全球的特点，在民心相通、文化交流、两岸合作、社会责任、民营经济"走出去"方面，走在"一带一路"建设的前列[②]。这些领域也是目前"一带一路"建设的短板，亟待加快建设，努力塑造优势。二是要做大做强远洋渔业和蓝色经济基础，激活侨商和民营经济活力，调动各级政府的积极性和创造力，加强体制机制

---

① 福建：深化海丝核心区建设 推动高水平对外开放 [EB/OL]. http://m.xinhuanet.com/fj/2021-03/10/c_1127192286.htm.

② 王海峰. 新时期福建 21 世纪海上丝绸之路核心区建设思路探析 [J]. 国际贸易, 2019 (5)：76-81.

创新，在21世纪海上丝绸之路建设中承担起核心引领和示范作用，为"一带一路"建设添砖加瓦，并成为"一带一路"建设的重要支点。

（三）海洋经济合作发展的重要载体

21世纪是海洋的世纪，合理推进海洋开发和利用，促进海洋经济合作发展已成为世界各国的重要战略方向。近年来，沿海各国纷纷开展海洋经济发展相关研究，不断探索海洋经济发展新路径，制定了各自的海洋经济发展框架。我国也不断推进经济发展方式的转变，制定并实施"海洋强国"发展战略，使海洋经济得到了前所未有的重视和发展。"一带一路"是建设海洋强国、加快拓展蓝色经济空间、实现两个一百年奋斗目标的战略载体。而"海丝"核心区建设作为"一带一路"建设的重要组成部分，适应了"海洋强国"发展战略的需要，给福建省与"海丝"沿线国家的海洋经济贸易合作带来新的契机和发展平台，对充分利用海洋资源和促进海洋经济合作发展具有重要意义。

福建省海岸线绵长，是我国的远洋渔业大省，目前与"海丝"沿线国家和地区的海洋经济合作取得了显著的成效：在9个"海丝"沿线国家建有远洋渔业基地，海产品出口创汇多年居全国首位，中国—东盟海产品交易所特色鲜明；平潭国际旅游岛、厦门国际邮轮母港、福州渔业博览会、厦门国际海洋周等丰富了蓝色经济内涵；位于厦门的自然资源部海洋三所海洋基础研究扎实，国际合作经验丰富，亚太经合组织（APEC）海洋可持续发展中心依托该所在过去10年开展了卓有成效的工作，承担了多项中国—东盟海上合作项目。因此，福建省"海丝"核心区建设应当成为与沿线国家和地区海洋经济合作的重要载体。

福建省应充分发挥"海丝"核心区建设的载体作用，不断推动区域海洋经济合作，实现"海洋强省"的目标。一方面，对内要加强海上基础设施建设，加快厦门、泉州等港口建设，在此基础上，充分发挥福建省"多区叠加"的优势，加强与周边省份的海洋经济合作，加快形成"交通便捷、产业互补、协调发展"的沿海城市群；另一方面，对外要加强与"海丝"沿线国家和地区的海洋战略对接，在推进海上互联互通、港口城市合作、海上旅客和货物运输以及海洋渔业产业等方面加强与"海丝"沿线国家和地区的交流与合作，推动构建和谐稳定的蓝色经贸关系。

（四）海峡两岸融合发展的前沿平台

福建省与台湾省血脉相连，具有"地缘近、血缘亲、文缘深、商缘广、法缘久"的特殊渊源关系。福建省位于海峡西岸，与台湾省隔海相望，是祖国大陆距离台湾最近的省份，优越的区位条件不仅便利了闽台两地的经贸往来，而且使福建省成为了推动海峡两岸协调发展的重要窗口，因此福建省推进"海丝"核心区建设必须明确对台前沿定位。

长期以来，海峡两岸经济合作、人文交往推动着两地社会的发展进步。为此，深化闽台经贸合作，扩大闽台人文交流交往是"海丝"核心区建设的重要目标。而福建省正以"海丝"核心区建设为契机，在推动闽台两岸深度融合发展上发挥着独特作用。在经济合作方面，福建可以为台湾地区参与"海丝"提供新路径。以海洋产业、闽台港口、海运合作等蓝色经济合作为突破口，共同打造环台湾海峡港口群和航运中心。在文化交流方面，闽台两地语言相通，文化相近，有利于加强闽台民间交流，推动闽台同胞共同传承中华优秀传统文化，增进台湾同胞对民族、对国家的认知和感情，让闽台同胞心贴得更近、情融得更深。

为适应国家发展战略的需要，推动海峡两岸深度融合，福建省在推动"海丝"核心区建设的过程中，应始终坚持以通促融、以惠促融、以情促融，继续研究推出惠台利民政策措施，扎实推进基本公共服务均等化、普惠化、便捷化，让更多台胞台企融入新福建建设，在八闽大地追梦、筑梦、圆梦，从而在探索海峡两岸融合发展新路上迈出更大步伐。福建自贸区是闽台经济文化的深度融合区，而21世纪海上丝绸之路核心区的建设将成为福建自贸试验区发展的载体。在未来的发展中，福建省要充分发挥"海丝"核心区与福建自贸区的融合效应，积极推进和台湾地区投资贸易便利化，不断探索人员往来和服务业开放合作新模式，多方面、多层次扩展闽台深度融合发展空间，有效推进两岸的互联互通，以深化两岸合作为着力点，打造两岸合作新平台①。

三、福建省推进21世纪海上丝绸之路核心区协调发展的战略布局

21世纪海上丝绸之路的建设对国际区域协调发展的意义在于，通过政策沟

---

① 张蕙，黄茂兴. 福建自贸试验区与21世纪海上丝绸之路核心区的融合发展分析 [J]. 福建师范大学学报（哲学社会科学版），2015（4）：1-7+14+170.

通、资金支持、改善沿线国家和地区的基础设施互联互通水平，提升区域内的相互贸易与投资水平，进而推进区域协调发展、经济繁荣①。2015年3月28日，国家发展改革委、外交部、商务部联合发布的《推动共建丝绸之路经济带和21世纪海上丝绸之路的愿景与行动》提出的政策沟通、设施联通、贸易畅通、资金融通、民心相通的"五通"建议，是"一带一路"建设的核心内容，也是推进21世纪海上丝绸之路核心区协调发展的重点方向。因此，福建省作为21世纪海上丝绸之路核心区，应在明确自身发展定位的前提下，以政策沟通为先导，以设施联通为基础，以贸易畅通为纽带，以资金融通为抓手，以民心相通为后盾，以点带面，从线到片，逐步形成区域大合作，构建丝路沿线国家和地区的"利益共同体"和"命运共同体"，并在实践过程中考虑不同国家的差异性和发展需求，根据政策沟通、设施联通、贸易畅通、资金融通和民心相通的不同内容进行务实选择。推进互联互通要有利于要素集聚，深化贸易畅通要瞄准重点区域，强化资金融通要聚焦自由开放便利，增进民心相通要注重增加共情②。

（一）加强区域政策协调

政策沟通是深入推进"一带一路"倡议的重要保障，是开展各方面务实合作的基础，同时也是共建21世纪海上丝绸之路的必然要求。政策沟通的目标是促成沿线国家形成趋向基本一致的战略、决策、政策和规则，最终推动区域合作和发展。达成这一目标，需要将沟通交流贯穿在寻求共识、消除分歧、化解问题、谋求发展的全过程中③。而"海丝"沿线国家在经济发展水平、制度体制、政策法规、文化认同等各方面都存在较大的差异性，因此福建省发挥其核心区的优势，实现与沿线各国和地区的联动发展，首先在于政策沟通。福建省应重点加强与"海丝"沿线国家和地区政策沟通中四个层面的对接，结合各国和地区不同的社会文化特点，促进区域政策协调，创新政策沟通模式。

首先是理念层面的对接。政策沟通是一个达成理念共识的过程，福建省应通过加强区域政策沟通，建立互信，在合作共赢的目标下，共同打造利益共同体、责任共同体和命运共同体。其次是制度层面的对接，即通过政策协调，求同存

① 张建平，李林泽．"一带一路"：推动区域协调发展的中国贡献［J］．可持续发展经济导刊，2021（Z2）：90-93．

② 王胜．新时期新征程海上丝绸之路支点建设实践路径［J］．今日海南，2022（7）：46-49．

③ 张本波．"一带一路"政策沟通，是优势互补将造福世界［EB/OL］．https：//china．chinadai-ly．com．cn/2017-05/15/content_29354468．htm．

异，在尊重各国和地区发展道路和模式选择基础上，相互借鉴，促进沿线国家和地区制度体制的共同进步和完善，为区域合作打造稳固而友好的社会基础。再次是战略层面的对接，即通过政策沟通，推动沿线各国和地区重大发展战略与21世纪海上丝绸之路建设相融合，推动福建省与沿线各国和地区之间发展战略的对接与耦合，发掘区域内市场潜力，逐步形成优势互补的区域产业布局。最后是经济融合层面的对接，即通过沟通，共同制定区域合作规划、政策和措施，协商解决合作中的突出问题，为务实合作及大型项目实施提供政策和法律支持。以目标协调、政策沟通为主要途径，不刻意追求一致性，是福建省统筹推进"海丝"核心区建设的一个重要方向。

（二）夯实基础设施协调

基础设施互联互通是"一带一路"建设的优先领域，也是提高贸易便利化水平、建设高标准自由贸易网络的重要依托。设施联通的目的是在尊重相关国家主权和安全关切的基础上，由各国共同努力，加快形成以现代交通网络和空间综合信息网络为核心的全方位、多层次、复合型基础设施网络，大大降低区域间商品、资金、信息、技术等交易成本，促进跨区域资源要素的有序流动和优化配置，从而实现互利合作、共赢发展。在新的国际形势下，福建省扎实推进21世纪海上丝绸之路核心区协调发展，既要重视新型基础设施的"硬联通"与"软联通"，又要不断提升新型基础设施的出口能力。

在21世纪海上丝绸之路的引领下，福建省与"海丝"沿线国家和地区的相互合作更加深入，发展空间更加广阔，经济联系更加紧密。接下来，要坚持实施区域协调发展战略，积极搭建新发展格局与"海丝"建设融合发展的平台路径。首先，应在尊重相关国家主权和安全关切的基础上，加强福建省与沿线国家和地区在规划制度、标准体系、人员等方面的互联互通，推动建成连接亚非欧各区域的基础设施网络。其次，推进福建省与沿线国家和地区发展战略与规划的对接。"海丝"沿线国家和地区在基础设施方面的技术规范、口岸管理、运输标准等差别较大，不利于提高贸易便利化水平，应加强各国和地区间发展战略与规划的对接，建立互利共赢的合作机制，打造开放、包容与普惠的区域经济合作框架[①]。福建省立足设施联通，不断夯实与"海丝"沿线国家和地区的基础设施协调，

---

① 董雪兵．推进一带一路基础设施互联互通［EB/OL］．http：//views．ce．cn/view/ent/201705/11/t20170511_22712763．shtml．

加强彼此的发展战略对接，不仅有利于推动我国实施更深层次、更高水平的对外开放，而且有利于促进沿线各国和地区共同繁荣发展。

（三）促进经贸合作协调

习近平总书记指出："贸易是经济增长的重要引擎。"作为"一带一路"倡议的"五通"之一，以经贸合作为主轴的贸易畅通不仅是"一带一路"建设的重点内容，还是深入推进21世纪海上丝绸之路建设的重要助力，在促进福建省及沿线各国家和地区经济发展与对外开放方面发挥着巨大作用。福建省自被确立为21世纪海上丝绸之路核心区以来，始终坚持"共商、共建、共享"原则，加快贸易畅通步伐，不断深化经贸合作，"十三五"期间，贸易畅通亮点纷呈、成效显著，内涵也不断丰富。"十四五"时期，福建省在推进"海丝"核心区协调发展的进程中，应紧紧围绕贸易畅通这个建设重点，以开放、合作、共赢理念促进其与"海丝"沿线国家和地区深化合作，推动各国、各地区经济协调发展。

贸易畅通的目的是实现"一带一路"沿线国家和地区投资与贸易自由化、便利化，因此保证各种经济要素资源有序、快速、自由流动是贸易畅通的基本要求。福建省要深入建设贸易畅通，首先必须解决贸易便利化问题，消除贸易壁垒，改善口岸通关条件，降低通关成本，提升通关能力，创造良好的营商环境；其次要因地制宜、有针对性地实施贸易畅通。从国际经济合作角度看，无论是推进基础设施互联互通还是促进产能合作，最终均应转化为贸易转移与贸易创造效应，通过优势互补，扩大贸易规模，带动并促进双方以至区域整体经济发展。福建省与沿线各国和地区致力于投资、贸易便利化水平进一步提升，朝着互利互惠、互利共赢的目标相向而行，有利于加快形成"海丝"高标准自由贸易区网络。在当前时代背景下，贸易畅通承载着实现"海丝"沿线国家和地区共同繁荣、构建人类命运共同体的重大使命，必将在21世纪海上丝绸之路核心区的建设中显现更多活力，发挥更大作用。

（四）统筹货币资金协调

资金融通是"一带一路"的重要支撑，渗透到"一带一路"建设的方方面面。无论是设施联通，还是贸易畅通，这些环节都离不开资金融通。自2013年提出"一带一路"倡议以来，资金融通始终坚持"平等参与、利益共享、风险共担"原则，以"企业为主体、市场化运作、互利共赢"为运行基础，通过服务重大项目，推动"一带一路"共建国家和地区之间建立长期、稳定、可持续、风险可控的融资体系，助力"一带一路"共建国家和地区实现高质量发展。金融是现代经济发展的核心，统筹推进21世纪海上丝绸之路核心区经济高质量发展，依托系统化的国际金融体系构建，而资金融通的本质就是构建系统化的国际金融体系。因此，福建省应将资金融通作为推动21世纪海上丝绸之路核心区协调发展的关键环节，为其核心区的建设提供强有力的金融支持。

做好资金融通，重在系统化。福建省应立足支持21世纪海上丝绸之路重大项目建设发展的基本使命，不断拓宽"海丝"共建国家和地区的融资渠道，统筹货币资金协调，充分发挥"金融血脉"作用。这就需要推动"海丝"货币金融体系的建立和金融监管的合作。构建稳定公平的国际金融体系，要求福建省重视发展中经济体融资的可持续性，同时提倡金融领域标准化，协助"海丝"国家和地区建立完整的国内金融体系，共同制定国际金融标准；金融监管合作是资金融通的重要保障，要建立高效监管的协调机制，完善风险应对和危机处置的制度安排，形成应对金融跨境风险和危机处置的交流合作机制[①]。从福建省和"海丝"国家和地区金融发展的角度出发，统筹货币资金协调，不只是简单地提供资金，更需要提供一种潜在的金融标准和制度规范。

（五）推进人文交流协调

民心相通作为"一带一路"建设的重要内容，不仅是沿线国家人民心灵相通的纽带和理解包容力量的源泉，更是推进"一带一路"建设走深走实的民意基础和社会根基。21世纪海上丝绸之路是"一带一路"建设的重要组成部分，所以民心相通在推动"海丝"建设合作上也发挥着独特而且重要的作用，即在推动核心区协调发展上发挥着终极推动力作用。推动21世纪"海丝"核心区的协调发展，要促成参与国家和地区的互利共赢合作，其根在人民、源在民意。

有效发挥民心相通的终极推动力作用，首先就是要积极探索建立福建省与"海丝"沿线国家和地区之间的人文交流长效机制，构建国家和地区间交流合作的平台，推动国家和地区间语言便利化沟通的设施建设，推动"海丝"国家和地区民众之间的交流互鉴，通过增信释疑，夯实"海丝"建设实现高质量发展所需的广泛社会共识，最终通过民心相通克服和处理好"海丝"建设中遇到的老问题和新挑战；其次，由于参与"海丝"建设的国家实行的政治制度、构成

---

① 王义桅. 打通"一带一路"建设金融血脉［EB/OL］. https：//epaper. gmw. cn/gmrb/html/2018-09/26/nw. D110000gmrb_20180926_2-10. htm.

的民族成分、信奉的宗教信仰和所处的经济发展阶段各不相同，因此，实现民心相通要从历史和现实的维度出发，尊重文化的多样性，树立平等互鉴、包容对话的文明观，通过文化交流推动文化认同、实现文化包容。

　　"五通"建设作为21世纪海上丝绸之路中推动区域经济一体化重要的组成部分之一，为推动国家和地区间的机制性和非机制性合作、促进沿线国家和地区经济高质量发展做出了重大贡献①。在"世界百年未有之大变局加速演进"的时代背景下，"五通"建设仍然是加强与"一带一路"沿线国家和地区通力合作、构建人类命运共同体的重要方向。而深化"五通"下的务实合作，是福建省作为"海丝"核心区立足新使命、新优势，抓住重要机遇，主动作为，开启新征程的基本路径选择。对福建省来说，借助"一带一路""五通"建设的东风，不仅可以推动本地的对外开放水平，还可以促进当地的经济发展，缩小福建省与"海丝"沿线国家和地区经济发展水平的差异，从而推进21世纪海上丝绸之路核心区协调发展。福建要紧紧抓住这一战略契机，以经贸为主线，突破地缘与文化的限制，串联起亚非欧范围内的广大国家和地区，为中国与广大亚非国家和地区构建起平等、开放、互利的新型多边友好关系，构建开放型经济新体系做出新的贡献。

---

　　① 张建平，李林泽．"一带一路"：推动区域协调发展的中国贡献［J］．可持续发展经济导刊，2021（Z2）：90-93.

第八章　新发展阶段福建省推进 21 世纪海上丝绸之路核心区协调发展的趋势展望

历史大潮澎湃，时代惊涛拍岸。"21 世纪海上丝绸之路"合作倡议自提出以来，不仅为沿线国家和地区提供了发展新机遇，也为中国开放发展开辟了新天地。大批福建企业勇敢地"走出去"，大胆地"引进来"，向海而生，不断成长。面对世界格局的重大变化，"21 世纪海上丝绸之路"这项跨时空、跨洲际的重大倡议，正推动全球实现协调发展、合作共赢。

一、新发展阶段福建省推进 21 世纪海上丝绸之路核心区协调发展的形势分析

福建省作为 21 世纪海上丝绸之路核心区，是中国海洋经济贸易和对外人文交流的重要窗口，也是我国陆海内外联动、东西双向互济的国家开放平台。值此新发展阶段，国内国际环境面临深刻变化，不论是新发展格局、绿色发展理念，还是多重复杂的国际形势，都对福建省推进 21 世纪海上丝绸之路核心区协调发展提出了新的要求。同时，福建省也时刻肩负着进一步扩大对外开放、提升国际经济循环质量和水平乃至构建人类命运共同体的重要使命。

（一）新发展格局助力福建积极融入海上丝绸之路核心区协调发展

党的二十大报告指出，加快构建新发展格局，着力推动高质量发展，需推进高水平对外开放，增强国内大循环内生动力和可靠性，提高国际循环质量和水

平。新发展格局强调以国内大循环为主体,国际国内双循环相互促进的战略方向。一方面通过对标新发展格局的目标任务,21世纪海上丝绸之路合作倡议在新发展格局中的战略地位进一步凸显,"海丝"核心区建设发展空间不断拓展;另一方面为推动21世纪海上丝绸之路核心区协调发展奠定了坚实的国内经济与市场基础。

1. 高水平科技自立自强推动福建省优化21世纪海上丝绸之路互联互通布局

新发展格局强调以国内大循环为主体,以满足超大规模内需市场为基点,在坚定实施扩大内需战略的同时,深化供给侧结构性改革,打通研发、生产、流通、消费等环节堵点,坚定实施创新驱动发展战略,致力于构建现代化产业体系,加快实现高水平科技自立自强,提升产业链供应链韧性与安全水平,以强大的国内市场虹吸全球资源要素,为国内经济循环注入强劲动力。纵观人类发展史,创新始终是一个国家、一个民族发展的不竭动力,也是社会生产力提升的关键要素。在新发展格局下,实现高水平科技自立自强是提高供给体系质量和水平、畅通国内国际双循环的关键一环,并已在全国范围内掀起科技创新的浪潮。在此背景下,21世纪海上丝绸之路互联互通的区域合作布局将得到进一步优化。福建省地处我国东南部沿海地区,连接珠江三角洲和长江三角洲两大经济板块,拥有发达的民营经济和活跃的消费市场,可充分发挥其比较优势,在相关科技创新政策制度引导下,激发民营经济活力和创造力,以高效的科技创新吸引优质生产要素集中集聚,全面提升福建产业竞争力,为21世纪海上丝绸之路核心区建设提供新的动力。特别是在大数据、人工智能、云计算、区块链等数字技术的带动下,通过"数字经济+实体经济"的方式,促进传统产业与数字经济的融合,加强智慧城市建设,充分构建21世纪海上丝绸之路核心区创新链、产业链、供应链、价值链相互联结的创新驱动系统,打通技术创新与实践运用的设施通道,带动沿线各国和地区产业链供应链协同发展,实现核心区价值链的合理分布,从而为21世纪海上丝绸之路核心区基础设施硬联通和网络技术、数字技术等软联通提供极大的便利,助力沿线各国共享共建科技创新和科技成果转化。

2. 高水平对外开放助力福建省优化区域布局,推动21世纪海上丝绸之路协同发展

新发展格局强调提高国际经济质量和水平,以强大的国内经济循环竞争力,积极参与并融入国际竞争。在货物贸易、服务贸易、资本项目等方面不断扩大高水平对外开放,深入推进商品、信息、人才等要素流动型开放,稳步推进规则、规制、标准等制度型开放,更有效率地联结国内国外两大市场两种资源,最终实

现内外循环的平衡协调发展。实行高水平对外开放是新发展格局下提升国际经济质量和水平的战略要求。党的二十大报告指出,推进高水平对外开放,加快建设贸易强国,推动共建"一带一路"高质量发展,维护多元稳定的国际经济格局和经贸关系。制度型开放是高水平对外开放的核心内容,其目的是推动国内有关制度和体系对接国际高标准经贸规则,不断增强我国在国际经济贸易中规则制定的地位和话语权。同时,从国际贸易、贸易结构、资本项目等方面加速建设贸易强国,虹吸国内国际两大市场资源要素,促进内需与外需、进口与出口、引进外资和对外投资的协调发展。

从共建"21世纪海上丝绸之路"高质量发展层面看,高水平对外开放将为海上丝绸之路沿线国家和地区合作提供更有效的资金和政策等多层面支持。在制度规则方面,福建省"多区叠加"的优势将得到充分发挥,通过对标国际先进规则,为提升21世纪海上丝绸之路沿线国家和地区贸易便利化程度、多元化金融服务等提供政策支持,通过构建国际一流的营商环境,在提升福建省对外开放广度和深度的同时,为海上丝绸之路核心区协调发展提供广阔空间。在互联互通方面,福建省作为21世纪海上丝绸之路核心区,必将进一步推进高质量"引进来"和"走出去",助力福建企业积极参与21世纪海上丝绸之路沿线国家和地区的港口、铁路、航空等基础设施建设,提升核心区交通枢纽地位。同时,以基础设施建设为重点,强化区域间联动和协同配套,实现区域发展整体提升。在生产要素和发展动力方面,高水平对外开放将进一步推动福建省在经验、技术、市场、人才等资源方面的共享,强化21世纪海上丝绸之路核心区内经济的协同发展。通过搭建数字经济、智能制造等平台,加快"海丝"核心区产业融合,推动协作伙伴之间经济互利共赢。通过境外投资、重点领域商品进出口等加强与沿线各国和地区经贸往来,实现高质量产品供给,将福建省的产能优势转化为高水平对外开放新优势,从而有利于福建沿海地区传统产业转型升级,并加快向沿线国家和地区转移,大力发展战略性新兴产业,进一步扩大现代服务业开放度,促进21世纪海上丝绸之路核心区产能提升,实现优势互补。在文化交流方面,高水平对外开放在推动福建与21世纪海上丝绸之路沿线国家和地区跨境贸易、投资、人员流动等方面合作的同时,可充分发挥福建闽南文化优势,加强与沿线各国和地区文化交流和融合,提高区域内国际影响力,有助于"海丝"核心区在文化、教育、医疗、民生等领域交流合作,共同维护区域间社会稳定。

(二) 绿色发展赋予福建推进 21 世纪海上丝绸之路核心区协调发展新使命

近年来，从全球范围来看，南北贫富差距持续扩大，气候变化、生态环境恶化、海洋污染等全球性问题给 21 世纪海上丝绸之路沿线国家和地区带来新的挑战。21 世纪海上丝绸之路合作倡议自 2013 年提出以来，得到沿线国家和地区的广泛参与，福建省从政策沟通、设施联通、贸易畅通、资金融通、民心相通等方面与沿线国家和地区展开切实合作，并取得丰硕成果。但由于海上丝绸之路沿线国家和地区发展不平衡，生态基础差异较大，经济发展难免以一定程度地牺牲生态环境作为代价，生态问题凸显，逐渐成为海上丝绸之路核心区协调发展的一大瓶颈。新发展阶段，绿色发展成为各国和地区共建 21 世纪海上丝绸之路的共识和新诉求，也是全球治理框架下生态文明的重要组成部分。

绿色发展是在生态环境容量和资源承载力的约束范围内，通过推进经济、社会和生态系统的可持续发展，提升民生福祉和实现人与自然和谐共生的新型发展模式[①]。2020 年 9 月，习近平主席在第七十五届联合国大会上提出"双碳"目标。2021 年 4 月，习近平主席在博鳌亚洲论坛提出加强绿色基建、绿色能源、绿色金融等领域合作，完善"一带一路"绿色发展国际联盟、"一带一路"绿色投资原则等多边合作平台，让绿色切实成为共建"一带一路"的底色。2017 年，环境保护部、外交部等联合发布《关于推进绿色"一带一路"建设的指导意见》指出，推进绿色"一带一路"建设是分享生态文明理念、实现可持续发展的内在要求，是参与全球环境治理、推动绿色发展理念的重要实践，是服务打造利益共同体、责任共同体和命运共同体的重要举措[②]。根据清华大学五道口金融与发展研究中心、Vivid Economics、气候工作基金会联合发布的研究报告，预计 2016~2030 年，沿线国家和地区至少需要 12 万亿美元的绿色投资来支持"一带一路"倡议的可持续发展。这一研究结果表明，绿色投资在"一带一路"建设中扮演着重要的角色，并且需要建立健全的国际融资体系来支持这一发展方向[③]。

从地方层面出发，福建省自 2001 年开始推动大规模生态保护工程，2014 年成为全国首个生态文明先行示范区，在资源循环利用、海洋资源利用、清洁能

---

① 胡鞍钢，周绍杰. 绿色发展：功能界定、机制分析与发展战略 [J]. 中国人口·资源与环境，2014，24 (1)：14-20.

② 关于推进绿色"一带一路"建设的指导意见 [EB/OL]. https://www.Mee.gov.cn/gkml/hbb/bwj/201705/t20170505_413602.htm.

③ 季志业，桑百川，翟崑，李一君，王添."一带一路"九周年：形势、进展与展望 [J]. 国际经济合作，2022 (5)：4-27+94.

源、大气/水/土壤治理、森林保护等方面均取得了丰硕成果，但从推动 21 世纪海上丝绸之路核心区绿色发展来看，仍存在诸如绿色发展政策优势不足，绿色科技成果转化能力不强，拓展海外资源、对沿线国家绿色帮扶力度不足，绿色科技与金融、文化结合不深等一系列瓶颈。在绿色发展理念指导下，福建省在推动 21 世纪海上丝绸之路核心区协调发展的进程中有了新的使命。福建省需在完善"海丝"核心区建设的同时，更加注重沿线各国和地区经济增长与生态环境保护的协同发展，倡导绿色、低碳、循环、可持续的生产生活方式，满足各国人民对优美生态环境的要求，加强国际生态环境保护合作；以和平合作、开放包容、互学互鉴、互利共赢的丝绸之路精神为指引，坚持各国共商、共建、共享，全面推进绿色丝绸之路"五通"进程。着眼未来，在绿色丝绸之路进程中，福建省各类政策措施将得到进一步完善，统筹政府与企业能力、经济与环境区域协调能力将得到进一步提升。绿色低碳发展、绿色基础设施建设互联互通、绿色能源、绿色产业、绿色贸易、绿色科技、绿色金融等都将成为福建省与沿线各国和地区"海丝"核心区合作的重点方向和内容。绿色发展理念也将对福建"海丝"核心区统筹完善绿色发展支撑保障体系，包括绿色发展合作平台支撑、绿色发展能力建设、境外项目环境风险防控等提出更高的要求，为进一步打造 21 世纪海上丝绸之路绿色伙伴关系网络，加强沿线各国和地区核心区协同治理、绿色联动，构建人类命运共同体提供方向性指引。

（三）多重复杂国际环境对福建深入推进 21 世纪海上丝绸之路核心区协调发展提出新要求

当今世界正经历百年未有之大变局，国际环境恶化，经济全球化受到阻碍。与此同时，我国正面临着俄乌冲突引起的欧亚地缘旋涡与"印太战略"下的亚太旋涡联动共振的局面，世界经济发展的政治化、安全化、战略化、武器化趋势上升。2008 年国际金融危机后，世界市场不完全竞争问题长期存在，但当前单边主义的加剧和部分发达国家限制国际技术交流、实行技术垄断的行为都更进一步加剧了世界市场的失灵。以邻为壑的民粹主义力量带来的排外情绪和利己主义还导致了全球负外部性问题日益严峻，全球市场不完全竞争程度进一步加深。这使世界经济效率、稳定和公平三大问题凸显，现代经济体系面临更加复杂且严峻的挑战。国际力量对比和环境复杂化导致推动 21 世纪海上丝绸之路核心区协调发展难度上升，对福建省"海丝"核心区建设提出新要求。

1. 全球性发展问题日益严峻，构建人类命运共同体逐渐成为共识

习近平总书记自党的十八大以来提出的打造人类命运共同体、推动落实全球发展倡议等重要理念，是我国对世界发展大势准确把握和对人类前途命运深刻思考的体现。这些理念表达了中国与世界各国携手推动和平发展、合作共赢的真诚愿望和大国担当，并为 21 世纪海上丝绸之路核心区协调发展指明了方向，具有重要意义。作为"一带一路"倡议的重要组成部分，21 世纪海上丝绸之路核心区协调发展意义重大。在这一倡议框架下，我国积极推动沿线国家和地区的互联互通、区域协作和体制创新，助力全球一体化发展，有望实现多极化、全球化和经济泛海外发展的良好局面。世界各国在气候变化、粮食安全、能源安全、公共卫生安全等全球性发展问题，以及恐怖主义、人道主义灾害等非传统安全威胁面前，均无法置身事外。在安全利益互联、彼此影响的形势下，构建人类命运共同体已逐渐成为 21 世纪海上丝绸之路沿线国家和地区的共识。加强 21 世纪海上丝绸之路核心区协调发展是提升各国能力应对各类风险挑战，共同维护国家、地区乃至人类整体安全的重要途径。新发展阶段，福建省在进一步推动 21 世纪海上丝绸之路核心区协调发展过程中要坚持协同、合作、可持续的安全发展观，针对全球发展问题和非传统安全威胁综合施策，统筹安全与合作，以实现维护区域安全和促进经济可持续发展协同推进的目标。

2. 大国地缘战略博弈，海上丝绸之路核心区协调发展面临挑战

21 世纪海上丝绸之路经过十年发展，通过各国政府、核心区、支点城市等各方的不断努力，成果逐步显现，但国际社会对其负面言论从未间断。部分西方国家无视海上丝绸之路为经济全球化发展所做出的贡献，大肆鼓吹"中国威胁论""债务陷阱论""产能转移论"等，试图破坏 21 世纪海上丝绸之路沿线国家和地区的合作伙伴关系，延缓核心区协调发展。种种负面言论致使共建 21 世纪海上丝绸之路面临严峻的话语围堵困境，在一定程度上阻碍部分国家和地区以及国际社会对 21 世纪海上丝绸之路的理解和认同，给推动"海丝"核心区协调发展带来困境。与此同时，在中美长期博弈的背景下，不论是美国为维护东南亚地区霸权地位所主导的"印太战略""全球海外基建投资计划"，还是由美国、日本、澳大利亚领导的全球基建"蓝点网络"计划，都不可避免地对冲"21 世纪海上丝绸之路"倡议，形成竞争态势，可能会削弱各国共建"21 世纪海上丝绸之路"的动力，冲击我国与沿线各国和地区的贸易往来及经济基础。从地方视角来看，面对多重复杂的国际环境，在全球发展、变革和调整时期，更加紧密与沿线国家和地区的合作关系，提升合作层次，携手"海丝"核心区共同应对风险

和挑战，增加国际公共产品供给，为 21 世纪海上丝绸之路沿线国家和地区提供更多有价值的支持，是福建省作为 21 世纪海上丝绸之路核心区在未来应重点部署和决策的战略方向。同时，从更广阔、更长远的视角对福建省统筹协调国内开放型经济与"海丝"核心区发展提出了更高要求，需在经济发展的同时进一步促进人文交流，夯实民意基础，加强国际沟通和协调，以增进国际合作的信任和认同。

二、新发展阶段福建省推进 21 世纪海上丝绸之路核心区协调发展的路径选择

在新形势新使命新要求下，福建省应以民营经济为重点，以数字丝路为着力点，贯彻绿色发展理念，从深化产业协同、提振核心竞争力、深化海洋经济合作、创新金融模式等方面深入推进 21 世纪海上丝绸之路核心区协调发展。

（一）深化产业协同，推动区域产业转型升级

福建省作为 21 世纪海上丝绸之路核心区，应在推动自身经济转型升级和创新发展的同时，进一步加强与"海丝"核心区的外部合作与产业融合发展，平衡区域竞争与合作，实现区域间优势互补。

1. 以科技创新为核心驱动力

第一，坚持创新引领。在产业发展过程中，加强工业设计，提高产品质量和市场竞争力，加快传统产业向信息化、自动化、智能化、柔性化、生态化转型。加速发展生产性服务业和生活性服务业，通过服务业标准化、品牌化建设，提高服务效率和质量，逐步实现服务业技术升级，构建辐射"海丝"核心区的现代服务贸易产业体系，进一步实现产业蝶变。第二，加快产业创新。采用新技术和新材料，重点培育掌握关键核心技术的海洋战略性新兴产业，充分发挥其先导作用。并将资金、技术和人才更多地向新经济部门倾斜，促进规模化发展并提升经济质量。同时，加强产业关联度大的新兴产业发展，提升技术创新效率，加强产业价值链关联效应，优化产业布局，推动"海丝"沿线国家和地区核心区海洋传统产业转型升级，打造产业集群效应和整体效益。第三，加强陆海联动协作。进一步推动陆域产业与海洋产业协同发展，通过技术创新不断提高生产效率，提

升陆海产品附加值，实现"海丝"沿线核心区陆海产业价值链的增值和延展。第四，以有效市场为载体，推动资本、技术、人才、服务等要素在"海丝"核心区范围内自由流动。以有为政府促进各类科技创新，强化以科技创新为导向的分配机制和激励机制，鼓励企业增加对关键技术和知识资本的投资，构建以科技研发机构、各类高校、高新技术产业为一体的产学研自主创新体系。第五，创新对外合作机制、投融资模式和平台，探索新的国际合作方式和投资模式。积极推进企业对外投资和并购，以获得技术、产品和市场的制高点，促进企业转型升级。通过建立产业园区、技术转移等方式，打造海洋经济产业与"海丝"核心区深层次合作新平台，提升国际合作效果。

2. 深化与"海丝"核心区产业合作

福建省作为"海丝"发源地和"海丝"核心区，具有得天独厚的地缘优势与人文优势，拥有广泛的海商人脉、商贸港口体系及航运物流网络。为进一步推动"海丝"核心区协调发展，需在产业优化升级、创新能力提升、贸易往来加强等方面深化福建与"海丝"核心区的产业合作。

一是以资本输出带动产能输出，引导企业广泛参与"海丝"沿线核心区基础设施建设和产能合作，带动系列基础设施装备、技术、标准及管理输出，以及福建优质产能转移，促进"海丝"沿线核心区工业化水平提升，为区域经济发展提供原动力。同时，注重产融合作，充分发挥金融体系的引领作用和风险管理功能，为推动优势产能"走出去"提供融资便利。按照市场原则拓宽外汇储备运用渠道，支持企业在境内外发行股票或债券募集资金。扩大出口信用保险覆盖面，增加中长期信用保险、海外投资保险规模。整合金融资本和产业资本，构建以产能合作为核心的金融服务生态圈，积极探索产业资本与金融资本联合开展国际产能合作的新商业模式。二是在产业优化方面，完善省内区域布局，强化沿海地区的拓展引领作用和山区的承接作用，精准施策，充分发挥各地产业发展特色。进一步扩大与"海丝"沿线核心区企业合作及贸易往来，推动传统工业向智能制造、绿色环保等方向转型升级。通过创新技术和服务方式，实现产业链的链锁式布局。在创新能力提升方面，通过科技研发、人才培养、知识产权等区域协同合作，提高自身的创新竞争力和议价能力，为推动产业升级和经济增长提供强有力的支持。探索"海丝"核心区智库合作机制，凝聚沿线高端智力资源，共同探讨促进产业协同发展的路径和机制，为生产要素的互换和优化资源配置打下坚实基础。在贸易往来方面，加强港口建设和服务，提升海运物流效率和质量，进一步扩大福建的进出口贸易规模。同时，着力打造"海丝"核心区创新型企业集聚的产业园区，如现代农业产业园区、生态科技产业园区、生物医药产业园区等，引导具备自主创新能力的福建民营企业在沿线各国和地区的核心区推广高新技术产品，增进双方企业的交流合作，借助产业园区集聚优势，扩大市场份额及影响力。

3. 拓展产业发展合作空间

为加快形成协同发展的21世纪海上丝绸之路核心区产业布局，推动要素资源跨境优化配置，需要鼓励和支持有条件的福建民营企业"走出去"，打造和完善"海丝"沿线国家的产业链和价值链，提高福建产业竞争优势。首先，应加大政策支持力度，为福建民营企业搭建各种对外开放平台，推动物联网、云计算、大数据、智能制造、工业机器人等先进制造业走进电子信息产业相对落后的"海丝"沿线国家和地区。充分发挥华侨人力资源优势，通过创办"海丝"核心区产业园、出口加工区等抱团发展模式，联动政府、产业园区、企业主体三个层面，实现"海丝"核心区产业链分工合作与产业集聚发展。通过港口区位优势向腹地辐射拓展，形成制造业分工协作新机制，推动"海丝"核心区制造业向全球价值链上游攀升。与"海丝"核心区一道携手建立供应链产业链风险防范机制、风险预警机制、联合评估机制等，共同维护核心区供应链产业链安全稳定，有效减少和避免供应链产业链中断风险①。其次，应鼓励"海丝"核心区的华侨华商与国内企业在产业园区、能源开发等方面展开深度合作，以构建"海丝"核心区的生产价值链。建立桥梁纽带关系，为福建民营企业在上市融资、投资设厂等方面规避风险和贸易壁垒。大力推动闽台融合发展，扩大对台开放的平潭综合实验区、福州新区和福建自贸试验区，打造两岸合作的新平台，加强闽台产业对接并提升现代服务业、先进制造业和特色农业合作水平，以构建华人商业圈并拓展"海丝"沿线国家和地区核心区市场。

（二）发挥"多区叠加"优势，辐射提振区域核心竞争力

福建自贸区是海上丝绸之路体制机制创新的先行区与突破口。在新发展阶段，福建应充分发挥自贸区、"海丝"核心区等多区叠加优势，积极推进与"海丝"沿线国家和地区核心区在企业、产业等方面的合作。

1. 强化福建自贸区与"海丝"核心区深度融合

第一，完善顶层设计。推进福建自贸区与21世纪海上丝绸之路深度对接融

---

① 李猛. 新时期构建国内国际双循环相互促进新发展格局的战略意义、主要问题和政策建议［J］. 当代经济管理，2021，43（1）：16-25.

合。这需要将自贸区的战略规划与福建的优势、特色和定位相结合，以推动 21 世纪海上丝绸之路核心区的协调发展。通过互补共赢、重点布局和特色发展，打造福建自贸区与 21 世纪海上丝绸之路沿线国家和地区经贸互动的升级版。第二，加快政府职能的转变。推动政府服务模式和监管模式的创新，为 21 世纪海上丝绸之路核心区的经贸发展创造国际化、市场化和法制化的营商环境。科学规划福建自贸区与 21 世纪海上丝绸之路沿线国家和地区的对接平台建设，提升对接的影响力和辐射力，参照国际高标准的贸易和投资规则，加快构建开放型经济新体制。第三，深度对接 21 世纪海上丝绸之路的三大片区。福建自贸区涵盖福州、厦门和平潭三个片区，应根据各自定位，充分利用优势资源，积极创造与 21 世纪海上丝绸之路深度对接的切入点。福州片区应聚焦高新技术产业，以发展高新技术产业为核心驱动，大力发展新材料、新能源、生物医药等战略性新兴产业，形成以电子信息、生物医药、新能源及材料、智能制造等为代表的一批高质量、高技术产业，借助自身成熟的产业和技术优势，积极对接沿线国家和地区的自贸区、经济特区等，在高新技术产业领域深度对接 21 世纪海上丝绸之路。厦门片区应打造新兴产业和现代服务业合作示范区及跨境电商中心，进一步加强与海上丝绸之路沿线国家和地区的贸易往来，加快发展国际贸易服务、金融服务、信息消费等高端服务业，深入发掘跨境电商等新型贸易业态的发展机遇，助推厦门成为区域性国际贸易中心和数字丝绸之路的核心区。平潭片区应以文化、旅游、会展等服务业为主要发展领域，加强人文交流和区域合作，推动区域文化交流和旅游合作，为福建省推进 21 世纪海上丝绸之路核心区协调发展做出积极贡献。第四，依托 RCEP 打造"海丝"核心区开放型经济新体系。《区域全面经济伙伴关系协定》（RCEP）是亚洲地区历史上范围最广的自贸协定。福建海上丝绸之路核心区位于中国东南沿海地区，是连接中国大陆和海上丝绸之路的重要枢纽，与 RCEP 地区经济紧密联系。RCEP 极大地促进了福建各地区间的贸易便利化，为设立在福建的跨国企业和地区性企业提供更多贸易机会和优惠政策，加快福建地区的国际化发展进程。在此基础上，福建应在 RCEP 框架下进一步与"海丝"沿线国家和地区核心区经济发展紧密衔接，巩固并深化与东盟国家的经贸合作，深挖东南亚国家市场需求潜力，为 21 世纪海上丝绸之路核心区提供区域协作平台，加速区域间的资源整合和经济互补优势的实现。第五，依托自贸区建立的创新型政策机制，吸引全球外资进入福建，同时推动福建省企业"走出去"，拓宽福建与"海丝"沿线国家和地区在经济贸易、港口航运、海洋能源、科技创新、旅游文化等领域的合作范围，加强福建与东盟、南亚、西亚、北非、欧洲等沿线国家和地区的经贸往来，形成福建自贸区与 21 世纪海上丝绸之路核心区深度融合的开放型经济新格局。

2. 释放多区叠加优势

第一，充分发挥"多区叠加"的要素集聚效应，推动形成更大的经济规模效应和区位效应。一方面，推动 21 世纪海上丝绸之路核心区与自由贸易试验区融合发展，吸引更多外资、技术和人才进入福建，进一步提高本地区的市场规模和经济发展潜力。另一方面，自贸区内的各项政策措施也有望在 21 世纪海上丝绸之路沿线国家和地区产生溢出效应，以海洋经济为主线，以福建自贸区为战略支点，与"海丝"核心区在航运、商业、服务贸易、科技等领域深化合作，促进整个区域内的经济协调发展。第二，提高创新要素的聚集效应，促进福建省创新资源的充分利用。在"多区叠加"形势下，福建省的产业结构将会更加多元化，企业主体和产业将会面临更大的市场需求和竞争压力。需加快技术创新和产业转型，通过自由贸易和对外开放机制，与 21 世纪海上丝绸之路沿线国家和地区加深合作，在海洋经济、临港产业、生物技术、新能源等方面促进技术和经验的交流和共享，助推"海丝"核心区传统产业向新兴前沿领域发展。第三，发挥对外辐射和扩散效应，促进"海丝"核心区间的经贸往来与合作。带动更多贸易和投资流向 21 世纪海上丝绸之路核心区，推动沿线核心区健康有序协调发展，进一步提高"海丝"核心区的凝聚力和影响力，实现多方共赢。在未来的发展中，要进一步释放福建多区叠加优势，依托 21 世纪海上丝绸之路，与自贸区、蓝色海峡经济试验区等国家战略机遇相结合，大力发展现代海洋产业体系，培育海洋经济成为新的经济增长点，提振"海丝"核心区核心竞争力，共同打造更加广阔、更加深入、更加活跃的区域经济增长极。

（三）以"数字丝路"为着力点，打造数字经济开放合作核心区

随着以 5G、人工智能、物联网、云计算为代表的新一代数字技术加快融合创新，数字技术正发挥着对实体经济的放大、叠加、倍增作用。数字技术以信息流引领海洋经济的技术流、资金流、物资流进行自由流动与重组，构筑出"智慧海洋"全新产业体系，将高效促进海洋资源配置优化和全要素生产效率提升，大幅提升海洋产业开发广度和深度。福建省要抓住数字经济和海洋强国建设的战略机遇，加快推动数字经济与海洋经济高质量融合发展，要深刻认识"智慧海洋"对推进涉海服务智能化、涉海治理高效化、涉海产业智慧化，助力做强做优做大数字经济、海洋经济的重要意义，不断培育"海丝"沿线核心区数字生态，让

数字红利更广泛地惠及"海丝"沿线各国和地区，推进数字丝绸之路建设。

1. 积极推进基础设施数字化互联互通

福建省需完善与"海丝"核心区软硬件通道建设，推动海陆空基础设施和信息网络建设，实现基础设施数字化互联互通。在硬件通道方面，集中力量运用数字化高新技术大力推进沿海核心港区建设，拓展与"海丝"沿线国家和地区的港航合作。加强陆海资源整合，加快晋江、龙岩、三明、武夷山等陆地港建设，依靠公路、铁路、水运对接内陆省份业务网点和陆地港，增强港口揽货集聚能力。加强与中西部重要物流节点城市合作，发展海铁联运。围绕物流链全流程，强化运输、仓储、配送、检验检疫、通关、结算等环节高效对接，提供一站式综合服务。支持福州、厦门等机场加快建设临空经济区，大力发展航空物流、快递仓储等临空产业，提高"海丝"核心区经济的物流效率。加强21世纪海上丝绸之路货物运输中数字化技术的应用，通过系统化货物信息共享，开通安全智能贸易航线。积极参与实施21世纪海上丝绸之路空间信息走廊建设与应用，搭建数字化、普惠化和绿色低碳的信息交流平台，构建更加紧密的"海丝"核心区信息网络。进一步推动"海丝"沿线各国和地区电子政务互相沟通、合作与整合，制定现代化电子口岸建设标准，实现智能化信息数据共享，从而提高通关效率，推动电子口岸互联互通。在提高通关效率、降低运营成本的同时，打造有利于新领域、新业态发展的创新环境。

在软件通道方面，在RCEP的框架下多措并举推动21世纪海上丝绸之路贸易自由化、便利化，逐步放开对外汇、金融的管制，为打造21世纪海上丝绸之路核心区贸易中心、金融中心创造条件。同时，在遵循现有国际规则的框架下，与"海丝"核心区共同商讨制定投资贸易规则体系的创新内容，在数据跨境自由流动、隐私保护、数字知识产权保护等方面推动具体规则的建立，在保证信息安全的前提下推动"海丝"核心区数据共享，循序渐进构建21世纪海上丝绸之路规则体系，实现"海丝"核心区政策、规则、标准的对接联通。在此基础上，积极探索畅通"海丝"核心区市场通道，构建高效的国际运输市场环境，进一步增强各种载体平台作用，集聚"海丝"沿线国家和地区的人流、物流、资金流、信息流等要素资源，提高福建省的市场竞争力和开放水平。加快构建"连接+算力+能力"的新型信息服务体系，深入推进"宽带入海"工程，加快建设以5G为核心的精品海洋网络体系，积极探索100千米及更远的海域5G覆盖，综合运用5G网络+海缆+卫星多形态设施，将人、厂、船、港、设施等要素连接起来，打造"覆盖更远、速率更高、连接更多、质量更优"的空天地一体化覆盖方案,构建起海洋"信息高速"。落实国家"东数西算"部署,整合网、云、数、智、边、端、链多层次算力资源,打造贯通数据感知、传输、存储、运算等各个环节的新型一体化服务,助力建设"智慧海洋数据中心",汇聚海量海洋数据,消除信息"孤岛",建设集感知、获取、处理、分析、共享、应用于一体的坚实保障,以数据驱动"知海""治海""用海"。

2. 大力培育跨境电商业务

随着数字经济的发展,"丝路"电商成为21世纪海上丝绸之路建设的重要组成部分。福建省是21世纪海上丝绸之路核心区,拥有发达的物流、金融和电商企业,应更好利用现代化技术,推动丝路电商长足发展,进一步促进福建省与沿线国家和地区的经贸合作。第一,按照国际通行的标准激励和培育跨境电商企业,将中小企业纳入各国的电子商务体系中,建立以电商为核心的物流、金融、信息交流一站式电商平台,促进与沿线国家和地区电商的互联互通,实现包括商品信息共享、订单跟踪、快递配送、支付结算等在内的一站式服务,建设一批跨境电商产业园和O2O体验馆,进一步提高贸易便利化水平。第二,要推动海外仓储体系的建设,拓宽跨境物流通道。积极培育闽台闽港海空、海海联运通道,推动港口机场货物转场无缝对接,支持福州长乐机场、厦门高崎机场、晋江机场开通至"丝路"沿线国家和地区的货运定期航线。通过合理布局福建省与"丝路"沿线国家和地区的货物中转、贸易、仓储及物流基地,有效提高物流效率。通过建设海外仓储基地,应对不同国家和地区之间的贸易壁垒,在贸易过程中降低交易风险,提高物流效率和贸易安全性。第三,强调"丝路"电商创新性,进一步加强电商技术研究和创新,鼓励电商企业与高校、研究机构探讨新的电商商业模式,达成紧密合作,同时开展培训、育才、示范、风投等方面的激励和支持,拓展更多资金渠道和利用模式。第四,深化与21世纪海上丝绸之路沿线国家和地区的电子商务合作,拓展福建省跨境贸易规模和市场份额。通过构建"丝路"电商的核心区和先行区,更好地利用电子商务平台,推广福建特色产品。建设跨境电子商务综合试验区,将吸引和培育跨境电商企业和品牌,提升外贸综合服务能力和跨境供应链服务能力,引进和聚集一批跨境电子商务平台服务企业,培育有竞争力的跨境电子商务企业和品牌,建成各具特色的跨境电子商务产业园区,形成完整的跨境电子商务产业链和生态圈。

3. 加强智慧海洋建设

数字技术和数据要素的融合创新,是"智慧海洋"的核心驱动力,将推动涉海资源在更大范围、更深层次实现高效整合与优化配置。当前,在海洋产业数智化转型过程中，海量数据的获取与共享、涉海应用场景重塑、海洋装备与核心技术研发等方面存在薄弱环节，这对数字技术赋能和数据要素流动融通提出更高要求。对此，福建省应加快补短板、锻长板，推动数字技术和数据要素跨行业、跨区域、跨领域系统集成和融合创新，营造开放型海洋运营环境，进一步激发海洋经济的创造力和发展活力。依托"智慧海洋"的数字技术融合创新，对赋能供给平衡、服务海洋产业链升级、实现福建从"海洋大省"向"海洋强省"跨越具有重要意义。通过打造智慧海港、智慧海上牧场，赋能海洋传统产业升级，为海洋产业提质量、增效率、降成本，实现高质量海洋产业供给，为海水综合利用、海洋能源、海洋生物医药、海洋装备制造等提供有力的数智化支撑。加速激发海洋服务动能，助力海上交通运输、海洋文旅等行业提升服务品质和用户体验。

充分发挥福建资源禀赋优、产业基础好、市场空间广阔的优势，加快推动数据要素与传统生产要素深度融合，带动传统产业升级转型，培育智慧海洋文旅、智慧港航、智慧养殖等新型业态。在助推新兴产业方面，应积极推进智慧海洋涉及的核心技术研发、关键基础设施建设、多形态多模式终端创新等，推动连接5G、北斗卫星、海洋传感的多模切换、多形态的终端制造产业链在福建落地，营造出引导海洋科技产业集聚发展的良好态势，实现产业共赢。

加快服务智慧海洋治理实践。大力提升海洋数字化治理能力，提供高效的信息化解决方案，实现"智慧管海、智慧用海"，输出"海上执法""渔船监管""海洋生态治理"等标杆应用。加快落地"船卫士"渔船管理系统，基于5G+北斗高清定位，实现对渔船的位置信息和动态信息的实时监管，即时阻断偷私渡，精准开展船只溯源，筑起外防输入坚固防线。同时，深化福建省智慧海洋大数据中心建设，打造"海—船—岸—养—旅—管"相结合的海上数字应用体系，通过建设满足海量数据存储、高性能计算、AI能力的海洋大数据基础平台，实现大数据治理、大数据服务、AI能力服务、大数据分析应用、大数据可信溯源。

（四）以民营经济为重点，推动海外经贸合作纵深发展

长期以来，民营经济已成为福建"海丝"核心区发展的主力军。以福建民营经济为重点，推动21世纪海上丝绸之路经贸合作纵深发展，可以有力地促进地区经济发展与合作，扩大对外开放，对助推21世纪海上丝绸之路核心区协调发展意义深远。

第一，以福建省民营企业为主体，鼓励其对外探索更广阔的市场。通过深化

金融体制改革，加大金融支持民营企业主体力度，推进有竞争力的民营企业的合并、重组，发展更多细分市场，保障福建面向海洋的产业能够快速适应市场变化，开拓新的区域合作经济模式和合作机会，从而增强福建对内对外贸易的活力和市场竞争力。通过建立、完善"海丝"核心区合作平台和重点项目合作，扩大福建民营经济发展空间，建立更加紧密的 21 世纪海上丝绸之路经贸合作纵深机制。重点扶持远洋渔业企业，创建高标准行业龙头企业，在 21 世纪海上丝绸之路沿线、南太平洋岛国等重点区域建设远洋渔业基地、产业园区。充分发挥福建在前沿区域实施自贸协定和建设自由港、自贸区的区位优势，以及对外交通枢纽的位置优势，深入挖掘 21 世纪海上丝绸之路核心区开放合作、协调发展新动能。

第二，加强福建地域合作，推进区域共同发展。鼓励本地民营企业与沿海国家和地区的企业进行贸易合作、技术合作和投资合作，通过合资、控股、联营、合作等方式，推动福建与沿线国家和地区的区域经济发展。通过组建区域经济合作组织，建立区域经济管理体系，探索推进核心区基础设施互联互通、区域经济的圈层化发展。实施差异化发展策略，发挥比较优势，确定与"海丝"沿线各国和地区重点发展领域，加强产业和就业合作，实现多方共赢。依托以福州、厦门、平潭为中心的福建自贸区，着力打造 21 世纪海上丝绸之路的"南北两翼，东西双旗"模式，进一步吸引更多"海丝"沿线国家和地区的投资者和企业参与，拓展 21 世纪海上丝绸之路的贸易版图。

第三，大力推进营商环境和创新创业建设。良好的营商环境可以激发社会各界创新创业的热情，推动经济增长、产业结构优化和产业竞争力提升。福建应以便利民营企业开展创新创业活动的政策、资金、人才、技术、服务等为核心，加大创新创业的支持力度，增强区域创新创业发展能力和竞争力。加强对"海丝"核心区投资环境的研究，强化与"海丝"沿线各国和地区的政策沟通，加强政府服务和市场监管，构建健康有序的贸易、投资和服务监管体系，提高经济建设和监管水平，保护沿线各国和地区企业及消费者的切身利益，推动共建 21 世纪海上丝绸之路核心区民营企业投资贸易便利化的营商环境。

（五）深化海洋经济合作，促进开放型海洋经济高质量发展

海洋经济繁荣发展是 21 世纪海上丝绸之路建设对福建省"海丝"核心区的战略要求，也是福建省推动 21 世纪海上丝绸之路核心区协调发展的必由之路。多年来，福建省借助国家平台、国际机制以及 21 世纪海上丝绸之路互联互通开

放通道，充分发挥侨力及台海优势，在"海丝"核心区港口建设、物流信息化、贸易投资等方面取得了长足进展，合作领域不断拓宽，规模不断扩大。在新发展阶段，福建更应全面深化与21世纪海上丝绸之路核心区的海洋经济合作，立足"海丝"，辐射全球。

1. 完善"海丝"核心区海洋经济战略空间布局

第一，进一步深化与"海丝"核心区的海洋产业合作。在传统产业方面，优化海洋贸易结构，扩大具备传统优势、高附加值的海洋产品及劳务技术输出。在新兴产业方面，加强现代渔业合作，扶持"海丝"核心区养殖基地建设，大力推动海洋工程装备、船舶制造等高端临海工业，以及海洋生物源开发等海洋新兴产业发展。在第三产业方面，加强"海丝"核心区现代海洋服务业、海洋旅游业合作，以闽台海峡元素为主，打造福建核心区旅游品牌，同时与"海丝"核心区联合推出旅游产品，共建闽亚旅游合作走廊，增强海洋文化影响力，提升"海丝"核心区海洋经济国际竞争力。第二，强化"海丝"核心区特别是与东盟各国的航运物流合作，致力于新航线、新进出口基地的开发与建设，推动各港区相互对接，实现电子口岸互通及核心区信息共享，提升21世纪海上丝绸之路货运质量。第三，以福建自贸区、中国—东盟海产品交易所、中国—东盟海洋合作中心、福建省与沿线各国和地区建设的经贸合作园区为窗口，打造"海丝"核心区海产品交易中心、结算中心，大力推进与"海丝"核心区海洋产业、海洋科技、海洋经贸的交流合作，推动福州国家远洋渔业基地建设，形成布局合理、装备优良、管理规范的现代远洋渔业产业体系，为福建省远洋企业扬帆21世纪海上丝绸之路奠定坚实基础，为核心区经济合作质量的提升和效益的优化提供有力支撑。第四，积极搭建各类"海丝"核心区海洋经济开放合作新平台，围绕海洋能综合开发与利用、远洋渔业开发与利用、海洋环境与渔业资源的科学保护等主题与沿线核心区开展交流合作，推动核心区海洋合作水平再上新台阶。

2. 充分发挥福建省海洋湾区聚集辐射功能

福建省拥有具有独特优势的六大海湾开发区，包括地属宁德市的环三都澳开发区，拥有充沛的水岸线资源及各类临港产业、海洋工程装备等新兴产业。地属福州市的闽江口区域，拥有成熟的现代渔业、海洋生物制药、海洋可再生能源、海洋旅游等产业，以及联通海峡、横贯内陆的综合物流运力。地属莆田市和泉州市交界的湄洲湾区域，拥有布局集中的产业园区和海洋新能源、海洋金融等新兴产业。地属泉州市的泉州湾区域，拥有多个海洋经济产业园区，是福建省重要的海洋渔业聚集地。地属厦门市的厦门湾区域，拥有国际性的中国—东盟海洋产业合作园区、各类发展良好的海洋新兴产业，以及高能级物流产业集聚区。地属漳州市的东山湾区域，具备基础扎实的高端临港产业，并逐渐形成有特色的海洋旅游品牌。

福建省在深化"海丝"核心区海洋经济发展的过程中应充分发挥独特的海湾区位优势、海湾资源和产业发展基础，深入推动六大湾区协同发展。全面推进海峡蓝色经济区建设和海洋生态文明示范区建设，助力海洋经济从注重规模、速度的粗放型发展向注重质量、效益的高质量方向转变。通过落实和实施海洋产业空间规划、战略性新兴产业规划，促进"海洋+"模式创新和现代海洋服务业发展，不断扩张海洋产业规模、优化空间布局、平衡资源分布，全面构筑福建省湾区经济支柱产业。同时，以闽台蓝色经济产业园、马尾琅岐海洋特色园区、福建海峡现代渔业经济区、石狮海洋生物科技园、厦门海沧海洋生物产业园区、诏安金都海洋生物产业园、福建领头海洋企业及知名品牌为核心力量，着重深化产业链和产业配套能力，形成具有海湾特色的海洋现代产业体系，不断拓展蓝色发展空间。以创新开放的海洋经济发展态势筑牢"海丝"核心区枢纽地位，以六大湾区为支点辐射海上丝绸之路沿线各国和地区。以蓝色合作、蓝色经济联动推进"海丝"核心区经济高质量发展，全面提升"海丝"核心区海洋经济协调发展水平。

3. 构建高效便捷安全的"海丝"核心区贸易环境

开放型海洋经济发展离不开高效便捷安全的海上贸易环境。福建省作为"海丝"核心区，推动海上丝绸之路核心区海洋经济高质量发展是应有之义，应充分利用国内国际两个市场两种资源进行开放合作，取长补短，积极推进核心区海洋贸易环境的国际化进程。一是积极降低进口关税与非关税壁垒，扩大贸易的自由度和维度，促进"海丝"核心区市场经济流通，增强核心区之间的贸易伙伴关系。二是推进自由贸易港建设，突破传统的贸易模式，促进高端要素集聚，拓展福建省海洋经济比较优势，实现福建省海洋经济纵深发展。三是在海洋经济迅速增长的同时，积极与"海丝"核心区资源共享，为其沿线国家和地区提供高质量的海洋产品和服务，优化核心区国际分工格局，实现核心区海洋经济互利共赢、协同发展。

（六）贯彻绿色发展理念，深化"海丝"核心区文明交流互鉴

1. 加快核心区绿色港口网络合作

面对全球关注的气候变化、能源危机等问题，低碳、绿色、可持续发展已成为 21 世纪海上丝绸之路的共建方向之一。航运业作为碳排放大户，正加速向净零排放目标前进。福建省处于 21 世纪海上丝绸之路核心区港口枢纽地位，应积极参与到绿色港口合作中，针对 21 世纪海上丝绸之路沿线各港口发展不平衡、技术水平参差不齐等问题，应加强"海丝"核心区各港口达成合作的意愿，共同致力于实现零排放目标。一是强化顶层设计，加强核心区绿色港口建设与营运政策对接，推动沿线各国积极参与绿色港口建设标准与规则制定，建立"海丝"核心区共同的绿色港口合作政策。二是不断加强创新、整合资金和资源，实现绿色港口建设和运营的可持续发展。通过核心区间的深度合作，形成经验共享和技术共享，加速实现零排放目标。三是加强与国际绿色港口合作，通过深入而广泛的经验交流，加深对国际先进绿色港口建设的了解，并根据自身实际情况进行改善和发展，持续深化合作，推动技术创新、成果共享，建立国内外良好的绿色港口合作关系。四是建立绿色港口合作交流机制，定期举办绿色港口研讨会，在技术、信息、人才等多领域与"海丝"核心区开展深入合作与交流，提高各港口的管理水平和服务质量，为绿色港口可持续发展打下坚实基础，实现绿色、开放、共享的发展宗旨，为保护海洋环境、实现可持续发展贡献福建力量。

2. 全域统筹海洋生态治理

生态环境是海洋经济的重要载体，先污染后治理的粗放型发展方式已不能适应新发展阶段的要求。为实现海洋经济的可持续发展，需倡导集中集约式用海、海陆统筹一体化生态治理，减轻资源和环境压力。一是建立陆海联动防治污染机制，对海洋资源进行科学评估和分析，控制资源采集和利用的规模与范围。同时，强化环境监测和监管，采用智能化技术检测陆海环境，在源头上控制陆源污染，对污染和侵害生态环境的行为进行严厉打击，严格控制污染物排放入海，对农业、生活、工业污染进行近岸海域污染防治，建立陆海一体环境保护机制。二是倡导集中集约式用海，通过集中综合利用海洋资源，实现利用效率最大化，在用海管理中强调限制开发海域的数量、范围和强度，同时注重设施和技术的统筹和集成，提高用海效率和节约资源。三是推动 21 世纪海上丝绸之路核心区海洋生态治理合作，同沿线核心区广泛开展海洋环境监测合作，倡导多边经验交流与成果分享机制，深化 21 世纪海上丝绸之路建设在海洋安全、生态保护、海洋生态环境整治修复等方面的合作，共同面对 21 世纪海上丝绸之路核心区协调发展过程中的各类环境问题。秉承"绿水青山就是金山银山"的绿色发展理念，立足福建，辐射"海丝"，全过程推进 21 世纪海上丝绸之路核心区海洋生态文明建设，共同构建海洋命运共同体。

3. 坚持"引进来"与"走出去"相结合的文明交流互鉴

第一，坚持政府顶层设计与底层探索相结合，深入开展"海丝"核心区广泛的文明交流互鉴。不断完善福建省文化战略，深入发展福建文化事业与文化产业，制定科学合理的文化产业发展规划，培育新型文化业态，积极推动福建文化"走出去"项目建设。运用现代化传媒传播平台，着力于"海丝"核心区新媒体传播格局构建，打造"海丝"核心区文明传播专业平台，积极在沿线国家和地区举行文化宣传周活动，鼓励本省艺术团体到沿线国家和地区进行演出或展览，讲好福建故事、传播福建声音、展示福建风貌。充分运用现有21世纪海上丝绸之路官方文化交流合作平台，挖掘沿线各国和地区历史文化，依托政府与沿线核心区开展合作办学、进行旅游投资合作、开辟海上丝绸之路旅游专线、构建环东盟海上旅游合作圈等。利用华人华侨优势资源，建立福建与闽籍华侨华人社团常态化的沟通协调机制，促进"海丝"核心区文明交流互鉴。

第二，坚持推进"海丝"核心区文化市场对接，推动文化产业与产品输入输出。深入了解"海丝"沿线核心区的风土人情、人文关系等，在输出福建文化产品的同时关注不同区域的本土化标准，加大对沿线各国和地区文化交流平台搭建的资金投入，打造适合"海丝"核心区市场需求并具有福建特色的文化产业园。深度挖掘福建"海丝"文化元素，充分发挥现有福建本土品牌优势，致力于提升核心区文化产品质量和附加值，与沿线核心区共同推动文化交流和品牌建设。

第三，与"海丝"沿线国家和地区加强医疗保健等方面的合作，探讨卫生总体战略规划，加强传染病防治等能力，推广科学卫生知识，为沿线国家和地区的人民提供更好的健康服务。通过加强传染病的监测预警，推动科学疫苗领域的合作，共同应对传染病的挑战。

第四，积极与"海丝"沿线核心区机构开展文化、教育、体育等方面的交流合作，如举办艺术展览、文化节、教育培训、体育赛事、"海丝"研讨会等系列文化艺术交流活动，弘扬妈祖海洋文化，推进世界妈祖海洋文化中心建设。支持省内高校充分利用自身在国际经济、法学、侨务、海洋、航海和农林水产等领域的独特学科优势，开展对"海丝"沿线核心区产业结构、市场特点、投资需求、外资政策、法律法规、历史文化和自然条件等相关专题的研究。为福建省企业和决策者提供准确的信息和具体建议，助力福建与"海丝"沿线国家和地区的经济合作和交流。同时，构建福建与"海丝"沿线国家和地区的华文教育网络共享平台，开展线上和线下的交流互动。通过开发华文教育智慧教学系统，打造网络华校，促进福建与"海丝"沿线国家和地区之间的华文教育合作与交流，助力中华文化的传承与弘扬，培养更多具有双语和跨文化能力的人才，进一步推动两地教育和文化领域的合作。此外，加强与"海丝"沿线国家和地区华侨华人社团的沟通联系，共同建立华文教育专项基金，培养一批具有"中国观点、国际视野、福建情怀、海丝思想"的国际化人才。通过"媒体合作、产业合作、人才合作、交流合作"模式，加强中外企业和民间组织之间的联系，推动"海丝"核心区文化、经济等全方位合作，更加坚实地推进协调发展和全面繁荣。

（七）创新金融支持模式，统筹"海丝"核心区安全协调发展

1. 创新金融模式，推进人民币国际化进程

第一，创新金融产品种类。组建专业化、国际化产业合作基金，为"海丝"沿线核心区合作项目提供资金筹集、投资管理等专业服务，突破单一投资主体的资金和能力限制。对于跨境、多方合作的项目，国际化产业合作基金可以为企业提供全面的投资、税收、法律等支持和保障。对于国际产能合作中涉及的港口、水电、高速公路、机场等基建项目，可以通过股权投资、PPP 模式等方式进行融资，并通过推动资产证券化、建立相应的交易机制，加强私人资本在合作项目中的参与和效应。积极发展生态信贷、绿色债券和绿色信贷资产证券化，稳妥开展环境权益、生态补偿抵质押融资，探索绿色并购融资、气候债券等新产品、新服务①。

第二，扩大融资渠道。采取多种方式创新投融资合作机制，如混合所有制、公私合营、股权融资等，扩大项目投融资主体和渠道。设立透明的项目运营流程、清晰的投资收益分配机制和合理的风险分担机制，以提升吸引资本的效果。完善亚洲基础设施投资银行的合作运营模式，向更多、更广泛的投融资主体和渠道开放贷款和融资机会，以保障资金来源的可持续性。此外，政策性、开发性和商业性金融机构可以相互补充、联动配合，加快形成以政策性金融为先导、开发性金融为引导、商业性金融为主体的各金融机构相互补充、联动配合的融资主体架构。加强与核心区开放型金融机构、投资基金、区域性金融机构的合作，通过组建银团、转贷、联合投资等模式，提升商业金融机构合作水平，全面调动各类金融资源，全面提高资源配置效率，同时更好地规避潜在风险，以此推动 21 世

---

① 季志业，桑百川，翟崑，李一君，王泺."一带一路"九周年：形势、进展与展望 [J]. 国际经济合作，2022（5）：4-27+94.

纪海上丝绸之路国际产能合作和投资运营的可持续发展。

第三，在与"海丝"沿线各国和地区的政策沟通中，不断完善金融对接标准，推动绿色金融、数字金融、本币跨境结算等标准在核心区的对接融合，将社会环境和经济综合效益纳入项目管理中，探索建立 21 世纪海上丝绸之路核心区国际融资可持续发展评价体系，从动态发展的角度对金融服务成效形成综合评价。

第四，大力推进福建省与"海丝"沿线各国和地区的人民币结算贸易服务，扩大双边人民币结算与回流规模，促进人民币区域化、国际化进程，加快人民币的资本项下外汇管理体系建设，助力民营企业参与核心区投资。构建以人民币为计价、支付和结算货币的大宗商品交易市场，扩大人民币跨境支付系统、人民币跨境支付清算中心等跨境金融基础设施使用规模，进一步提高人民币的国际影响力。加强和完善"海丝"核心区内多角度、深层次的金融安全网络建设，加强双边货币互换机制体制建设，同时建立有效联动的风险预警和全方位、深层次的经济监测体系，加强与"海丝"沿线各国和地区的金融监管机构的合作，共享信息和技术，提高风险监测和评估的能力和精度。建立金融市场和经济数据的信息共享平台，实现共性问题的协调处理，形成相互协同的区域性宏观政策，稳定区域金融市场和经济运行。

第五，充分发挥多边融资合作开发中心的平台作用，促进资本流动和风险共担，发展创新的融资模式，减轻各国和地区的融资压力和风险。加强对环境社会、债务治理、公开透明等长期议题的关注。同时，加强同联合国机构和其他国际多边组织的合作，借助国际力量开展基础设施建设、绿色低碳发展和社会包容发展等议题合作，帮助"海丝"核心区缓释地缘政治风险，回应国际关切，打造更具包容性的金融公共产品。

2. 构建双边多边合作关系，消除地缘困境

在多重复杂的国际环境下，福建省深入推进 21 世纪海上丝绸之路核心区协调发展应充分重视与沿线国家和地区的合作伙伴关系。

第一，通过构建"海丝"沿线核心区战略支点，以点带线、以线带面，实现双边关系带动多边合作、多边合作深化双边发展。优化营商环境，推进货物和服务的贸易自由化和便利化，提高 21 世纪海上丝绸之路沿线国家和地区的互联互通水平，为市场和产业合作搭建坚实的基础。充分利用华人华侨资源，推动沿线支点城市、区域文化交流，促进"海丝"核心区民心相通。

第二，建立风险预警机制，完善境外投资信息服务体系。重点发挥驻在国闽籍华侨华人和商会的作用，常态化收集沿线国家和地区的政治经济、社会文化、法律规范和投资项目等信息，紧密跟踪企业项目进展，做好风险识别、风险评估、风险防范与风险控制工作，加强境外投资监测与预警体系建设。

第三，建立多边合作机制，加强沿线各国和地区的政治互信，强调共同利益，可以通过区域对话机制、地区塑造合作机制、共同安全架构等方式，增强沿线国家和地区合作与协作的能力，消除地缘困境。通过建设协调地区发展的机制和平台，促进共同发展和繁荣，维护地区经济安全、能源安全、人文交流等多方面的利益，打造亚洲和世界的新中心。统筹发展与安全的关系，推动建立新型合作安全机制，与核心区相关地区性组织紧密合作，妥善解决与部分国家的合作矛盾，消除误解，保障 21 世纪海上丝绸之路核心区安全协调发展。

三、新发展阶段福建省推进 21 世纪海上丝绸之路核心区协调发展的图景展望

展望未来，在共建 21 世纪海上丝绸之路的新征程中，闽人闽侨闽企将携手沿线各国人民，在不断推进"海丝"核心区协调发展过程中积极贡献中国方案、中国智慧，汇聚福建力量，绘制出绿色可持续、科技创新协同、蓝色安全保障、健康和平、高质量发展的宏大图景。

（一）加强沿线环境综合治理，打造绿色可持续发展之路

维护海洋健康是最普惠的民生福祉，功在当代、利在千秋。福建省将充分发挥核心区在 21 世纪海上丝绸之路绿色发展中的作用，在有效应对气候变化、海洋合作等领域深化合作，推进沿线绿色低碳共享和能力建设，加强蓝碳国际合作，与"海丝"核心区一道加强海洋生态环境治理。通过陆海统筹减排增汇，不断加大针对海洋生态的修复力度，包括水环境治理、生物多样性恢复以及岸线保护、生态系统修复等，打造生态走廊。在发展沿线核心区经济、改善民生的基础上，打造清洁、美丽、绿色的沿线海洋环境，以福建的积极实践推动"海丝"沿线核心区海洋命运共同体构建。通过绿色信贷、绿色基金、绿色保险等绿色金融工具和政策的支持，亚投行、丝路基金等金融机构对"海丝"沿线项目提供绿色信贷支持，第三方社会资本积极参与推进"海丝"绿色经济发展，"海丝"

核心区绿色金融体系不断完善。"海丝"核心区绿色发展规则规制得到基本统一，绿色治理基础不断夯实。最大限度吸纳沿线国家和地区参与绿色发展，绿色发展伙伴关系朋友圈不断扩大，合作范围及合作内容不断拓展。沿线各国和地区普遍加强以碳中和及清洁能源、基础设施为主的绿色投入，积极塑造核心区绿色发展能力建设与竞争优势。在全球经济增长动能和发展方式转换的机遇下，绿色生产要素、先进技术在"海丝"沿线核心区内自由流动，沿线各国和地区兼收并蓄，彼此间形成畅通的绿色贸易。在高标准、可持续、惠民生的总体目标下，"海丝"核心区形成更加紧密的纽带，团结沿线企业、智库、社会组织，形成绿色联动发展、协同治理，将"经济走廊"建设成为优势产业汇聚、自然环境友好、民众生产生活和谐的"可持续发展廊道"。

（二）强化科技文化协调发展，打造科技创新协同之路

海洋科技创新是 21 世纪海上丝绸之路合作的重要内容，也是未来推动核心区协调发展的不竭动力。未来，福建省将依托"海丝"核心区各大海洋科技合作平台、智慧海洋应用平台、组织机构、创新型项目，如中国—东盟海洋合作中心、国家海洋局第三海洋研究所、国家海洋局海岛研究中心等，为"海丝"沿线核心区提供更多海洋公共产品，开展多层次海洋科技服务，以数字经济为依托，扩大沿线各国和地区服务贸易比例，优化贸易结构，推动"海丝"核心区产业链价值链朝中高端迈进。通过沿线核心区对科技的联合攻关、沟通协商，各类市场、产业合作不断深化，"硬联通"和"软联通"建设不断完善，海洋科技、数字科技等新经济新业态将得以构建，其制度体系也将得到完善，不仅有利于核心区科技创新效能的发挥，也有助于"海丝"核心区产业循环畅通，形成沿线循环统一、互利共赢的市场体系，加快海洋科技、海洋技术的产业化发展步伐，实现海洋经济高质量发展。在数字丝绸之路方向，数字技术将赋能"海丝"核心区基础设施建设，打造数智化新基建互联互通。沿线各国和地区在人工智能、大数据、云计算、智慧城市建设等前沿领域有较为长足的进步，"电商丝路"规模及范围不断扩大，21 世纪海上丝绸之路核心区数字合作格局初步构建。在此基础上，各类海洋科技应用研究将不断得到加强，深入探索海洋科技前沿趋势，通过建立不同层次的人才队伍，提升"海丝"核心区海洋科技创新能力。各领域智库建设将得到充分重视，通过吸收国际高端智库成果，不断拓展海洋科技智库的研究领域和深度，积极开展对"海丝"及其核心区航线的研究和分析，福建省服务沿线各国和地区的海洋科技服务能力将再上新台阶。此外，海洋科技

还将广泛应用于"海丝"沿线各国和地区安全生态治理领域，海洋生态环境保护和管理能力将得到不断强化，通过建立双边、多边国际海洋科技合作机制，深化与沿海国家和地区的科技合作，创新海洋治理模式，推动绿色、可持续海洋发展。"海丝"沿线区域知识产权保护合作不断加强，具备开放、公平、公正、非歧视的科技发展环境，为21世纪海上丝绸之路核心区的海洋合作构筑安全保障，打造"海丝"科技创新协同之路。

（三）构建蓝色伙伴关系，推进"海丝"建设共筑安全保障之路

21世纪海上丝绸之路依托大海洋时代，带来了沿线各国和地区蓝色经济发展的广阔空间。福建省作为"海丝"核心区，将综合海陆空通道枢纽及产能合作优势，在海洋资源开发、船舶及海洋建筑业、海洋可再生能源、海洋休闲与旅游等领域，与沿线各国和地区达成紧密联系，促进核心区海洋资源开发利用合作与产能合作。依托智慧数字信息平台，拓展海洋渔业国际产业链合作，一方面推动海洋传统产业链转型升级，另一方面依托资源聚合优势和科技创新，大力发展海洋智能制造、海洋生物医药等战略性新兴产业。与此同时，现代海洋服务业，如蓝色金融、海洋新经济等将在"海丝"沿线核心区得到繁荣发展，并成为构建蓝色伙伴关系、助推依海繁荣之路的重要领域。此外，在完善的沿线港口建设制度体系下，多个服务能级强的世界一流港口的建立将助力"海丝"核心区基础设施循环畅通。

未来十年，福建与21世纪海上丝绸之路核心区的安全战略互信对话机制将得到建立和完善，覆盖21世纪海上丝绸之路的信息传输、处理、管理、应用体系以及信息标准规范体系和信息安全保障体系，为实现"海丝"核心区网络互联互通、信息资源共享提供了公共平台。各国和地区在海防领域的合作不断加深，核心区之间的矛盾冲突纠纷将大幅减少，海洋防灾减灾能力大幅提升，共同维护21世纪海上丝绸之路核心区传统与非传统安全。在与沿线国家和地区的战略合作不断加深的背景下，构筑与高水平开放相匹配的21世纪海上丝绸之路风险防控和安全保障体系，核心区的风险防控协调机制将得到不断完善，核心区之间的共同利益将得到充分彰显，形成利益互联的安全经济共同体。

（四）拓展与沿线区域人文交流，打造民心相通"和平丝绸之路"

文化融合是"海丝"沿线国家和地区互利共生、构建人类命运共同体的长远保障。依托福建省各大高校与"海丝"沿线各国和地区在海洋教育、科技和

事务等方面更加深入的人才培养和交流合作，为"海丝"核心区提供智力支持、发展动力和人文基础。针对不同群体建立人文、民生、宗教与宗族等方面的沟通网络和交流机制，区域民间交流更加充分，人文交流合作的层次和广度不断提升。基于已搭建的交流平台，以开放包容、互学互鉴的理念求同存异，增进创新创造、友好往来、深化认同，"海丝"文化和海洋文化交流与传播不断推进，促进文化成果和文化优势的共享。通过对接沿线国家和地区的卫生发展战略，建立医学人才培养联盟、医院合作联盟和卫生政策研究网络。依托沿线国家和地区之间的合作医学中心，共同推进医疗卫生创新，加速医药健康大数据的应用，实现卫生信息化和医疗标准化，构建"健康丝绸之路"。未来，21世纪海上丝绸之路核心区之间的文化交流将更加畅通，人员往来更加紧密，文脉、人脉和血脉相互融合，通过相互启发和智慧创新，打造民心相通的"和平丝绸之路"。

（五）聚焦重点深耕细作，共建高质量发展之路

福建省作为"海丝"核心区，在不断推动21世纪海上丝绸之路核心区协调发展的过程中始终坚持政策对接、基建先行、经贸引路的总体布局。在政策沟通方面，通过与"海丝"核心区在战略、机制、规则上更加深入的对接，在更广泛的领域内拓展经济治理规则，政策标准联通性不断提升。在全球伙伴关系日益扩展的形势下，"海丝"核心区多边经济治理机制得到完善，与更多沿线国家和地区达成合作协定。在基础设施互联互通方面，"丝路海运"工程深入推进，中欧班列规模效益持续提升，陆海天网"四位一体"互联互通布局更加完善，成为福建通往"一带一路"沿线国家和地区的重要国际物流通道，不仅在沿线传统基础设施建设和新型基础设施建设等"硬联通"方面循环畅通，标准规则等"软联通"水平也得以显著提升。在贸易畅通方面，RCEP打开了多边合作和自由贸易的新篇章，沿线国家和地区产业对接不断加强。福建先进的工业生产能力、科技、管理经验等资源与"海丝"核心区独特的资源相结合，通过建设合资企业、加强合作培训、推广先进技术等方式深化国际产能合作，推动当地产业结构调整升级，促进就业增长。通过多方合作，在各方利益的基础上形成更加稳定的市场环境，全面促进贸易开放。"海丝"核心区多个经贸产业合作园区将为闽企提供更丰富的发展机遇，打造有助于吸引外资和促进当地经济发展的平台，实现企业资源的共享和优化。此外，通过建立"海丝"核心区产业链、供应链合作体系，搭建合作平台，推广共享经济、数字经济等新兴经济模式，不断扩大"海丝"核心区合作范围和深度，实现互利共赢、协调发展。在资金融通方面，

与"海丝"沿线国家和地区开展多样化的融资合作，推动金融资本进入新兴市场，提高这些国家和地区金融机构的能力。推动主要多边金融机构深化治理改革，提高其治理效能，多边金融安全体系建设不断完善。金融领域的监管不断加强，建立全球透明和公正的国际投资、融资等机制，增强多边金融机构服务实体经济的能力，为"海丝"核心区经济发展和国际合作提供更加稳定的金融支持。

　　未来，福建省在交通、港口等基础设施建设领域的枢纽作用和优势将进一步得到发挥，更多闽企将更广泛地参与沿线国家和地区的基础设施建设，与沿线国家和地区的经贸合作不断扩大。在项目合作方面，通过精准施策，推动 21 世纪海上丝绸之路建设从粗放式经营向集约式经营转变。各大合作项目将提质增效放在优先考量地位，聚焦于项目合作的可行性、给沿线核心区带来的经济利益以及可持续发展问题。与此同时，在强化福建与沿线国家和地区的协作框架之下，实施共建共享，推动在基础设施建设、经济、金融、投资、贸易等相关领域的国际新型标准建设与合作，平台建设和制度建设将得到不断优化，向沿线各国和地区传导更多标准、制度、规则、理念等相关的公共产品。更为重要的是，推动"海丝"核心区协调发展的过程也是强化 21 世纪海上丝绸之路顶层设计的过程，福建省将致力于探索在加强与沿线各国和地区双边合作的同时推动多边合作关系，实现 21 世纪海上丝绸之路的转型升级，使其成为多边国际经济合作平台，以更加开放、包容、合作、共赢的合作关系，共同探索出一条集约化、精细化的高质量发展之路。

参考文献

［1］蔡菲莹.福建省打造 21 世纪海上丝绸之路核心区的思考与建议［J］.中国物价，2020（1）：44-48.

［2］曹颖."一带一路"倡议下中欧合作的前景与障碍分析［D］.外交学院硕士学位论文，2017.

［3］陈炳君，徐辉."一带一路"背景下中国与阿拉伯国家高等教育合作的意义、挑战与对策［J］.世界教育信息，2022，35（11）：20-27.

［4］陈锦雯."一带一路"背景下福建—东盟贸易发展探析［J］.现代商业，2022（4）：55-61.

［5］丁溪.中国对外贸易［M］.北京：中国商务出版社，2006：223.

［6］福建省发展改革委，福建省外办，福建省商务厅.福建省 21 世纪海上丝绸之路核心区建设方案［N］.福建日报，2015-11-17（004）.

［7］福建省人民政府发展研究中心课题组.以 21 世纪"海丝"核心区建设为主线加快福建各市开放型经济错位发展、协调发展［J］.发展研究，2017（4）：21-29.

［8］傅聪.中欧绿色合作：伙伴关系的历史演进与面临的机遇挑战［J］.太平洋学报，2021，29（11）：79-92.

［9］国家发展改革委，外交部，商务部.推动共建丝绸之路经济带和 21 世纪海上丝绸之路的愿景与行动［M］.北京：外交出版社，2015.

［10］胡宗宪.筹海图编卷十二影印文渊阁.四库全书史部：第 584 册［M］.台北：台湾商务印书馆，1986：398-399.

［11］华侨大学海上丝绸之路研究院，许培源."海丝"蓝皮书：21 世纪海上丝绸之路研究报告（2020～2021）［M］.北京：社会科学文献出版社，2022：137-154.

［12］黄茂兴，季鹏.福建积极融入 21 世纪海上丝绸之路建设的现实基础与战略方向［J］.福建论坛（人文社会科学版），2015（7）：160-166.

［13］黄茂兴，贾学凯."21 世纪海上丝绸之路"的空间范围、战略特征与发展愿景［J］.东南学术，2015（4）：71-79+247.

［14］黄茂兴.历史与现实的呼应：21 世纪海上丝绸之路的复兴［M］.北京：经济科学出版社，2015：50-93.

［15］黄茂兴等."一带一路"沿线区域互联互通研究［M］.北京：经济科学出版社，2016：86-177.

［16］黄晓玲，宋沛.中国对外贸易（第二版）［M］.北京：对外经济贸易大学出版社，2002：386.

［17］季志业，桑百川，翟崑，李一君，王泺."一带一路"九周年：形势、进展与展望［J］.国际经济合作，2022（5）：4-27+94.

［18］李锦秀.福建省改革开放 40 年外经贸领域取得的成绩与主要经验［J］.对外经贸，2018（10）：38-39+82.

［19］李猛.新时期构建国内国际双循环相互促进新发展格局的战略意义、主要问题和政策建议［J］.当代经济管理，2021，43（1）：16-25.

［20］李瑞林，骆华松.区域经济一体化：内涵、效应与实现途径［J］.经济问题探索，2007（1）：53-54.

［21］李亚东."21 世纪海上丝绸之路"互联互通港口节点选取研究［D］.大连海事大学硕士学位论文，2022.

［22］林庆元.福建近代经济史［M］.福州：福建教育出版社，2001：251.

［23］刘阿明."21 世纪海上丝绸之路"建设与影响因素分析：以中国—东盟关系发展为核心［J］.新丝路学刊，2021（1）：82-95.

［24］刘传明，曾菊新.区域空间供需模型与空间结构优化途径选择——功能区建设的科学基础［J］.经济地理，2009（1）：26-28.

［25］刘曙光.中欧经贸合作：成效、挑战与机遇［J］.当代世界，2020（6）：39-47.

［26］刘振民等."全球发展倡议全球安全倡议全球文明倡议研讨会"发言摘要［N］.学习时报，2023-03-31（006）.

［27］刘正英.江泽民同志对厦门特区建设的指导与关怀［J］.福建党史月刊，2002（8）：5-7.

［28］卢平.明代对外政策对福建海外贸易的影响探析［J］.福建省社会主义

学院学报，2001（1）：45-48.

［29］卢仁祥.新新贸易理论中的国际分工问题研究——基于全球价值链理论分析［D］.复旦大学博士学位论文，2013.

［30］孟献丽."中国威胁论"批判［J］.马克思主义研究，2021（3）：110-119+160.

［31］民进上海市委课题组."一带一路"战略构想：意义与路径［N］.联合时报，2015-10-20（006）.

［32］欧庭宇."一带一路"能源命运共同体的构建探讨——兼论中国石油与中亚油气合作［J］.中外能源，2021，26（3）：7-13.

［33］曲如晓，李婧，杨修.绿色合作伙伴建设下中欧绿色贸易的机遇与挑战［J］.国际贸易，2021（5）：32-40.

［34］史春林."21世纪海上丝绸之路"建设的安全保障——海上通道非传统安全治理合作法理依据及完善［J］.亚太安全与海洋研究，2021（2）：3+49-71.

［35］舒先林，黄橙."一带一路"能源合作与命运共同体构建［J］.学校党建与思想教育，2019（16）：87-88.

［36］孙志远."一带一路"战略构想的三重内涵［N］.中国经济报，2014-08-11（006）.

［37］谭立力.南北贸易：综合三种贸易理论的一般均衡分析［D］.浙江大学博士学位论文，2013.

［38］唐文基.福建古代经济史［M］.福州：福建教育出版社，1975：101-184，339-369.

［39］王国平，胡景祯.基于共同富裕的"一带一路"产业协同发展研究［J］.理论探讨，2023（2）：155-160.

［40］王海峰.新时期福建21世纪海上丝绸之路核心区建设思路探析［J］.国际贸易，2019（5）：76-81.

［41］王珩.中非合作新向度：保护非洲生物多样性［J］.当代世界，2021（11）：22-27.

［42］王华锋."21世纪海上丝绸之路"建设的时代价值与意义［J］.学理论，2020（2）：38-39.

［43］王金岩，李伟建.世界大变局下阿盟与中国关系走向［J］.西亚非洲，2022（5）：3-19+155.

［44］王玫黎，吴永霞."一带一路"建设下中国—东盟港口建设发展研究
［J］.广西社会科学，2018，276（6）：82-86.

［45］王少泉，谢国财.福建在海上丝绸之路中地位变迁研究［J］.福建论坛
（人文社会科学版），2016（10）：223.

［46］王胜.新时期新征程海上丝绸之路支点建设实践路径［J］.今日海南，
2022（7）：46-49.

［47］王婷，陈柳武，王笑君.福建自贸区与"21世纪海上丝绸之路"深度
对接研究［J］.福建论坛（人文社会科学版），2018（10）：189-196.

［48］王颖.印度"印太"认知及其对"21世纪海上丝绸之路"的影响
［J］.南亚研究季刊，2021（3）：17-31+155-158.

［49］王颖.印度洋战略地位变化对"21世纪海上丝绸之路"建设的影响
［J］.国际论坛，2023，25（1）：69-92+157-158.

［50］王育民.福建古代经济史［M］.北京：人民教育出版社，1988：388.

［51］吴崇伯.福建构建21世纪海上丝绸之路战略的优势、挑战与对策
［J］.亚太经济，2014（6）：109-113.

［52］吴娟，黄茂兴.福建"海丝"核心区建设及战略思考［J］.东南学术，
2017（4）：138-145.

［53］夏启繁，杜德斌.21世纪海上丝绸之路能源贸易结构及与中国的贸易
关系演变［J］.地理研究，2022，41（7）：1797-1813.

［54］夏艳艳，关凤利，冯超.新时代中国区域协调发展的新内涵及时代意
义［J］.学术探索，2022（3）：45-53.

［55］谢必震.略论福州港在明代海外贸易中的历史地位［J］.福建学刊，
1990（5）：71-73.

［56］徐晓望.鸦片战争前后中英茶叶贸易的口岸之争［J］.福建论坛（人文
社会科学版），2015（8）：99-106.

［57］许英明，邢李志，董现垒."一带一路"倡议下中欧班列贸易通道研
究［J］.国际贸易，2019（2）：80-86.

［58］薛桂芳."一带一路"视阈下中国—东盟南海海洋环境保护合作机制
的构建［J］.政法论丛，2019（6）：74-87.

［59］闫亚娟.欧亚经济联盟对外自由贸易区建设研究［D］.吉林大学博士
学位论文，2021.

［60］杨文武，李彦余.中国与南亚国家陆、海交通基础设施联通建设研究

[J]. 南亚研究季刊, 2019（1）：6+88-96.

[61] 杨秀平. 福建加快融入"一带一路"支点建设研究 [J]. 中国经贸导刊（中），2018（29）：33-35.

[62] 杨振姣，陈梦月，张寒."海上丝绸之路"绿色发展的挑战及中国应对——基于全球治理"四大赤字"的视角 [J]. 中国人口·资源与环境，2022，32（12）：138-145.

[63] 张春宇. 蓝色经济赋能中非"海上丝路"高质量发展：内在机理与实践路径 [J]. 西亚非洲，2021（1）：73-96.

[64] 张蕙，黄茂兴. 福建自贸试验区与21世纪海上丝绸之路核心区的融合发展分析 [J]. 福建师范大学学报（哲学社会科学版），2015（4）：1-7+14+170.

[65] 张家栋，柯孜凝."一带一路"建设在南亚：现状、挑战与机遇 [J]. 印度洋经济体研究，2021，47（5）：19-41+151-152.

[66] 张建平，李林泽."一带一路"：推动区域协调发展的中国贡献 [J]. 可持续发展经济导刊，2021（Z2）：90-93.

[67] 赵麟斌. 闽文化的前史今声 [M]. 上海：同济大学出版社，2011：161.

[68] 周岩. 中国融入全球价值链的空间差异与协调发展研究 [D]. 东南大学博士学位论文，2021.

[69] 邹志强. 中国对欧港口投资与中欧互联互通伙伴关系 [J]. 太平洋学报，2022，30（12）：64-75.

[70] "一带一路"建设海上合作设想 [EB/OL]. http：//www. xinhuanet. com/politics/2017-06-20/c_1121176798. htm，2017-06-20/2023-05-29.

[71] 蔡勇志. 高质量推进21世纪海上丝绸之路核心区建设 [EB/OL]. http：//fj. people. com. cn/n2/2022/1206/c181466-40221586. html，2022-12-06/2023-06-11.

[72] 陈文婷，李源. 2022年福建省港口货物吞吐量首破7亿吨 [EB/OL]. https：//fj. china. com. cn/.

[73] 第十七次中国欧盟领导人会晤联合声明（全文）[EB/OL]. http：//news. cntv. cn/2015/06/30/ARTI1435676989278137. shtml，2015-06-30.

[74] 董雪兵. 推进一带一路基础设施互联互通 [EB/OL]. http：//views. ce. cn/view/ent/201705/11/t20170511_22712763. shtml.

[75] 福建：深化海丝核心区建设　推动高水平对外开放 [EB/OL]. ht-

tp：//m. xinhuanet. com/fj/2021-03/10/c_1127192286. htm.

[76] 龚雯. 2022 福建省民营企业 100 强发布 [EB/OL]. https：//new. qq. com/rain/a/20220926A0783700. html.

[77] 关于推进绿色"一带一路"建设的指导意见 [EB/OL]. https：// www. Mee. gov. cn/gkml/hbb/bwj/201705/t20170505_413602. htm.

[78] 互鉴联动共赢的海上丝绸之路建设需要更紧密的人文交流 [EB/OL]. https：//news. cri. cn/20160909/b0a79b31 - 45a7 - c274 - 5901 - b9edca528e62. html，2016-09-09/2023-06-11.

[79] 蒋建国在 21 世纪海上丝绸之路国际研讨会开幕式致辞 [EB/OL]. http：//www. scio. gov. cn/m/xwbjs/zygy/32310/jh32312/Document/1394773/ 1394773. htm，2015-02-11/2023-06-11.

[80] 金昶. 托起蓝色希望——中国海洋事业改革发展 40 年综述 [EB/OL]. http：//app. hnsx. gov. cn/sxq/sxqgtj/17794/17804/18130/content _ 2850225. html，2018-12-18/2023-05-30.

[81] 金观平. 中欧班列迎来新的里程碑 [EB/OL]. https：//www. gov. cn/ xinwen/2022-02/11/content_5672985. htm.

[82] 李克强. 在第 25 次中国—东盟领导人会议上的讲话 [EB/OL]. https：//www. mfa. gov. cn/web/ziliao_674904/zyjh_674906/202211/t20221112_ 10973108. shtml，2022-11-12.

[83] 梁希之. 第 29 次中国—东盟高官磋商在深圳举行 [EB/OL]. https：// www. yidaiyilu. gov. cn/xwzx/gnxw/320465. htm，2023-05-26.

[84] 鲁元珍. 中欧共同投资基金：深化互利合作促进资金融通 [EB/OL]. https：//m. gmw. cn/baijia/2019-04/25/32776451. html，2019-04-25.

[85] 孟宏虎，高晓阳. "一带一路"上的全球生物多样性与保护 [EB/OL]. http：//cn. chinagate. cn/news/2019-07/22/content_74994350_7. htm， 2019-07-22/2023-05-29.

[86] 欧洲孔子学院增进中欧人民友谊 [EB/OL]. http：//www. scio. gov. cn/31773/35507/35510/Document/1630419/1630419. htm，2018-05-31.

[87] 商务部国际贸易经济合作研究院. 中国与阿拉伯国家经贸合作回顾与展望 2022 [EB/OL]. https：//www. caitec. org. cn/n6/sy_xsyj_yjbg/json/6234. html，2022-12-08.

[88] 什么是 21 世纪海上丝绸之路 [EB/OL]. https：//www. imsilkroad.

com/news/p/45882. html，2021-04-08/2023-06-09.

［89］思明快报.聚焦海丝中央法务区建设！厦门这样做……［EB/OL］. http：//www. siming. gov. cn/xxgk/xwgg/jrsm/202209/t20220902_864392. htm.

［90］唐登杰. 2020 年福建政府工作报告［EB/OL］. https：//www. fujian. gov. cn/zwgk/ghjh/gzjh/202001/t20200121_5184943. htm.

［91］推动全球海洋事业发展不断开启新篇章［EB/OL］. https：//baijiahao. baidu. com/s？id=1764048709062727716&wfr=spider&for=pc，2023-04-24/2023-05-29.

［92］推动中欧人文交流合作行稳致远［EB/OL］. https：//baijiahao. baidu. com/s？id=1719268819020963980&wfr=spider&for=pc，2021-12-16.

［93］推进共建"一带一路"绿色发展系列解读之二｜系统谋划突出重点推进绿色丝绸之路建设不断取得新成效［EB/OL］. https：//www. ndrc. gov. cn/xxgk/jd/jd/202203/t20220324_1320198. html，2022-03-28/2023-06-09.

［94］外交部. 中国—东盟合作事实与数据：1991-2021［EB/OL］. https：//www. mfa. gov. cn/wjbxw_new/202201/t20220113_10492205. shtml，2021-12-31.

［95］王沥慷. "福建品牌海丝行"促闽货走出去［EB/OL］. https：//www. yidaiyilu. gov. cn/xwzx/dfdt/58082. htm.

［96］王连香，陈键. "活化"闽南语：留住乡音，唤起乡情（新时代·新侨乡）［EB/OL］. http：//ent. people. cn/n1/2022/0808/c1012-32496653. html.

［97］王小义. "丝路海运"实现物流全程可视化［EB/OL］. http：//www. chinadevelopment. com. cn/sh/2022/0917/1798625. shtml.

［98］王义桅. 打通"一带一路"建设金融血脉［EB/OL］. https：//epaper. gmw. cn/gmrb/html/2018-09/26/nw. D110000gmrb_20180926_2-10. htm.

［99］温家宝总理在中欧文化高峰论坛上的致辞（全文）［EB/OL］. https：//www. gov. cn/govweb/ldhd/2010-10/07/content_1716439. htm，2010-10-07.

［100］温雅. 福建发布海丝核心区建设方案将从八个方面重点推进［EB/OL］. https：//www. gov. cn/xinwen/2015-11/17/content_2967233. htm.

［101］我国与"一带一路"沿线国家货物贸易额十年年均增长 8%［EB/OL］. https：//www. yidaiyilu. gov. cn/xwzx/gnxw/309732. htm，2023-03-03.

［102］吴士存．美国"印太"海洋安全战略的"阵营化"趋势［EB/OL］. https：//m. thepaper. cn/baijiahao_20605327，2022-11-04/2023-

06-21.

[103] 习近平. 未来 5 年中国对南亚投资提升至 300 亿美元 [N/OL]. http：//politics. people. com. cn/n/2014/0919/c70731 - 25690202. html，2014 - 09-19.

[104] 习近平. 携手谱写亚太合作共赢新篇章 [EB/OL]. https：//www. yidaiyilu. gov. cn/xwzx/xgcdt/34183. htm.

[105] 习近平. 携手推进"一带一路"建设——在"一带一路"国际合作高峰论坛开幕式上的演讲 [EB/OL]. https：//www. yidaiyilu. gov. cn/xwzx/xgcdt/13208. htm.

[106] 习近平. 在"加强互联互通伙伴关系"东道主伙伴对话会上的讲话 [EB/OL]. https：//www. yidaiyilu. gov. cn/xwzx/xgcdt/6703. htm，2014-11-08.

[107] 学习习近平外交理念 理解十大"关键词" [EB/OL]. http：//www. xinhuanet. com/politics/2015-08/11/c_128117313. htm，2015-08-11/2023-06-05.

[108] 叶飞文. 海上丝绸之路铸就福建"丝路精神" [EB/OL]. http：//world. people. com. cn/n1/2017/0521/c1002-29289090. html.

[109] 已同中国签订共建"一带一路"合作文件的国家一览 [EB/OL]. https：//www. yidaiyilu. gov. cn/xwzx/roll/77298. htm，2022-08-15.

[110] 尤权. 加快建设 21 世纪海上丝绸之路核心区 [EB/OL]. http：//www. 71. cn/2016/0912/909616. shtml，2016-09-12/2023-06-11.

[111] 张本波. "一带一路"政策沟通，是优势互补将造福世界 [EB/OL]. https：//china. chinadaily. com. cn/2017-05/15/content_29354468. htm.

[112] 中国—东盟港口城市合作日益深化 [EB/OL]. http：//www. gxzf. gov. cn/gxydm/whjl_29790/t9916649. shtml，2021-08-27.

[113] 中老铁路开通 18 个月："黄金通道"客货两旺 [EB/OL]. https：//www. yidaiyilu. gov. cn/xwzx/hwxw/323706. htm，2023-06-14.

[114] 中欧班列累计开行近 4 万列通达欧洲 22 个国家 160 多个城市 [EB/OL]. https：//www. gov. cn/xinwen/2021 - 06/14/content _ 5617524. htm，2021-06-14.

[115] 驻东盟使团. 驻东盟大使侯艳琪主持召开第 24 次中国东盟联合合作委员会会议 [EB/OL]. https：//www. mfa. gov. cn/web/zwbd_673032/wshd_673034/202303/t20230321_11045778. shtml，2023-03-20.

[116] 左思. "一带一路"大道同行构建人类命运共同体之闽人力量系列报

道［EB/OL］. http：//www. ccoic. cn/cms/content/38048.

　　［117］2022 年全球港口吞吐量排名发布！福州港、厦门港、泉州港纷纷上榜［EB/OL］. https：//baijiahao. baidu. com/s？id = 1765642581109574328&wfr = spider&for=pc，2023−05−12/2023−06−03.

　　［118］21 世纪海上丝路建设成果丰硕［EB/OL］. https：//baijiahao. baidu. com/s？id = 1736753212677772840&wfr = spider&for = pc，2022 − 06 − 27/2023 − 06−09.

　　［119］Michael Bahar. Attaining Optimal Deterrence at Sea：A Legal and Strategic Theory for Naval Anti−Piracy Operations［J］. Vanderbilt Journal of Transnational Law，2007（40）：71−72.

　　［120］Paul N. Rosenstein−Rodan. Problems of Industrialization of Eastern and South−Eastern Europe［J］. Economic Journal，1943，53（210−211）：202−211.

　　［121］"21 世纪海上丝绸之路"建设的时代价值与意义［EB/OL］. https：//aoc. ouc. edu. cn/2020/1013/c9821a301954/page. htm.

后　记

　　2023 年是共建"一带一路"倡议提出十周年。十年来,"海丝"沿线国家通过互利互惠合作取得了辉煌成就,新兴经济体和发展中经济体国际竞争力大幅提升,人民生活不断改善,国际地位显著提高,为世界多边主义发展做出实实在在的贡献。共建 21 世纪海上丝绸之路十年来的实践证明,它的宗旨与联合国《2030 年可持续发展议程》提出的目标高度契合。因此,21 世纪海上丝绸之路核心区协调发展不仅仅是中国和其他国家与地区之间的合作,更是促进发展中国家和地区"共商、共建、共享"的"催化剂",为推进人类命运共同体建设、实现包容共赢、世界和平发展做出积极贡献。

　　21 世纪海上丝绸之路建设致力于亚欧非大陆及毗邻海洋区域的互联互通,建立和加强"海丝"沿线各国互联互通伙伴关系,构建全方位、多层次、复合型的互联互通网络,实现"海丝"沿线国家多元、自主、平衡、可持续的发展。可以说,21 世纪海上丝绸之路核心区协调发展是我国在世界格局发生复杂变化的形势下,主动创造合作、和平、和谐发展的对外合作环境的有力举措。截至 2022 年底,中国已与 26 个国家和地区签署了 19 个自贸协定,自贸伙伴覆盖亚洲、大洋洲、拉丁美洲、欧洲和非洲。中国海关已同 32 个共建"一带一路"国家和地区签署了 AEO(经认证的经营者)互认安排;中国已同沿线国家和地区签署了 100 多个旅游合作协议,双向旅游人数超过 2 亿人次;"一带一路"倡议始终致力于减少贫困,促进就业,减少不平等,帮助沿线国家和地区减少中度贫困人口 3000 万人;与沿线国家和地区大力投资农业,促进可持续农业加快发展;采取紧急行动应对气候变化及其影响,致力于推进绿色发展,推广新能源的开发和应用;强调人类命运共同体理念,推进共商、共建、共享的全球伙伴关系……显然,我国正在向实现全球性的共同目标砥砺奋进,"21 世纪海上丝绸之路"已经站在一个新的历史起点上。

　　为总结回顾，继往开来，本书以"21世纪海上丝绸之路核心区协调发展"为主题，展现了中国与亚洲、欧洲和非洲高水平对外开放的合作基础，提出了中国与"海丝"沿线国家和地区协调发展的内涵与路径。本书的内容不尽全面和深刻，但它体现了我们这个研究团队的观察与思索。在本书的写作过程中，我和我指导的博（硕）士研究生组成了课题攻关团队，学习阅读相关文献，查阅各种资料，边讨论、边修改，经过数轮的反复讨论和修改完善，逐渐明晰了本书的研究思路与内容框架。这本书是集体智慧的结晶。在本书写作过程中，具体分工如下：孙黎参与第一章的撰写，约2.8万字；胡美华参与第二章的撰写，约2.8万字；高德鑫参与第三章第一、第三节的撰写，约1.4万字，张建威参与第三章第二节的撰写，约2.9万字；周莹参与第四章的撰写，约2.35万字；王晗纾、陈文秀参与第五章的撰写，约2.58万字；陈纬杰参与第六章第一、第二节的撰写，约2.58万字，张福海参与第六章第三节的撰写，约0.88万字；温丽清、陈文秀参与第七章的撰写，约2.13万字；薛见寒参与第八章的撰写，约2.91万字。对此，我向他们表示衷心的感谢。我相信，经历这样的锻炼和训练，他们在学术研究方向的凝练和思维方法的改进等方面将会有明显的进步。

　　本书还直接或间接引用、参考了其他研究者的相关研究文献，对这些文献的作者表示诚挚的感谢。

　　经济管理出版社的编辑为本书的出版提出了很好的修改意见，付出了辛苦的劳动，在此一并向他们表示由衷的谢意。

　　由于时间仓促，本书难免存在疏漏和不足，敬请读者批评指正。

黄茂兴

2023年7月